유쾌한
불교

YUKAINA BUKKYO

by Daisaburo HASHIZUME, Masachi OHSAWA

© Daisaburo HASHIZUME, Masachi OHSAWA 2013, Printed in Japan

Korean translation copyright © 2024 by Bookdramang Publishers.

First published in Japan by Samgha Inc. in 2013, by Samgha Shinsha Inc. in 2024.

Korean translation rights arranged with Samgha Shinsha Inc.

through Imprima Korea Agency.

유쾌한 불교

발행일
초판 1쇄 2024년 9월 25일

지은이
오사와 마사치·하시즈메 다이사부로

옮긴이
김보라·김태진·이하늘

펴낸이
김현경

펴낸곳
북드라망
주소. 서울시 종로구 사직로8길 34 307호(경희궁의아침 3단지)
전화. 02-739-9918
팩스. 070-4850-8883
이메일. bookdramang@gmail.com

ISBN
979-11-92128-56-6 03220

책으로 여는 지혜의 인드라망, 북드라망 bookdramang.com

유쾌한 불교

대담으로 만나는 불교의 요체

오사와 마사치, 하시즈메 다이사부로 대담 | 김보라, 김태진, 이하늘 옮김

BookDramang
북드라망

머리말

사람은 살아가면서 몇 번쯤은 종교적으로밖에 해결할 수 없는 문제에 부딪히게 됩니다. 여기서 '종교적으로 해결한다'는 것은 특정 종교에 들어가서 그 가르침을 따르는 것이 아닙니다. 종교가 해왔던 것과 같은 방법으로 인생관과 세계관의 전제로까지 거슬러 올라가는 것을 말하는 겁니다.

모든 문제가 종교적인 태도나 사고를 필요로 하는 것은 아닙니다. 자신의 마음에 들거나 원하는 목적에 어떻게 하면 가장 효율적으로 도달할 수 있을까를 생각하는 것만으로 해결되는 문제도 있습니다. 혹은 세상에서 통용되는 도덕을 고려하면 대강의 답을 얻을 수 있는 문제도 있고요.

그러나 호불호나 도덕적 선함의 전제가 되는 가치관 그 자체를 되묻지 않고서는 해결되지 않는 문제도 있습니다. "우리는 '이것'에 집착하고 있지만, 정말로 '이것'을 획득하면 문제가

유쾌한 불교

해결되는 걸까. 애초에 '이것'에 집착하는 것 자체에 문제가 있는 것은 아닐까"라고 느끼는 문제입니다.

그것은 삶의 방식이나 태도의 근본적인 변화를 요구하는 문제입니다. 간단히 말하면, 사람은 "자기 자신을 바꾸지 않으면 해결할 수 없다"고 느끼게 되는 문제를 일생에서 몇 번은 직면할 수밖에 없는 겁니다.

이런 문제에 맞닥뜨리게 됐을 때는 종교, 특히 보편종교가 축적해 온 지혜가 힌트나 도움을 줍니다. 종교는 인생이나 사회, 우주를 이해하는 데 있어서 좌표축을 비판하고, 이를 독자적으로 설정해 왔기 때문입니다. 그렇기 때문에 종교가 어떻게 생각해 왔는지가 어려운 문제를 앞에 두고 이러지도 저러지도 못하게 된 우리에게 돌파구를 제시해 주고 있는 것입니다.

현재, 일본인은 개인적인 상황에서도, 사회적인 상황에서도 종교적으로 생각하지 않고서는 결코 돌파할 수 없는 많은 문제에 직면해 있습니다. 예를 들어 2011년 3월 11일의 사건[후쿠시마 원자력발전소 사고]은 일본이 뭔가 '어마어마하게 중요한 것'을 외면해 왔던 것은 아닌가 하고 생각하게끔 했습니다. 혹은 더 이상 예전과 같은 고도 경제성장을 바랄 수 없는 시대가 되어 애초에 행복이 뭔지를 알 수 없게 됐습니다. 보람을 느낄 수 있는 일을 좀처럼 얻을 수 없는 가운데, 자신이 이 세계에 필요한 존재인지, 세계로부터 부름을 받을 수 있을지 불안해집니다. 인터넷이나 가상공간이 발달하는 가운데 왠지 더욱더 고독해집니다….

이는 모두 종교적 깊이로 내려가지 않고서는 결국 극복할 수 없는 문제들뿐입니다.

그렇다면 일본인에게는 지혜를 빌려줄 보편종교가 어떤 게 있을까요? 불교야말로 그 첫번째 후보가 아닐까요? 불교가 일본에 전해진 때는 6세기 중엽입니다. 그로부터 1,500년의 시간이 흘러, 불교는 일본 사회 구석구석에 침투했습니다. 이보다 깊고 넓게 일본 사회에 뿌리를 내린 보편종교는 없습니다.

그렇다면 앞서 말한 바와 같이 커다란 곤란을 겪고 있는 일본인들에게 불교는 어떤 결정적인 힌트나 통찰을 제공해 왔을까요? 예를 들어 3월 11일 쓰나미와 원전 사고로 인해 할 말을 잃은 일본인에게 불교는 어려움을 극복할 실마리를 시사해 왔을까요? 아쉽게도 그렇다고는 말하기 어렵습니다. 불교는 거의 관심이 없는 것처럼 행동하기 때문이죠(그렇게 보입니다).

어째서일까요? 왜 불교는 아무런 반응을 보이지 않는 걸까요? 불교가 무능할 리는 없습니다. 불교에는 2,500년간 축적된 인식과 실천이 있으니까요.

불교 쪽에서 우리에게 말을 걸어 오지 않는다면, 우리 쪽에서 불교에게 물어봅시다. 불교, 당신은 누구입니까? 불교, 당신은 지금까지 어떻게 생각해 왔습니까? 불교, 당신에게는 세계가 어떻게 보입니까? 불교, 당신은 어떤 실천을 제안합니까?…

유쾌한 불교

이런 질문들을 우리가 해보는 겁니다! 불교 쪽에서 말을 걸어오지 않는다면, 이쪽에서 불교에게 응답을 강요해 봅시다. 대답하게 해봅시다.

이런 의도에서 기획된 것이 이 책, 하시즈메 다이사부로 선생님과 저의 대담입니다.

일찍이 하시즈메 선생님과 저는 기독교에 관해 토론한 책(『ふしぎなキリスト教』, 講談社, 2011)[1]을 발표했는데요. 그때 우리는 '기독교를 모르는' 정도에서는 일본인이 세계 제일이라는 것을 염두에 두고 대화를 나눴습니다.

하지만 불교에 대해서는 사정이 전혀 다릅니다. 앞서 말했듯이 불교는 일본 사회에 깊고 넓게 침투해 있기 때문입니다. 일본 열도에 전해진 시기만 보더라도 불교 쪽이 기독교보다 천 년이나 앞서 있죠.

그러니까 일본인은 불교에 대한 어떤 지식이나 이미지를 가지고 있습니다. 절도 주변에 많이 있습니다. 승려와 아는 사이도 있죠. 일본인은 불교에 대해 서양의 평균적인 사람들보다도 훨씬 더 많은 것을 알고 있을 겁니다.

하지만 동시에 일본인들은 대부분 불교에 대해 가장 중요

---

1 [역주] 한국어판은 오사와 마사치·하시즈메 다이사부로, 『수상한 기독교』, 이주하 옮김, 북앤월드, 2018.

한 것을 모르고 있습니다. 불교란 도대체 무엇을 지향하는 운동인가? 불교는 어떤 식으로 세계를 파악하고 있는가? 불교를 믿는다는 것은 어떤 삶의 방식을 의미하는가? 그런 것에 대해서는 거의 아는 것이 없습니다. '불경'(お経)이라는 말이 '영문을 알 수 없는 일', '횡설수설'의 대명사로 쓰일 정도로요.

이는 참으로 기묘한 상황입니다. 천오백 년이나 일상적으로 교제해 온 친구가 있다고 해보죠. 그런데 그 친구의 출신이나 가족 구성도 모릅니다. 친구가 무엇을 생업으로 삼고 있는지도 잘 모릅니다. 무엇을 좋아하고, 어떤 욕구를 가지고 있는지도 전혀 모릅니다. 말하자면 불교와 일본인의 관계는 이런 느낌입니다.

이 대담은 기독교에 대한 대담에서 사용한 방식을 계승하고 있습니다. 즉 저 오사와 마사치가 불교의 바깥에서부터 비판적으로, 약간 심술궂게 질문하는 역할을 맡고, 하시즈메 선생님은 불교의 입장에서 그에 응답하는 형식이 대담의 기본 설정입니다.

하시즈메 선생님이 응답하는 이유는 『불교의 언설전략』(『佛教の言說戰略』, 勁草書房, 1986 / サンガ文庫, 2013) 등을 비롯한 여러 저작에 드러나 있듯이, 하시즈메 선생님이 지금까지 불교에 대해 종교사회학의 입장에서 전문적으로 연구해 왔고, 또 말하거나 써 왔기 때문입니다.

유쾌한 불교

그에 비해 저는 불교에 대해서는 문외한이라고 볼 수 있습니다. 『'세계사'의 철학, 동양편』(『〈世界史〉の哲學 東洋篇』, 講談社, 2014)이라는 책에서 불교에 대해 개인적인 의견을 말하고는 있습니다만, 불교도도 아니고 불교 전문 연구자도 아닙니다. 하지만 불교의 외부에 있는 사람으로서 불교에 대해 묻는 것이 중요하다고 우리는 생각합니다. 보편종교의 가치는 이미 그 종교에 귀의한 사람에게 호교적護敎的으로 말하는 내용에 의해 정해지는 것이 아니라, 그 종교의 외부에 있는 사람에게 무엇을 말할 수 있는지에 따라 결정되기 때문입니다.

하시즈메 선생님과의 대담은 정말 즐거웠습니다. 순수하게, 정말이지 순수하게 지적인 탐구를 위해서 대담을 할 수 있었기 때문입니다. 서로에게 어떤 속임수도 없이 솔직하게 느낀 바, 생각하고 있는 것을 이야기할 수 있었습니다. 유도에 비유하면 '한판승'을 노리는 것이라고 볼 수 있죠. 어느 쪽도 '주의'나 '지도'로 점수를 얻으려는 안이한 생각은 하지 않았습니다.

독자분들도 반드시 이 즐거움을 공유하게 될 겁니다. '유쾌한 불교'에 대해 토론하는 '유쾌한 대담'을 맛볼 수 있을 겁니다.

2013년 9월 오사와 마사치

목차

일러두기

1. 이 책은 오사와 마사치(大澤眞幸)와 하시즈메 다이사부로(橋爪大三郎)의 대담 『ゆか いな仏教』(サンガ新書, 2013)를 완역한 것입니다.

2. 주석은 모두 각주이며, 옮긴이의 주석은 [역주]라고 표시했습니다.

3. 내용의 이해를 돕기 위해 옮긴이가 첨가한 말은 대괄호([ ])로 구분했습니다.

4. 이 책에 병기한 원문 가운데 산스크리트어는 [s]로, 팔리어는 [p]로 구분해 표시했 습니다.

5. 단행본·경전·정기간행물의 제목에는 겹낫표(『』)를, 단편·게송 등에는 홑낫표(「」)를 사용했습니다.

6. 외국 인명·지명 등의 고유명사는 2017년에 국립국어원에서 개정한 외래어표기법 을 따라 표기했습니다.

제1장

시초의 불교

불교를 정의하다

오사와 지금부터 하시즈메 선생님과 함께 불교에 대해 생각해 보고 싶습니다. 불교에 대해 대담을 하는 이유에 대해서는 '머리말'에 다소 상세하게 써 두었으니 그것을 읽어 보시기 바랍니다.

그 머리말에도 적었지만, 일본인과 불교의 관계라는 것은 매우 기묘하다고 생각합니다.

이전에 하시즈메 선생님과 저는 기독교에 대해서 대담을 했었습니다(『수상한 기독교』). 기독교에 대해 우리는 '일본인은 세계에서 가장 기독교를 알지 못하는 국민이다'라는 전제에서 이야기를 나눴습니다. 불교는 기독교와 함께 대표적인 보편종교입니다. 다만, 기독교와는 완전히 다른 유형의 종교입니다.

일본인들은 불교에 대해서 기독교와 달리 어느 정도 알고 있습니다. 제대로 된 지식을 가지고 있는 것은 아니더라도 대부분의 일본인은 불교에 대해 최소한 어떤 이미지를 가지고 있습니다. 유럽인이나 미국인 대부분은 불교에 대해 어떤 이미지도 가지고 있지 않겠지만, 일본인은 다릅니다. 그러니까 기독교의 경우와는 상황이 역전되어 있습니다. 실제로 일본에 정식으로 불교가 전해진 것은 서기 538년인가 552년인 것으로 되어 있으니, 기독교가 전래된 것보다도 천 년이나 거슬러 올라갑니다.

그럼 일본인은 불교를 참조함으로써, 인생이나 사회의 근본적인 문제에 대처하기 위한 힌트 같은 것을 얻을 수 있을까요. 혹은 불교는 그러한 것을 생각하거나 극복할 수 있는 단서를 일본인에게 줬을까요. 이렇게 생각하면 갑자기 염려스러워집니다.

즉, 일본인은 불교에 대해 알고 있는 것이 분명하지만, 실은 잘 모릅니다. 이미지는 있지만, 그로부터 획득할 수 있는 귀중한 것을 이끌어 낼 수 없습니다. 불교라는 엄청나게 방대한 실천과 지혜의 축적이 눈앞에 있음에도, 그것은 우리에게 어떤 호소도 응답도 해주지 않습니다. 불교는 굉장히 가깝지만, 동시에 소원한 친구인 셈입니다.

그래서 불교란 무엇인지, 일본 문화에 침투해 온 불교라는 것은 애초에 무엇이었는지, 그런 걸 생각해 보자고 마음먹은 것입니다.

불교가 아무런 말도 걸어 오지 않는다면 우리 쪽에서 불교에게 물어보자는 의도인 것이죠. '불교, 당신은 누구입니까. 무엇을 우리에게 보여 주려 하는 겁니까' 하고 이쪽에서 물음으로써 불교에게 답을 강요하는 것입니다.

그럼 본론으로 들어가자면, 보통 불교에 대해서 가장 이상하게 여기는 것은 불교가 무엇인지를 정의할 만한 기본적인 조건이나 성질이 거의 없다는 것입니다. 불교를 일반적으로 정의하는 조건은 한없이 무無에 가까운 것처럼 보입니다.

불교는 정확하게 시기를 특정할 수는 없지만 아마도 기원전 5세기 정도에 석존(고타마 싯다르타)[1]이 깨달음을 얻은 데서 비롯된 운동임은 확실합니다. 석존이 어떠한 진리에 도달했습니다. 이 하나의 사건이 불교의 기원에 있는 것인데, 이후의 다양화나 확산 정도가 엄청납니다. 너무 확산된 나머지 어디부터 어디까지가 불교라고 경계를 지을 수 없을 정도입니다.

기독교나 이슬람교 역시 천 년, 2천 년이라는 시간에 걸쳐 계승되는 동안 다양화되고, 내부 분열을 낳기도 하지 않았느

---

1 고타마 싯다르타(Gautama Siddhārtha[s=산스크리트어], Gotama Siddhattha[p=팔리어]): 불교를 열었던 석가모니 부처의 출가 전(왕자 시기)의 이름. 싯다르타는 '목적을 성취한 자'라는 뜻. 다양한 호칭이 있어, 붓다(=佛)는 '석가모니 부처'(석가족 출신의 성자인 붓다=깨달은 자覺者), 석존은 '석가모니 세존'(석가족의 존자尊者)의 약자. 열 가지 존칭(佛十號) 중 하나인 '여래'(tathāgata[s], 수행을 완성한 자)는 불교뿐만 아니라 인도의 일반 종교에서 사용되던 호칭이다.

냐고 말할 수 있을지 모릅니다. 하지만 기독교나 이슬람교의 경우에는 교의의 핵심이 확실하고, 해석의 차이는 있을지라도 '이것을 부정하면 끝'이라는 식의 본질이 명시되어 있습니다. 가령 예수 그리스도의 죽음과 부활을 무시하거나 부인한다면 기독교가 아니고, 사도 무함마드(마호메트)가 받은 계시를 의심하면 이슬람교일 수 없게 됩니다. 기본적인 텍스트, 즉 정전도 성경이라든가 코란이라는 형태로 명확하게 정의되어 있습니다.

유교도 불교에 비하면 훨씬 간략하게 정리되어 있습니다. 원시적인 주술에 가까운 단계에서부터 공자, 맹자, 그리고 주자학 등으로 전개되면서 유교도 꽤 다양화되지만, 그래도 유교가 유교일 수 있는 가르침은 뚜렷합니다. 텍스트 또한 기독교나 이슬람교만큼 확실하지는 않지만 그래도 '사서오경'四書五經과 같이 중요하게 여기는 것이 있어서, 여기까지가 유교라는 경계를 지을 수는 있습니다.

하지만 불교는 이들과는 다릅니다. 기독교, 이슬람교, 유교와는 비교도 안 될 정도로 확산되고, 다양화되어 있습니다. 그것은 텍스트만 생각해 봐도 알 수 있습니다. 불교의 텍스트는 굉장히 방대합니다. 게다가 종파마다 중요하게 여기는 텍스트가 다르기도 합니다.

내용적으로도 소승과 대승이 있거나, 철학적인 교설을 강조하는 것도 있는 반면 선禪을 강조하는 것도 있고, 정토교처럼 극락정토에서의 왕생을 구하는 것이 있는가 하면 일부 밀교와 같이 엑스터시를 수반하는 의식을 중요시하는 그룹이 있는 등 너무나 다양합니다. 다양화와 확산을 억제하는 중심의 인력 같은 것, 불교를 정의할 조건이나 성질이 불분명하기 때문이 아닐까 합니다.

그래서 일단은 이러한 질문부터 시작해 보고 싶습니다. 도대체 불교란 무엇인가? 불교를 정의하는 조건은 무엇인가?

물론 이 책 전체를 통해서 불교가 무엇인지를 알 수 있겠지만, 논의의 단초를 여는 데 있어서도, 우선 불교란 무엇인지 간단하게라도 정의해 둘 필요가 있습니다. 이것이 첫번째 문제 제기입니다.

하시즈메 좋은 문제 제기라고 생각합니다.

우리는 불교란 이런 것이라는 지식을 일단 갖고 있습니다. 이 책도 그러한 지식을 전제로 하고 있고요.

하지만 이 대담은 더 본질적인 것(어쩌면 세계에서 처음으로 논의될 수도 있는 것)을 논한다는 각오로 임해 보죠. 그리고 불교라고 보통 믿고 있는 것을 우선 '괄호 안에 넣기'로 합시다. 즉, 일단 잊어버리는 것입니다.

그럼 정의에 앞서 약간의 워밍업을 해봅시다. 불교는 보통 다른 종교와 다른 것으로 의식됩니다. 무엇과 구별, 대립된다고 여겨질까요?

우선 일신교(기독교나 이슬람교)와 대립하고 있고요. 그리고 힌두교[2]와 대립하고 있습니다. 대립이라기보다 대항 관계겠지요. 유교와도 대립하고 있고요. 그 옛날 유불도儒佛道의 '삼교합일'三敎合一이란 시도가 있었기 때문에 다소 미묘할 수 있는데요. 하지만 중국인은 유교와 불교를 융합하려는 시도를 결국 포기했습니다. 불교를 버리고 유교를 취했죠. 그러므로 불교와 유교는 대립한다고 생각하는 게 좋습니다.

불교는 신도[3]와도 대립했을 것입니다. 하지만 일본인은 불교가 신도와 대립하는 것을 원하지 않았죠. 그래서 대립하지 않게 되었습니다. 따라서 불교는 신도와 은밀하게 이어진 애매한 관계가 되었습니다.

이상 정리하자면, 일신교도 힌두교도 유교도 아니고, 신도와도 조금 다른 것이 불교다. 그렇게 우리는 불교를 이해했다고 생각하고 있습니다.

하지만 오사와 선생님의 말씀처럼 그것으로는 불교의 정체를 파악할 수 없습니다.

그러면 드디어 불교를 정의할 차례입니다.

정의는 대개 학문의 출발점입니다.

---

2 힌두교: 인도에서 믿는 여러 종교의 총칭이다. 고대에 성립된 베다 성전을 존중하며, 브라흐마 신, 비슈누 신, 시바 신 등 다양한 신들을 믿는다. 고대 브라만교에서 서서히 발전해 성립된 것으로, 브라만교와 대비하여 불교 융성기 이후를 가리키는 경우가 많으나, 가장 넓은 의미로는 브라만교는 물론 불교나 자이나교까지도 포함해 힌두교라고 칭한다.

3 [역주] 신도(神道): 일본 신화, 가미(神), 자연 신앙과 애니미즘, 조상 숭배가 혼합된 일본의 민족종교로 유신도(惟神道)라고도 한다.

그리고 논리학 시간에 배웠듯, 정의에는 두 가지 방식이 있습니다. 하나는 개체를 열거하는 것입니다. 또 다른 하나는 일반식으로 나타내는 것입니다.

예를 들어 보겠습니다. '개'를 정의해 보죠. 첫번째 방법은 '포치, 검둥이, 흰둥이, 얼룩이…' 하고 온 세계의 개를 한 마리도 남김없이 열거하여, 이것이 '개'라고 하면 됩니다. 명확한 정의이기는 하지만 문제도 있습니다. 모든 개를 한 마리도 빠짐없이 열거할 수 있을까요? 개가 새로 한 마리 더 태어나거나 하면 어떻게 하죠?

두번째 방법은 '털 짐승', '네 발', '꼬리를 흔든다', '멍멍 짖는다'…와 같은 식으로 조건을 써 나가는 것입니다. 좋은 방법이지만, 이것도 문제가 있습니다. 예를 들어 '네 발'이라고 해버리면 우리집 '검둥이'가 교통사고로 '세 발'이 되어 버렸을 때 '이건 개일까'라는 고민을 해야 합니다. 어느 방법도 정의로서는 문제를 안고 있다고 말할 수 있는 것이죠.

이를 불교에 적용해 봅시다.

첫번째 방법으로 정의하려면, 불교라고 생각되는 것을 열거해 나가면 됩니다. 석존의 가르침, 초기불교, 부파불교, 대승불교, 밀교, 남방불교, 동남아시아 불교, 중앙아시아 불교, 중국불교, 한국불교, 일본불교…. 이것으로 될지도 모릅니다만, 그러면 이들 불교의 공통점은 무엇인지, 불교의 본질은 무엇인지가 보이지 않습니다.

그 지점에서 저는 두번째 방식, 불교의 내부에서 불교를 정의하는 것을 생각해 보고 싶습니다.

절대 빼놓을 수 없는 포인트를 생각해 보면, '**고타마 싯다르타가 붓다라는 것**'입니다. 이것으로 충분하다고 생각합니다. 붓다란 '깨달은 자'입니다. 깨달음을 얻은 사람이라는 의미죠. 이것이 모든 불교의 공통된 핵심입니다. 이것을 대전제로 인정하고 거기에 참여하는 사람들의 운동. 이것이 불교가 아닐까요.

지금까지 불교라고 불린 것은 모두 이 정의에 들어맞습니다. 그리고 불교가 아닌 것은 이 정의에 들어맞지 않습니다. 그래서 이를 잠정적으로 불교의 정의로 삼아도 좋겠습니다.

그리스도와 붓다

오사와 싯다르타의 깨달음이 시작이라는 것이군요. 나중에 본격적으로 논의해도 되지만, 여기에서 포인트가 될 것이라고 생각하는 것을 덧붙여 두겠습니다.

기독교와 대비하면 제가 염두에 두고 있는 포인트를 확실히 하기가 쉽기 때문에 그렇게 하겠습니다. 기독교에서는 지금으로부터 2천 년 정도 전에 그리스도라고 불리는 예수, 나사렛의 예수가 지금의 팔레스타인에 해당하는 지역에서 나와, 몇 명의 제자를 데리고 편력하며 그 사이에 이런저런 말을 하기도 하고 기적을 일으키기도 했습니다. 아마 유대교 주류파의 신경을 거스른 것이 원인이 되어 최후에는 십자가에 매달려 죽었고, 그러고 나서 부활했습니다. 예수를 둘러싼 이러한 일련의 사건이 있습니다. 그로부터 비롯된 사회적 운동과 신앙으로서, 후에 기독교라고 불리는 종교가 시작되는 것입니다.

불교는 어떨까요. 인도 북부, 엄밀하게는 지금의 네팔에 해당하는 지역에 기원전 5세기경 석가족의 왕자 고타마 싯다르타가 태어났습니다. 지금 '기원전 5세기'라고 했습니다만, 사실은 이 부분이 확실하지 않아서 싯다르타가 기원전 6세기에 태어났다는 설도 있고, 기원전 7세기에 태어났다는 전승도 있습니다. 어쨌든 그는 왕자였기 때문에 꽤 안락한 생활을 보냈을 겁니다. 결혼하여 아들(라훌라)[4]을 얻기도 했죠.

하지만 본래 생각하는 바가 많은 젊은이였던 듯합니다. 예를 들어 도읍 동서남북 네 개의 성문 밖으로 나갔다가 각각 노인, 병자, 죽은 자, 출가자를 발견하고, 마음이 크게 움직여 출가에 마음이 이끌렸다는 에피소드도 전해지고 있습니다(이는 '사문출유'四門出遊라고 불리고 있습니다). 마침내 그는 29세의 나이에 가족을 비롯한 일체를 버리고 출가했습니다.

제일 처음 갠지스 강변으로 두 명의 선인을 찾아가 도를 구

---

4 라훌라(Rāhula[s, p]): 라훌라란 '장애'라는 뜻. 음차는 '라고라'(羅睺羅)이다. 석존이 아이의 탄생을 알고 '장애(라훌라)가 태어났다. 속박이 생겼다'라고 말한 것이 명명의 유래. 깨달음을 얻고 귀향한 석존을 따라 출가. 계율을 세세하게 지켰기 때문에 밀행제일(密行第一)이라 일컬어지는 석가모니의 10대 제자 중 한 사람.

유쾌한 불교

붓다가 전도한 주요 지역

중국

히말라야산맥

석가국

카필라바스투
(석가족의 수도. 붓다가 나고 자란 땅)

갠지스강

❶룸비니※

카트만두

코살라국 ❺
사헤트, 마헤트

쿠시나가르※

아타나강

❽

케사리아

산카샤 ❻

가가라강

파바

카시국

사르나트※

파탈리 푸트라

❼바이샬리

갠지스강

왕사국

❸

코삼비

바라나시

날란다

가야

❹라자그리하

손강

❷
부다가야※

네란자라강

마가다국

❶~❽ 불교 8대 성지
※표시는 4대 성지로도 알려져 있다.
∴주요 불적 ●주요 도시 ---현재 국경

아프가
니스탄

중국

파키스탄

네팔

인도

스리랑카

❶룸비니: 붓다의 탄생지. 고대 인도의 카필라성에 있던 임원(林苑).
❷부다가야(우루벨라): 붓다는 우루벨라에서 6년간 고행한 후 부다가야에서 깨달음을 얻었다.
❸사르나트: 녹야원(鹿野園). 붓다가 깨달음을 얻은 후 처음으로 설법한 곳.
❹라자그리하(왕사성王舍城): 마가다국의 수도. 붓다가 설법을 한 곳.

❺사헤트, 마헤트: 사헤트는 기원정사(祇園精舍). 마헤트는 사위성(舍衛城, Śrāvastī). 붓다 교단의 본부가 된 지역.
❻산카샤: 붓다가 어머니 마야부인을 위해 도리천에 올라 법을 설한 후 내려온 땅.
❼바이샬리(毗舍離): 밧지(Vajji)국에 있었던 상업도시. 승가에 큰 영향을 준 지역.
❽쿠시나가르: 붓다 입멸지.

했으나, 무엇 하나 만족하지 못하고 그 후 6년간 단식을 포함한 고행에 힘썼습니다. 하지만 고행을 해도 심신만 쇠약해졌을 뿐 아무것도 얻지 못했죠.

그 후 보리수 아래에서 명상을 했더니 깨달음이 열렸다는 것입니다. 즉, 붓다가 된 것인데, 이때 싯다르타는 35세였으니, 그리스도가 여러 가지 일을 한 후 십자가에 못 박힌 때와 거의 같은 나이입니다. 이것은 조금 흥미로운 일치점입니다. 하지만 싯다르타는 그리스도처럼 죽지 않았고, 그 이후에도 제자들에게 가르침을 설하면서 80세까지 살았습니다.

예수와 싯다르타의 삶을 극히 요약하여 대비시켜 보았습니다만, 이 인생에 대해 신자가 어떻게 관여하는지는 기독교와 불교가 완전히 다르다고 생각합니다. 기독교는 예수가 무엇을 생각하고, 무엇을 알고 있었는가 하는 것, 즉 예수의 '사상'이 중요하지 않다고 말하지는 않지만, 그보다는 예수의 몸에 일어난 사건, 예수가 경험했던 바가 중요합니다. 예수가 어느 때, 어느 장소에 있었고, 이런저런 일이 있었던 끝에 십자가 위에서 죽고, 3일 후에 부활한 이 사건을 어떻게 보는가가 신앙의 핵심입니다. 예수의 사상에는 흥미가 있지만 예수가 개인적으로 체험한 것에는 관심이 없다는 건 기독교인에게는 있을 수 없는 일인 거죠.

불교도가 싯다르타의 삶을 대하는 방식은 이와는 전혀 다르다고 생각합니다. 확실히 불교는 싯다르타의 삶에 나름대로 관심을 가지고 있지만, 기독교인에게 있어서의 예수 그리스도의 삶처럼 핵심적인 의의를 갖지 않습니다. 불교에서 싯다르타의 삶보다 훨씬 중요한 것은 싯다르타가 깨달은 내용입니다.

물론 불교도 어느 정도의 역사를 축적하고 있기 때문에 싯다르타의 탄생부터 입적까지를 이야기하는 불전문학 같은 것도 나오고 있고, 그 덕분에 우리는 그의 80년 인생에 대한 대략의 줄거리를 알고 있기도 합니다. 심지어 자타카(전생담)[5]처럼 싯다르타의 전생에 대해 이야기하는 문학까지 나오고 있고요. 이러한 점에서 판단해 보면 불교 역시 싯다르타의 인생이나 심지어 전생까지도 중시하고 있으며 불교 경전과 싯다르타의 전생담은 어느 정도 신약성서의 복음서와 비슷한 것이라 생각됩니다. 하지만 역시 근본적으로 다르다는 게 제 생각입니다. 불교에서 중요한 것은 붓다의 깨달음에 있지 싯다르타의 인생이나 그가 경험한 사건이 아닙니다.

예를 들어 말하자면 이런 느낌일 겁니다. 아인슈타인의 상대성이론이 훌륭하여 그것이 가치 있는 것이라고 한다면, 그것을 발견한 아인슈타인이라는 학자는 어떤 사람인지, 또 그것을 어떤 경위로 발견했는지에 대해서도 흥미를 갖습니다. 하지만 그렇다고 해서 '아인슈타인의 인생'을 상대성이론 그 자체보

---

5 [역주] jātaka. 석가모니 부처가 석가족의 왕자로 태어나기 전, 천인(天人)·국왕·대신·장자(長子)·서민·도둑 또는 코끼리·원숭이·공작·물고기 등의 동물로서 거쳐 온 허다한 전생들에 수행한 일과 공덕에 대한 인연을 이야기로 구성한 경전.

다 중요하게 여기지는 않습니다. 어디까지나 상대성이론이 훌륭하기 때문에 파생적으로 아인슈타인이라는 사람에게도 관심이 집중되는 것이니까요. 싯다르타의 경우도 같습니다. 그가 뭔가 대단한 것을 깨달았다는 것이 무엇보다 중요합니다.

하지만 예수 그리스도의 경우는 다릅니다. 그의 사상에는 관심이 있지만 그가 경험한 것에는 관심이 없다고 말한다면 더 이상 기독교인이라고 말하기 어렵겠죠.

나사렛 예수와 고타마 싯다르타, 그리스도와 붓다는 자주 대비됩니다. 강력한 카리스마를 지닌 인물의 두 가지 궁극적 실제 사례로 간주되기도 합니다. 하지만 각각의 종교 내에서의 위상은 뭔가 근본적으로 다른 지점이 있다고 생각합니다. 그 차이가 확실해지면 불교의 본질에 대해서도 저절로 알게 될 것입니다. 그런 예감이 드네요.

하시즈메 예수와 고타마는 확실히 비슷합니다. 둘 다 고대에 나타나 사람들에게 가르침을 설파했습니다. 세계 종교의 시조로 일컬어지고 있고요.

그런데 기독교와 불교의 차이를 이해하기 위해서는, 두 인물 간의 비슷한 점보다는 다른 점에 주목해야 합니다.

예수로부터 기독교가 어떻게 생겨났는지를 생각해 보면, 지금 오사와 선생님이 설명하셨듯이 예수의 '말과 행위'에 사람들이 깊이 관여하는 것이 포인트입니다. 왜냐하면 예수가 중요한 메시지를 전하고 있기 때문입니다. 그 메시지를 정확하게 받아들이는 것이 기독교의 내용이거든요. 스스로 새롭게 뭔가를 생각하는 것은 오히려 가치가 없습니다. 상대에게서 전해지는 메시지를 제대로 자신의 언어로 삼기. 이런 작업이 기독교에서는 계속되어 왔던 것이지요.

이렇게 만들어지는 말을 도그마(dogma)라고 합니다. 도그마라는 말을 사전에서 찾아보면, '교의', '독단'이라고 쓰여 있습니다. 요컨대 신의 말씀(메시지)이 있고, 그 내용은 이런 것이다라고 모두 함께 결정하는 것입니다.

기독교는 도그마로 정의할 수 있습니다. 예를 들면 기독교는 '성부와 성자와 성령'의 '삼위일체'로 규정되는 '니케아 신조'[6] 같은 것으로 되어 있다는 말이지요.

개중에는 '이 도그마에는 납득할 수 없다' 하며 반대하는 사람이 나옵니다. 다른 도그마를 제시하는 것도 가능하지만, 그것을 그대로 내버려 두면 교회가 분열되어 버립니다. 거기서 큰 싸움이 일어나게 되어 진 쪽은 이단으로 몰려 추방되어 버리는 것이죠.

6　[역주] 니케아 신조(Nicene Creed)는 325년 제1차 니케아 공의회에서 이단을 단죄하고 정통 기독교 신앙을 수호하기 위해 기독교회가 채택한 신앙 고백문이다. 성부, 성자, 성령의 삼위일체에 대한 믿음을 밝히면서 성자 즉 예수가 하나님이 아니라 하나님에 의해 창조된 피조물이라는 아리우스파를 인정하지 않는다는 신학적 진술로 구성되어 있다. 니케아 신경 (信經)이라고도 한다.

우리는 이러한 사고방식에 익숙해져 있습니다. 그러면 불교는 알 수 없게 됩니다.

왜 그럴까요? 불교에는 **도그마가 없기** 때문입니다.

불교는 메시지가 아닙니다. 그것은 '깨달음'이라는 사고방식에 잘 나타나 있습니다. '깨달음'의 성질을 생각해 보면,

① 지식이다.

그것은 개인의 정신활동입니다.

② 그 지식은 더할 나위 없이 훌륭하다.

그보다 커다란 지식은 없으므로, 그 지식 안에는 이 우주의 모든 것이 포섭되어 있습니다. 의외의 일은 일어날 수가 없습니다.

③ 그 지식을 말로 할 수 있는가 하면, 할 수 없다.

말은 깨달은 사람, 깨닫지 못한 사람을 포함한 모든 인간을 위한 것이기 때문에 '깨달음' 직전에 있습니다. 깨닫지 못한 사람이라도 일반적으로 말을 사용할 수 있습니다. 반대로 말하면, 보통의 말의 용법 안에 깨달음은 없습니다. 그러니까 깨달은 사람도 말로써 그것을 전달할 방법이 없다는 얘기가 됩니다. 불교의 '깨달음'이 메시지가 아니고, 따라서 도그마도 될 수 없는 건 바로 이 때문입니다.

불교 신앙의 핵심은 "부처(고타마 그 사람)는, 깨달은 게 틀림없다"라고 확신하는 것. 그 확신이 전부입니다. 이로부터 불교의 모든 성질을 이끌어 낼 수 있다고 생각합니다.

깨달음은 어째서 공허해 보이는 걸까?

오사와 불교에 대해서 이상하게 여겨지는 점은 깨달음의 내용, 즉 무엇을 깨달았는지 알 수 없는 상태로 남아 있다는 것입니다. 부처가 진리에 도달했다는 것, 깨달았다는 것은 확실하다고 여겨집니다. 그러나 그 진리가 무엇인지, 깨달은 내용이 무엇인지 사실은 알지 못합니다. 자신도 깨닫지 않는 이상 '그것'이 무엇인지는 모르는 것이니까요. 그리고 깨달음을 얻은 것은 실질적으로는 싯다르타뿐이기 때문이죠.

그러나 이것은 생각해 보면 무척 이상한 상태입니다. 예를 들어 아인슈타인이 새로운 물리법칙을 발견하여 진리를 발견했다고 칩시다. 다른 사람이 아인슈타인의 새로운 진리를 '깨달았다'고 승인하는 것은 다른 사람, 적어도 다른 권위 있는 물리학자도 그 법칙을 이해하고 그것이 바로 진리임을 이해했을 때입니다. 다른 사람이 이해하거나 납득하기 전에는 아인슈타인이 새로운 진리를 깨달은 것이 확실한 것으로 간주되지 않습니다. 하지만 붓다의 경우에는 다른 사람이 아직 깨닫지 못했고, 그러므로 붓다가 발견한 '진리'가 무엇인지 분명하게 파악하지 못하고 있음에도, 붓다가 깨달았다는 것만은 확실한 것으로 여겨집니다.

붓다가 깨달은 것을 전제로, 불교의 모든 운동과 모든 사상이 전개됐습니다. 그렇다면 이 운동과 사상의 모든 요체가 되는 중심 부분이 공허하다는 느낌이 듭니다. 중심의 가장 중요한 부분만이 공허한 상태에 있고, 그 주위에 여러 가지 설이나 이론, 또는 단순한 사변뿐만이 아니라 여러 가지 실천이 전개됩니다. 한가운데만은 100%에 가까울 만큼 공허함에도 불구하고 그 주위에 비정상적으로 농밀하고 다양한 사변이나 실천이 생겨납니다. 그리고 그 한가운데 있는 공허만 계속 계승되어 가는데, 돌이켜 보면 도대체 무엇을 계승하고 있는 걸까 하는 생각이 드는 것이지요. 어쨌든 그것은 공허, 즉 '아무것도 아닌 것'이니까요.

제가 불교에 대해서 가지고 있는 의문을 분명히 하기 위해 서양의 신학, 철학사와 대비시켜 보겠습니다. 먼저 종교=기독교의 도그마가 있고, 그 주변에서 중세의 경우 신학이 전개됩니다. 중세에는 신학과 철학이 거의 일체였습니다. 물론 신학은 기독교와 깊이 연관되어 있죠.

하지만 저 같은 외부 관찰자의 눈으로 본다면 신학 안에 이미 기독교의 도그마를 배척하는 측면이 있습니다. 이를테면 '신의 존재 증명'은 어딘가 미묘하게 모독적입니다. 또는 신을 '존재'로 치환해 버리면 신학은 자칫 세속의 존재론 체재를 갖게 되죠. 그러니까 기독교의 신학과 기독교의 도그마 사이에는 지각하긴 어렵지만 미묘한 긴장관계랄까, 균열이 있습니다. 바꿔 말하면 기독교에는 원심력 같은 것이 있어, 신학을 그 주위에 배치했을 때 이미 그 원심력이 작용하고 있었던 셈입니다.

이 원심력이 점점 강해지고, 마침내 근대에 접어들면서 기독교 신학과는 독립적인 철학이 태어납니다. 철학이 되면, 더 이상 기독교의 도그마나 성경에 대해 지조를 지킬 필요가 없어집니다. 칸트를 예로 들어 보겠습니다. 사실 칸트의 도덕철학은 굉장히 기독교적으로, '이웃사랑'적인 내용을 철학적으로 기초하려 한다고 볼 수도 있습니다. 실제로 칸트는 독실한 프로테스탄트였습니다. 하지만 칸트의 도덕철학은 기독교 신학은 아닙니다. 칸트는 신도 성경도 혹은 기독교의 도그마도 언급하지 않고 자신의 주장을 정당화하고 있기 때문입니다. 이렇게 결론만 보면 꽤 기독교적인 칸트의 철학조차도 그 정당화의 논리가 신이나 그리스도나 성경에 의거하는 것을 그만두었을 때는, 기독교 신앙과는 독립적인 '철학'으로서 제시되는 것입니다.

그에 반해 불교는 어떨까요? 불교의 경우에는 아까 말씀드렸듯이, 중심에 있는 붓다의 깨달음이 무엇인지는 적극적으로는 말할 수 없으므로, 즉 '무엇인가'를 명확하게 언어화할 수 없다는 의미에서는 공허하기 때문에, 사실은 '원심력'은커녕, 처음부터 인력이 작용하지 않은 것과 같은 상태인 셈입니다. 기독교 문명의 경우에는 지금 말한 것처럼, 인력이 아직 강해서 원심력과 확실히 균형을 이루고 있던 신학의 단계가 먼저 있고, 그 후에 신학으로부터 파생되어 신학과는 독립된 고유한 철학이 나옵니다만, 불교의 경우 이론상으로는 거의 인력이 효과가 없는 상태였기 때문에, 말하자면 처음부터 '철학'의 단계인 것입니다.

그런데 실제로 그렇지는 않습니다. 간단히 말하자면, 불교 이론으로 여겨지는 것의 대부분은, 어째서 그것이 불교라는 틀 안에서 제기되어야 하는지, 왜 '붓다의 깨달음'과 관계된 것처럼 논의되어야 하는지, 밖에서 보고 있으면 잘 모르겠다는 인상을 줍니다.

아직 대담을 시작한 지 얼마 되지 않았기 때문에 그다지 세세한 곳까지 다루고 싶지는 않지만, 알기 쉬운 예를 두 가지 들어 보겠습니다. 첫번째 예는, 2세기 후반에서 3세기 전반에 걸쳐 활동한 불교 철학자 나가르주나龍樹의 『중론』中論입니다. 나중에 자세히 논하겠습니다만, 『중론』의 철학을 오늘날 보면 포스트구조주의에서 말하는 차이의 철학을 선취한 것처럼 보입니다. 그런데 이러한 것을 왜 불교라는 틀 안에서 전개하는가, 붓다의 깨달음과는 관계가 없는 '중관철학'中觀哲學[7]만 있으면 되는 게 아닌가 하는 생각이 듭니다.

또 다른 예는 유식설唯識說입니다. 이를 주창한 철학자의 이름을 꼽으라면, 아상가無着와 바수반두世親 형제가 가장 유명하겠죠. 이들은 4세기 혹은 5세기 사람입니다. 유식설에 대해서

---

7 중관(中觀): 현실이 '있으나 없느냐'와 같이 극단적으로 사고하는 방식(二邊: 양극단)을 떠나 자유롭게 보는 관점. 천태종(天台宗)에서 말하는 삼관 중 하나. 공관(空觀), 가관(假觀)의 두 관을 내포하면서 그것들에 구애되지 않는 중제(中諦)를 보아 중도의 이치를 밝히는 것.

유쾌한 불교

도 나중에 자세히 논하고 싶습니다만, 기본적인 착상은 서양철학에 대응해 보면 칸트나 버클리의 철학과 비슷한 점이 있습니다. 또는 유식설의 마음을 파악하는 방법은 융학파의 정신분석을 선취한 것처럼 보이기도 하죠. 이 또한 딱히 붓다의 깨달음과 관련된 설로 여길 필요는 없어 보입니다. 그런 것과는 무관한 인식론, 존재론 아니면 심리학이라고 생각하면 될 것입니다. 하지만 왜 그렇게 생각하지 않을까요?

그런 이유로 불교의 경우 중심에 무엇이라고 확정할 수 없는 공허한 깨달음이 있고, 하나부터 열까지 그것과 관련이 있는 것처럼 주장되기 때문에, 결과적으로 거의 수습이 안 될 정도로 다양해지는 게 아닐까요. 그런 인상을 갖고 있습니다. 어째서 그런 공허한 것에 집착하는 걸까요? 처음부터 보고 있으면, 조금 우스꽝스럽기까지 해요.

하시즈메 중요한 포인트입니다.

'깨달음'의 또 한 가지 특징은, '특정 개인의 일회적 사건'이 아니라는 것입니다.

특정 개인의 일회적 사건이란, 몇 월 며칠에 고타마 싯다르타라는 사람이 이러한 정신상태가 되었다는 것입니다. 같은 일이 다른 누군가에게 다른 때에는 일어나지 않는다고 생각하는 것입니다. 어떤 사람의 정신상태가 다른 누군가에게 고스란히 반복될 거라고는 보통 생각하지 않죠. 그렇다면 석가모니 부처님이 어떻게 되든 나와는 상관이 없습니다. 그것은 석가모니 부처님에게만 해당되는 이야기가 되니까요.

하지만 불교의 아주 중요한 점은, 석가모니 부처님 개인에게 일어난 특정 사건이 반복된다는 거죠. 왜냐하면 그것은, 인간의 보편적인 가능성이기 때문입니다. 당신도 인간이라면 석가모니 부처님과 동일한 정신현상이 일어나도 이상할 게 없다고 주장하는 것입니다.

그래서 사람들의 참여를 독려할 수 있습니다. '깨달음'의 내용은 몰라도, 그것이 특정 개인이 아닌 누구에게나 반복된다는 것입니다. 석가모니 부처님은 이렇게 생각했었다고 하는 것을 추체험해 보자는 겁니다.

제 생각에는 석가모니 부처님 자신도 그렇게 생각했을 것 같습니다. 왜냐하면 그는 깨닫기 전부터 출가하여 깨달음을 목표로 하고 있었기 때문입니다. 석가모니 이전에 누군가가 깨달았던 것이 아니라면, 석가모니 부처님이 그런 것을 하려고 했을 리가 없죠. 즉, 그는 세계에서 최초로 깨달은 사람은 아닐 겁니다. 그래서 불교 중에는 이를 추인追認하기 위해 '과거불'過 去佛이라는 것을 고안하거나, 혹은 석가모니와 무관하게 깨달음을 얻은 벽지불辟支佛(독각獨覺)이라는 것을 고안해 공인하기도 합니다.

이것은 불교에서 주로 설명하는 방식입니다. 실제로는 만일 석가모니 부처님 이전에 불교는 없었다고 한다면, 이 깨달음은

유쾌한 불교

불교 외부에 있는 깨달음이므로, 브라만의 깨달음입니다. 인도에서는 불교가 없었던 시대부터 뜻있는 지식인이 수행을 닦아 궁극의 깨달음을 얻고자 하는 방식이 일반적이었습니다. 석가모니 부처님은 그런 흐름 속에서 자신도 실천자가 되어 깨달은 것에 지나지 않는다고 생각합니다.

그렇다면 예외적이긴 하지만 저쪽에서 깨닫고, 이쪽에서 깨닫고, 여러 사람이 깨달아, 후대 사람들이 자신도 깨닫겠다고 생각한 경우에, 누구를 본보기로 삼느냐는 우연적이고 자유로운 일이 됩니다. 자이나교[8]나 외도[9]처럼 불교와 매우 닮았지만, 불교에 대항하는 운동이 여럿 있었습니다. 하지만 불교는 그것들을 인정하지 않을 수 없습니다. 절대로 붓다가 아니면 안 된다고 불교가 말할 수는 없는 일입니다.

도그마를 주장하는 기독교는 이교나 이단이라는 생각이 있어서, 그들은 가치가 없다고 주장합니다. 하지만 불교는 외도라는 생각이 있고, 또 브라만이라는 생각이 있지만, 그들을 무

---

8 자이나교: 산스크리트어·팔리어로 'jina'는 '성자, 승자'라는 의미. 기원전 6세기경 인도에서 열린 비브라만 계통의 종교. 시조는 바르다마나(Vardhamāna). 존칭은 마하비라(Mahāvīra), 불교 경전에는 니간타 나타풋타(Nigaṇṭha Nātaputta)라는 이름으로 알려져 있다. 특히 고행, 금욕, 불살생(아힘사ahiṃsā)을 중시한다. 1세기경, 백의파(白衣派, 관용주의 그룹)·공의파(空衣派, 엄숙주의 그룹)의 두 파로 분열됐다.

9 외도(tīrthika, tīrtha-kara[s]): 불교 이외의 종교·철학, 또는 그것들을 신봉하는 사람들을 불교 측에서 부르는 총칭. '육사외도'(六師外道)는 석존과 동시대에 갠지스강 중유역 마가다 지방을 중심으로 활약한 여섯 명의 자유사상가로, 『장아함경』(長阿含經) 「사문과경」(沙門果經)에서 이들의 사상을 자세히 전하고 있다. 자이나교의 시조는 육사외도 중 한 사람이다.

가치하다며 부정하지는 않는 듯합니다.

그렇다면 왜 불교인 걸까요?

간단히 말하면 이것은 '왜 프로야구 한신 팀의 팬인가?' 하는 것과 마찬가지로 딱히 이유는 없습니다.

부처보다 깨달음이 중요하다

오사와 지금의 대화로 무엇이 포인트인지 잘 알게 된 것 같습니다.

기독교의 경우는 어느 시대 어느 날, 어느 때, 어느 장소에서 나사렛 예수가 인간의 아들, 신의 아들로서 그런 일을 했다는, 그 사건의 특이성이 중요하다고 생각합니다. 그러나 불교의 경우 실은 싯다르타가 어떤 태생으로 어떤 일을 했고 그때 어떻게 했는지는 그다지 중요하지 않습니다. 아까도 말씀드렸듯이 불교 경전에 쓰여 있는 것은 간접적으로는 중요할지 모르지만, 실제로는 크게 중요하지 않습니다. 석가모니의 깨달음은 특별한 것이 아니라 일반적인 것의 한 예이니까요. 사실 불전문학은 초기불교에서는 거의 발달하지 않았고, 기독교에서 복음서가 핵심적으로 중요한 것과는 사정이 많이 다릅니다.

예를 들어 수학이라는 앎의 체계가 지금과 같이 이르게 된 것은 많은 위대한 수학자들의 공헌 덕분입니다. 예컨대 오일러(Leonhard Euler), 푸앵카레(Henri Poincaré), 괴델(Kurt Gödel),

유클리드(Euclid)가 있고, 또 최근에는 페렐만(Grigori Perelman) 같은 사람들이 있어서 이런 많은 학자의 공헌으로 수학이라는 앎의 체계가 만들어졌죠. 이들 수학자에게는 증명법이나 정리가 '번쩍 떠올랐던' 것입니다. 즉 그들은 말하자면 '수학적으로 깨달았다'고 해도 좋겠죠. 그러나 그 깨달음은 일회적인 사건이 아니기 때문에 그들의 증명이나 추론 같은 것은 다음 사람도 재현할 수 있습니다. 거듭 말하자면, 그들이 '깨닫기' 전부터, 즉 그들이 증명이나 정리를 생각해 내기 전부터 수학적인 진리는 본래부터 있었기 때문에 원리적으로는 언제든 그 '깨달음'은 재현될 수 있다고도 할 수 있습니다. 그리고 수학 체계에서 이들 대수학자들이 어떤 인물이었는지, 어떤 인생을 보냈는지는 그다지 중요하지 않습니다.

불교의 논리에서 보면, 이 수학의 케이스에 가까울 거라고 저는 생각합니다. 예를 들어 수학의 역사를 알고 있다면 위대한 수학자가 어떤 사람이었는가 하는 것에 흥미를 갖게 되죠. 자신도 수학을 좋아하거나 공부하고 싶다면 더더욱 각각의 수학자들이 어떻게 노력하고, 고생을 하고, 실패를 하고, 어느 단계에서 이런 대단한 정리를 생각해 냈는지 알고 싶어질 겁니다. 평전 작가 같은 사람은 그런 걸 쓰는 것이죠. 불교 경전이나 자타카도 마찬가지일 겁니다. 하지만 수학 그 자체에 있어서는, 그런 평전은 상관없는 것입니다.

그 정반대가 기독교의 케이스입니다. 그리스도가 그때 어떻게 행동했으며 어떻게 말했는가. 그에 대해 사람들이 어떻게 행동하고 반응했는가. 그런 사건의 특이성과 신앙은 분리될 수 없습니다.

논리적으로는 불교는 수학의 경우에 가까운 것이어야 한다는 생각이 듭니다. 그러나 반대되는 말을 하는 것 같습니다만, 그럼에도 불구하고 불교도는 석존이랄까, 싯다르타, 혹은 최초의 붓다라고 할까, 가장 중요한 붓다라는 것에 상당히 집착하기도 합니다. 그리고 그 고집스러움을 빼면 불교를 정의하는 것은 거의 불가능해지게 될 것 같은 인상도 받습니다.

따라서 정리하면 불교에는 두 개의 벡터, 두 개의 대립적인 힘이 서로 맞서는 듯 보이는 셈입니다. 한편으로 불교의 이념이 지니고 있는, 본래였다면 싯다르타가 어떤 사람이고, 어떻게 깨달았는지, 최초에 어떤 설법을 했는지 등등의 전기적인 사실은 상관이 없으며, 실제로는 부차적이어야 한다는 측면이 있죠. 그러나 다른 한편으로 이 논리는 완전하게 철저하지 못해서, 실제 석존이라는 인물의 '그때의 깨달음'이라는 사건성에 상당히 집착하기도 합니다. 그것을 고집하지 않으면 불교의 불교다움이 없어져 버리는 느낌이 있죠.

하시즈메 정확한 지적입니다.

고집하고 있는 사람이 있다는 것은 맞지만, 불교의 논리를 철저히 한다면 고집할 필요는 없죠.

유쾌한 불교

불교에 내재한 논리에서 생각하면, '깨달음'이 중요합니다. 고타마 싯다르타(붓다 자체)는 그에 비하면 중요하지 않은 것입니다. 그러니까 사실은 불교도 중요하지 않습니다.

모든 사람에게 깨달음에 이를 가능성이 열려 있습니다. 고타마 붓다는 그것을 실천해 보였습니다. 그것만 모두 알면 불교가 소멸해도 별로 상관없어요. 불교의 논리는 이런 것이 아닐까요?

예언자와 붓다

오사와 싯다르타가 아닌, 붓다라든지 여래 등에 대해 생각해 보고 싶습니다. 즉, '개념으로서의 붓다'라는 것을 확인해 두고 싶은 건데요. 그것은 도대체 무엇을 가리키는 것일까 하는 겁니다.

이를 위한 보조선을 그어 보도록 하겠습니다. 지금까지 이 대담에서는 주로 예수 그리스도와 붓다를 주요 참조축으로 해서 대조시켜 왔지만, 예수는 극히 유일성이 높은 사례이므로, 일반화하기 위해 예수 그리스도의 전초로서 유대교에 많이 나오는 예언자(선지자)를 생각하면 어떨까요. 예언자가 말한 것은 매우 중요하고, 그것은 구약성서에 적혀 있는 것입니다.

예언자와 그리스도는 개념상 완전히 다른 것임에는 틀림없지만, 종교사회학적으로 보면 그리스도라는 것은 예언자가 받아들여질 수 있는 사회적·문화적 맥락 속에서만 출현한다고 할 수 있습니다. 유대인이 예언자라는 존재를 모른다면, 예수 그리스도가 출현하는 일은 없었을 것입니다. 이런 의미에서 아무리 개념적으로는 달라도 그리스도가 예언자의 연장선상에 있다는 것은 부정할 수 없습니다.

예언자에 주목하는 것에는, 또 하나의 부차적인 이득이 있습니다. 이슬람교도 시야에 넣을 수 있기 때문입니다. 이슬람교의 입장에서는 예수 그리스도, 즉 '신의 아들'이라는 개념은 도저히 받아들일 수 없습니다. 그러나 예언자에 주목하면, 이슬람교도 그 안에 포함시킬 수 있습니다. 무함마드는 그리스도와 달리 예언자 그 자체이니까요. 그는 특별한 예언자일지도 모르지만 예언자는 예언자이므로, 그리스도와 같이 '예언자와 개념상 차이'는 없습니다.

그러므로 일신교에서의 예언자와 붓다를 대조시켜 보고자 합니다. 싯다르타와 예수가 아닌, 붓다와 예언자. 이를 대조할 경우 어디에 차이점이 있을까요.

하시즈메 예언자는 God(신)과 인간 사이에 놓인 사람입니다.

인간에게 있어 이상적인 상태를 실현하는 것은 예언자가 아닌 God이기 때문에, 예언자는 그 예고만 할 수 있을 뿐, 예언자의 말이나 행동 속에는 구원이 없습니다. 구원에 이르는 길을 알릴 뿐이죠.

유쾌한 불교

한편 붓다는 깨달은 사람입니다. 이미 거기에 인간의 이상 상태가 실현되었다는 사건입니다. 그래서 붓다가 구원입니다.

그것은 누구에게 있어서일까요? 붓다 본인에게는 구원이 됩니다. 붓다 이외의 사람에게 있어서는 아직 자신은 붓다가 아니기 때문에 구원이 될 수 없습니다. 다음은 자신의 차례이고, 다음에는 자신이 구원받을 수 있다고 생각하는 것은 가능합니다. 그런 의미에서는 좋은 메시지일 수도 있어요.

즉 간단히 말하자면, 예언자는 인간을 구원할 수 없습니다. 인간을 구원하는 것은 God이니까요. 붓다는 인간을 구원하지 않습니다. 본인을 구원하고 있지만, 타인을 구원하는 것은 불가능합니다. 인간을 구원하는 것은 자기 자신이라는 것이 불교의 사고방식이죠.

오사와 그렇군요. 아주 명쾌한 해석이네요. 예언자는 아무도 구원하지 않고, 붓다는 자기 자신만을 구하고, 그리고 신은 타인(인간) 모두를 구원하는 거군요. 그리스도는 타인을 구원하고 있기 때문에, 특히 인간의 원죄를 대속해 주고 있기 때문에 신이 되는 거죠.

막스 베버(Max Weber)의 종교사회학에 '윤리 예언'(ethical prophet)과 '모범 예언'(exemplary prophet)이라는 상대 개념이 있습니다. 이 예언자라는 카테고리는 말할 것도 없이 원래는 유대교와 기독교의 것, 즉 헤브라이즘의 것입니다. 그러나 베버는 일반화 지향이 매우 강한 학자이기 때문에, 힌두교나 불교를 보았을 때 거기에 나오는 카리스마적인 지도자나 사상가가 유대교에서 말하는 예언자와 많이 다르다는 것을 금방 간파했을 것입니다. 하지만 베버는 그들을 예언자와 완전히 다른 것으로 생각하지 않고, 오히려 예언자라고 하는 개념을 확장해, 두 종류의 예언자가 있다고 다시 파악합니다. 그리고 헤브라이즘 계열의 오리지널한 예언자를 '윤리 예언자'라 부르고, 붓다로 대표되는 예언자를 '모범 예언자'라고 불렀습니다.

지금 하시즈메 선생님이 기본적인 것을 매우 명료하게 말씀해 주셨기 때문에, 이 베버의 개념을 사용하면서 그 논점을 바꾸어 말씀드려 보겠습니다. 기독교와 유대교, 그리고 불교 그 어느 쪽에서도 보통의 인간을 초월하는 상태, 인간을 초월한 수준이라는 것이 상정되어 있지만, 그 상태에 대한 관계의 방식에는 아주 큰 차이가 있는 것이죠. 기독교를 포함한 일신교의 경우 인간을 초월하는 것은 God입니다. God만이 인간을 진정한 의미에서 넘어섭니다. 게다가 God의 초월성은 압도적이기 때문에 인간과 God 사이에는 단절이 생깁니다. 그렇기에 God과 인간을 연결해 주는 것이 필요합니다. 그것이 바로 예언자, 윤리 예언자입니다. 윤리 예언자는 God은 아니기에 평범한 사람을 초월하는 것은 아닙니다. 윤리 예언자도 인간인 것이죠. 다만 이들에게는 God과 인간을 매개하는 역할이 주어져 있습니다.

그에 반해서 붓다랄까, 베버가 말한 '모범 예언자'에 해당하는 사람은, 자기 자신이 보통의 인간을 넘어선 상태가 됩니다. 모범 예언자도 인간과 다르지 않지만, 깨달음을 얻어 보통의 인간을 초월한 상태에 도달합니다. 일신교의 경우에는 인간을 초월한 상태는 God밖에 없습니다만, 모범 예언자는 인간이면서도 보통의 평범한 인간을 넘어설 수 있는 것입니다.

이렇게 보면 일신교계의 것과 불교계의 것, 윤리 예언자를 둔 종교와 모범 예언자가 있는 종교는 전제하고 있는 체험의 방향성이랄까, 벡터가 정반대인 것을 알 수 있습니다. 일신교에 있어서 작용하고 있는 것은 신에서 인간으로 가는 벡터입니다. 이 벡터를 작동시키기 위해서 윤리 예언자가 있습니다. 불교의 경우에는 반대로, 거기서 기능하고 있는 것은 인간에서부터 보통 인간을 초월한 상태로의 벡터입니다. 이 벡터를 체현하고 있는 것이 모범 예언자입니다. 따라서 각각의 종교를 성립시키고 있는 정신의 지향이 서로 완전히 반대입니다. 이렇게 이해할 수 있을 것 같아요.

하시즈메 말씀하신 대로라서 덧붙일 게 없네요.

하지만 굳이 그 전제를 말하자면, '신과 부처는 어떤 점이 다른가'라는 것일까요?

이것은 일본인이 종종 이해하지 못하는 점입니다.

부처佛(붓다)란 어디까지나 인간입니다. 인간이, 인간인 채로 부처가 됩니다. 이것을 성불成佛이라고 하죠. 지식으로서 이 점을 알고 있을지도 모르지만, 이것을 제대로 곱씹어 보지 않으면 안 됩니다.

이것에 집중하고 있는 불교는 신에 대해 관심이 없습니다. 신 따위는 없어도 상관없다고 생각하고 있죠. 인간은 신의 힘을 빌리지 않고, 자신의 힘으로 완벽해질 수 있다고 생각합니다. 이러한 신념인 거죠.

이것을 확인하면, 불교는 일신교와 무관합니다. 신을 경배하기만 하는 힌두교와 적대관계이죠. 인민은 정부가 없으면 행복해질 수 없다고 생각하는 유교와도 다릅니다. 신과 인간이 협력하여 행복해지자고 말하는 신도와도 다릅니다. 합리적으로 자립한, 개인주의적 인간중심주의라고 볼 수 있죠. 이렇게 철저하게 합리적이고 개인주의적인 인간중심주의는 없다고 봐야 합니다.

여기에 불교의 본질과 붓다의 본성이 있습니다.

오사와 중요한 것 중에서도 가장 중요한 지점이라고 생각합니다. 다음 화제로 넘어가기 전에 정리하면서, 논점을 조금 보충하겠습니다. 방금 전, 저는 윤리 예언자는 신에서 인간으로라는 벡터를 전제로 하여 그 역할이 부여되어 있다는 취지의 말을 했습니다. 이 점을 염두에 두면, 그리스도라는 것도 제대로 자리매김할 수 있습니다. 누누이 말씀드렸듯 그리스도와 윤리 예언자는 전혀 다릅니다. 그리스도를 윤리 예언자의 한 사람으로 간주해서는 안 됩니다. 그러나 생각해 보면, 그리스도도 신으로부터 인간으로라는 벡터가 작용하고 있습니다. 윤리 예언자는 이 벡터가 실효성을 갖기 위한 보조적인 장치와 같은 것으로, 그들 자신은 인간에 불과합니다. 신으로부터 인간으로 향하는 메시지가 잘 전달되기 위해서는 예언자가 필요했던 셈입니다.

그에 반해 모범 예언자는 사실 벡터 자체를, 인간으로부터 붓다를 향한 벡터 자체를 체현하고 있습니다. 그렇다면 신에서 인간으로라는 벡터를 그대로 체현하는 것이 있다면 어떻게 되는 걸까요? 그 벡터를 기능하게 하는 보조적인 장치가 아니라, 그 벡터 자체를 그대로 현실화하면 어떻게 될까요? 그것이야말로 그리스도라고 생각합니다. 신이 인간이 되었다는 것이 예수 그리스도니까요.

그리스도에게도, 붓다에게도, '인간=X'라는 등식이 전제되어 있습니다. 이 X 부분에 보통의 인간을 넘어선 상태가 들어갑니다. 얼핏 보면 비슷한 등식처럼 보이지만, 기독교와 불교에서는 이 등식이 내포하고 있는 역동적인 움직임 같은 것이 반대를 향하고 있습니다. 불교의 경우에는 **인간이** X(붓다)가 됩니다. 그런 의미에서 인간중심주의입니다. 기독교는 반대로 **X(신)가** 인간이 됩니다. 이것은 신중심주의입니다.

불교와 힌두교

오사와 조금 전부터 불교를 이해하기 위해서 불교를 불교 아 닌 것(불교 이외의 종교)과 대비해 왔습니다. 그 '불교 아닌 것' 으로 주로 참조했던 것이 일신교, 특히 기독교입니다. 여기서 대담을 진행시키는 데 있어 아무래도 논의해 두고 싶은 것이 있습니다.

불교와 다른 것, 불교와 대비할 만한 것으로, 힌두교 또는 브라만교[10]에 대해 생각해 보고 싶습니다. 힌두교와 브라만교는 완전히 같은 것은 아니지만 관련이 있습니다. 여기서는 브라만 교를 인도의 고대 종교로, 그로부터 조금씩 변화되어 나온 종 교가 힌두교인 것으로 해둡시다.

불교와 힌두교는 다릅니다. 물론 불교는 일신교나 기독교와 도 다릅니다. 하지만 같은 '다름'이라도 이 두 '다름'의 의미는 그야말로 완전히 다르다고 생각합니다. 불교와 힌두교의 관계 를 여기서는 분명히 논해 두고 싶습니다.

왜냐하면 불교는 힌두교 안에서, 힌두교와 자신을 구별하면 서 시작됐기 때문입니다. 당연한 일입니다만, 본래 불교 자신 은 일신교에 아무런 흥미도, 관심도 없습니다. 나중에 일신교

---

10 브라만교: 인도에 침입한 아리아 민족은 카스트제를 실시하고, 베다 성전을 편찬했다. 최고위 카스트인 브라만들이 제사를 행하고, 철학적 사색을 심화시켜 만들어 낸 것이 브라 만교이다. 후에 서서히, 신들을 믿는 민간신앙과 융합하여 힌두교로 변화해 갔다.

유쾌한 불교

쪽에서 불교를 보거나, 불교 쪽에서 일신교를 보는 일이 있어, 비로소 양자의 대비가 주제가 된 셈이죠. 당연하지만 붓다도 일신교 같은 것에는 관심이 없습니다. 일신교에 대해서는 전혀 몰랐습니다. 싯다르타는 예수보다 훨씬 이전 사람이기 때문에 기독교에 대해서는 알 길이 없습니다. 불교 자신에게는 자기 자신과 일신교의 차이는 전혀 문제가 될 수 없는 것입니다.

그러나 힌두교는 다릅니다. 불교는 그 성립 당초부터 힌두교와 무엇이 다르고 무엇이 같은지를 자각하고 있었을 것입니다. 불교는 힌두교와의 관계에서 자신이 어떤 포지션을 취할 것인지가 중요했습니다. 그래서 여쭤보고 싶은 것은 불교와 힌두교의 관계입니다. 이것을 어떻게 파악하면 좋을까요?

하시즈메 꽤 재미있는 보조선을 그어 주셨습니다.

기독교는 안티 유대교죠. 하지만 유대교와의 관계를 제거하더라도, 기독교는 전 세계가 받아들일 수 있는 보편성을 가지고 있습니다. 기독교 신자라도 유대교를 모르는 사람이 꽤 있는 셈입니다.

불교도 이런 점이 있습니다. 불교는 인도에서 태어난, 인도의 주류파인 브라만교와 힌두교에 대한 안티테제입니다. 그럼에도 그 주장에 보편성이 있기 때문에 힌두교나 브라만교를 제거하더라도 불교만을 보편적인 종교로 믿을 수 있습니다. 중국이나 일본 사람들은 그렇게 하고 있죠. 이 점은 비슷합니다.

불교의 어떤 지점이 안티 브라만교, 안티 힌두교일까요.

브라만교와 힌두교는 연속적(하나로 이어진 것)으로 인도 사회의 주류가 되는 사상이자 종교입니다. 인도 사회는 카스트(바르나)제[11]로 이루어져 있습니다. 위에서부터 브라만, 크샤트리아, 바이샤, 수드라로 크게 네 부분으로 나뉘어 있습니다.

인도 사회의 원리를 조목별로 적어 보면,

① 종교가 첫번째고, 정치는 두번째, 나머지는 그 이하이다.

② 종교 활동(깨달음)은 브라만이 독점한다. 다른 카스트는 그럴 권리가 없다.

③ 그 이하의 카스트들은 신들이라도 믿어라.

이런 식으로 되어 있습니다.

고타마 싯다르타는 브라만이 아닙니다. 이게 중요한데, 그는 크샤트리아 출신입니다. 크샤트리아인 주제에 브라만의 깨달음을 얻고자 출가하고 수행하여 궁극의 '깨달음'을 얻은 것입니다.

이 깨달음이 '깨달음'으로 인도 사회에서 승인받을 수 있을까 하는 문제가 남아 있는데요. 브라만들은 모두 반발했을 겁

---

11 카스트(바르나)제 : 카스트는 '가문, 혈통'을 뜻하는 포르투갈어 카스타(casta)에서 유래했다. 바르나(varṇa)는 '색'(色)이라는 뜻. 기원전 1500년경, 갠지스강 유역에 진출·정주한 아리아인에 의해 확립되었다. 브라만(제관, 승려), 크샤트리아(왕족, 관료, 무사 계급), 바이샤(평민), 수드라(예속민), 이 네 가지를 기원으로 한다. 1950년 제정된 인도 헌법은 카스트에 의한 차별의 폐지를 내걸고 있지만, 오늘날 여전히 현실의 카스트 기능은 없어지지 않았다.

유쾌한 불교

연도(서력), *(=불확정)	불교(◆)·인도(◇)의 동향	책에 등장하는 인물의 생물연도(◎)
기원전	◇『리그 베다』 성립. 브라만교 발생	
*1500	◇아리아인, 갠지스강 유역 진출	
*1000	◇브라흐마나(brāhmana) 문헌 성립	
*800		
*463	◆고타마 붓다 탄생(BC 566년, BC 624년 외 여러 설이 있음)	◎공자(BC 551~479), 노자, 장자(생몰년 미상), 맹자(*BC 372~*289)
	◇육사외도(六師外道)의 활약	◎소크라테스(BC 470~399)
		◎플라톤(BC 427~347)
*383	◆고타마 붓다 입멸(BC 486년, BC 544년 외 여러 설이 있음)	◎에피쿠로스(*BC 341~*270)
	◆제1결집(붓다 입멸 후 라자그리하에서)	
*350	◇문법학자 파니니, 고전 산스크리트 문법의 규범이 되는 문전을 저술	
	◆제2결집(붓다 입멸 후 100년경 바이샬리에서)	
261	◇마우리아 왕조(제3대) 아쇼카 왕, 불교에 귀의	
	◆이 무렵 불교 전 인도 지역에 널리 확산	
	◆이 무렵 상좌부와 대중부로 분열(근본 분열)	
	◆이 무렵 초기불교 경전(팔리 삼장경전Tipitaka)의 원형이 성립됨	
*200	◆제3결집(붓다 입멸 후 200년경 파탈리푸트라에서)	
*100	◆부파 분열이 거의 끝남	◎루크레티우스(*BC 94~*55)
기원후	◆대승불교 운동의 번성	◎예수 그리스도(*BC 4~*AD 28)
*60~*250	◆제1기(초기) 대승 경전 성립(반야경, 유마경, 법화경, 화엄경, 정토삼부경[무량수경·관무량수경·아미타경], 반주삼매경 등)	
*100	◇쿠샨 왕조(제3대) 카니슈카 왕, 불교에 귀의	
	◆나가르주나(용수 *150~*250)	
200	◇이 무렵 『마누법전』 성립	
*250	◆제2기(중기) 대승 경전 성립(여래장경, 대반열반경, 승만경 등)	
399	◇동진(東晉)의 승려 법현(*337~*422), 인도 여행(399~412)	
401	◇인도인 아버지를 둔 서역(西域) 승려, 구마라집(*344~*413), 장안에 와서 10여 년에 걸쳐 35부, 약 300권의 불전을 한역함	
*410~*430	◆붓다고사(Buddhaghosa), 팔리 삼장경전 확립	
	◆아상가(Asanga, 無着 *395~*470)	
	◆바수반두(Vasubandhu, 世親 *400~*480)	
*450	◆이 무렵 『대승기신론』 성립	
629	◇당나라 승려 현장(*602~664), 인도 여행(629~645)	◎무함마드(*570~632)
	◆밀교의 성립, 『대일경』(大日經, 7세기 전반), 『금강정경』(金剛頂經, 7세기 후반)	
	◇당나라 승려 의정(635~713), 인도·남해제국 여행(671~695)	
*1000	◇이슬람군 인도 중앙 침투	
1193	◆북부 불교의 가장 중요한 거점인 날란다 대학(사원)이 이슬람 세력에 파괴	◎아시시의 프란체스코(1182~1226)
1203	◆후기 밀교의 근본 도장이자 종합대학인 비크라마실라 대학(사원), 이슬람 세력에 파괴되어 이후 불교는 쇠퇴로 향함	
*1500		◎르네 데카르트(1596~1650)
*1600		◎존 로크(1632~1704)
		◎조지 버클리(1685~1753)
*1700		◎임마누엘 칸트(1724~1804)
*1800		◎막스 베버(1864~1920)
		◎야콥 폰 윅스퀼(1864~1944)
		◎에른스트 카시러(1874~1945)
		◎루트비히 비트겐슈타인(1889~1951)
*1900		◎미르체아 엘리아데(1907~1986)
		◎이사야 벌린(1909~1997)
		◎질 들뢰즈(1925~1995)
		◎자크 데리다(1930~2004)
		◎데릭 파핏(1942~2017)

니다. "아무리 왕자라도 크샤트리아 애송이 주제에 무슨 속셈이냐. 저런 것이 '깨달음'이라니. 웃기지 마라"라며 무시했을 테죠. 하지만 크샤트리아들은 기뻐했을 겁니다. 상당히 좋은 말을 하고 있지 않느냐며 응원하는 사람들도 나왔습니다. 그 이하의 카스트들에게도 침투해 갔죠.

붓다는 뭐라고 했을까요. "어떤 카스트라도 환영입니다. 사람은 태생에 의해 브라만이 되는 것이 아니라, 행동에 의해 브라만이 되는 것입니다." 즉, 누구라도 출가할 수 있고, 깨달을 수 있다고 말했습니다. 불교의 진면목입니다. 그래서 불교를 정의할 때 안티 브라만교, 안티 힌두교라는 요소를 넣지 않으면 뭔가 구체성이 없다고도 할 수 있습니다. 이것이 바로 불교가 인도에서 발생한 이유입니다.

하지만 카스트와 상관없이 누구나 깨달을 수 있다고 주장한 시점에서, 카스트가 없는 사회(예컨대 농민이 학대받은 중국이라든가, 글을 읽지 못하는 민중이 많았던 일본이라든가)에서도 누구에게나 깨달음의 가능성이 주어진다는 메시지가 됐습니다. 안티 힌두교였다는 점은 잊혀졌고, 사회혁신 사상이 될 수 있었죠.

오사와 독자분들을 위해 약간의 해설을 덧붙이자면, 인도에서 카스트제라고 말할 경우, 엄밀하게는 두 가지 시스템이 있습니다. 하나는 지금 하시즈메 선생님이 말씀하신 네 가지 바르나의 위계질서입니다. 다른 하나는 자티(Jati)라는 시스템입니다. 자티라는 것은 세습되는 직업 집단으로 그 시스템은 언뜻 보기에는 그저 분업 시스템으로 보이지만 실제로는 정淨/부정 不淨의 관념을 바탕으로 하여 서로의 접촉이나 교류가 엄격하게 제한되거나 금지되고 있어, 전체적으로 위계질서를 구성하고 있습니다. 자티 시스템은 복잡하고 지역마다 약간씩 다른 점도 있어서 결국 몇 가지의 자티가 있는지도 쉽게 말할 수 없을 정도라고 인류학자 루이 뒤몽(Louis Dumont)은 말하고 있습니다. 그래서 자티와 바르나 사이의 관계도 간단하지는 않지만, 느슨한 대응관계가 있다는 인상을 줍니다. 이 대담에서 카스트제라고 할 때에는 주로 전자인 바르나의 위계질서를 염두에 두고 있습니다.

안티 힌두교

오사와 자, 그럼 이야기를 본론으로 되돌려 보겠습니다. 기독교는 안티 유대교로서, 불교는 안티 힌두교로서 각각 역사적으로 고유한 사정이 있었던 '안티' 부분을 떼어 낸 뒤에 보편성을 가지고 전 세계로 보급되었다고 할 수 있겠네요. 하지만 이 '안티'의 양식이 기독교와 불교는 많이 다르다는 느낌이 듭니다.

　예전에 기독교에 대해 둘이서 대담했을 때(『수상한 기독교』), 일신교라는 맥락 안에서 기독교를 파악하기 위해, 유대교와의 관계를 처음에 말씀해 주셨습니다. 제가 하시즈메 선생님께 기독교와 유대교는 어떻게 다른 건가요? 라고 질문했더니, 하시즈메 선생님의 첫 말씀이 **"거의 같습니다"**였습니다. 이 짧은 단정이 임팩트가 있어, 대담 전체의 분위기를 잘 표현하고 있습니다. 하지만 차이가 있다라고 생각하면, 이 '거의'라고 한정시킨 부분이 설명될 수 있습니다.

이 '거의 같다'라는 관계가 무엇이냐면, 기독교라는 것은 유대교를 부정하고는 있지만, 동시에 자기 안에 집어넣고 있는 것이라고 생각합니다. 그것을 잘 보여 주는 것이 구약성서/신약성서라는 정전의 이층구조입니다. 구약성서를 폐기시키는 것이 아니라, 자기 자신의 전제로서 통합하고 있는 셈이죠. 헤겔의 변증법 용어를 사용하면, 지양(Aufheben)입니다. 기독교는 그렇게 유대교를 수직적으로 편입시켜 하나의 사상이 되었습니다.

힌두교와 불교의 관계는 이와는 다른 것 같습니다. 양자는 수평적으로 대립하고 있다는 인상을 받습니다. 불교는 힌두교를 자기 밖으로 떼어 내듯 나왔고, 그다지 자기 안에 힌두교를 통합하거나 하진 않습니다. 그러나 동시에, 양자의 관계를 외부에서 전체적으로 바라보면 모종의 상호의존 관계가 있는 것 같기도 합니다. 대립하고 있는 것 같으면서도 상보적인 관계가 있는 것 같아 보입니다. 비유적으로 말하면, '지도와 땅'의 관계입니다. 우리는 지도(불교) 쪽에 시선을 빼앗기지만, 지도가 바

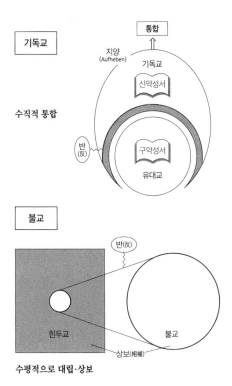

수평적으로 대립·상보

로 지도로 인식되는 것은, 땅(힌두교)이라는 배경 때문이기도 하죠.

　그러니까 같은 '안티'라도, 대립하거나 부정하고 있는 상대를 수직적으로 통합하는 기독교와, 수평적으로 분리하면서 상보적인 관계를 유지하고 있는 불교. 이러한 차이가 있는 듯한데, 어떤가요? '수직/수평'이라는 반쯤 비유적인 표현을 비유가 아닌 표현으로 바꿔 본다면, '수직'의 경우에는 당사자인 기독교의 관점에서 자신이 부정한 유대교적인 측면이 자기 자신의 내적인 계기가 되는 듯 보입니다. 하지만 '수평'의 경우에는 대립을 외부에서 파악하는 제3자의 관점에서 볼 때, 상호의존관계가 보인다는 겁니다(53쪽 그림 참조).

하시즈메 그 직감은 맞지만, 그렇게 느낀 이유는 아마 이런 것이겠죠.

유대교에는 유대교 율법이 있습니다. 기독교는 그 율법의 외부로 나와 헬레니즘 세계로 전개될 수 있었기 때문에, 기독교 신자는 유대교의 신자와 중복되지 않는 것입니다.

그러나 인도 사회의 경우, 불교도는 인도 사회에 살고 있습니다. 재가자在家者들은 특히 더 그렇고요. 그들은 카스트제도 속에 여전히 있습니다. 그런 의미에서 결코 인도인(힌두교도)임을 그만두는 것은 아닙니다. 그로부터 인도 사회에 사는 사람들 중 골수 브라만교·힌두교인들과 마음만은 불교도인 사람들, 이렇게 두 종류의 사람들이 나온 셈입니다. 하지만 생활 실태는 그다지 다르지 않습니다.

그러니까 불교가 힌두교로부터 스스로를 분리하는 것은 매우 어렵습니다. 수행하는 지식인들이 하는 말(머릿속의 이야기)로만 분리할 수 있었죠. 지식인이 하는 말에 사회적 힘은 거의 없기 때문에, 힌두교의 사회 실태가 더 강하게 작용하고, 불교는 거기에 흡수되어 버렸다고 생각합니다.

유쾌한 불교

카스트로부터의 해방

오사와 방금 말씀해 주신 것으로 인도 사회의 특징, 인도 사회를 정의할 수 있는 본질적인 특징으로서 카스트제도, 즉 브라만, 크샤트리아, 바이샤, 수드라 그리고 불가촉천민[12] 같은 위계질서가 있습니다. 이 위계질서 안에서 제가 굉장히 재미있다고 생각하는 지점은 크샤트리아의 위치, 좀 더 정확하게 말하자면 크샤트리아와 브라만 사이의 서열입니다. 인도 사회에서는 브라만의 지위가 좀 더 높죠. 브라만은 종교라고 해야 할까, 의례 전문가 같은 거라고 생각하지만, 이쪽이 무력·폭력에 있어서도 크샤트리아보다 뛰어났습니다.

예를 들어 『놀라운 중국』[13]에도 적혀 있듯, 중국에서는 정치가, 즉 정치나 행정에 관련된 사람이 가장 서열이 높았습니다. 늘 전쟁을 하고 있었지만, 혹은 황제는 결국 전쟁의 최종 승리자이지만, 군인보다도 관료가 더 지위가 높아, 행정 전문가인 관료에게 군사 전문가가 종속되어 있는 것 같은 느낌입니다. 카스트제와 대응시켜 보면 크샤트리아 위에 브라만이 아닌

---

12 불가촉천민(outcaste): 언터처블(untouchable) 혹은 아바르나(avarna)라고도 불린다. 자칭 달리트(Dalit). 간디는 비슈누 신의 아들 '하리잔'(Harijan)으로 부르자고 제창하며 순화된 카스트제도를 인도 사회 근저에 심으려고 했지만, 불가촉천민 출신이자 인도 헌법 초안 작성자인 암베드카르(B. R. Ambedkar)는 이에 정면으로 맞서, 1956년에 힌두교를 떠나 동료와 함께 불교로 개종하여 불교 부흥운동을 시작했다.

13 橋爪大三郎, 大澤真幸, 宮台真司, 『おどろきの中国』, 講談社 現代新書, 2013.

관료가 있는 것 같은 상황입니다. 일본 '막부'幕府의 경우는 무사들이 그대로 권력을 움켜쥐고 정치와 행정을 담당하고 있기 때문에 말하자면 크샤트리아 제도일까요?

인도의 관점으로 보면, 무엇이 가장 지위가 높은지, 누가, 어느 사회적 계층이 가장 존경할 만하다고 여겨지고 있는지 등을 보는 게 무척 흥미롭습니다. 이 경우 날것으로서의 강함이라고 해야 할까, 직접적인 폭력이라는 점에서 최고로 강한 무인이나 군인을 기준으로 해서, 그 계층과의 관계에서 가장 위신이 높은 계층이나 가장 강한 권력을 쥐고 있는 계층이 어디에 위치하는지를 보는 게 가장 알기 쉽습니다.

이러한 관점에서 본다면, 방금 말한 것처럼 일본의 무사 정권이 가장 직설적이네요. 물리적 폭력의 측면에서 가장 뛰어난 사람이 그대로 권력을 잡는 셈이니까요. 그에 반해 중국에서는 폭력에 뛰어난 것만으로는 결코 존경받을 수 없고, 권력도 잡을 수 없습니다. 문인 관료 쪽이 존경받고 있어서 군인은 관료를 따를 수밖에 없죠. 군사적으로 승리하여 황제가 된 자도 무력만이 아니라 덕 또한 뛰어나기 때문에 천명을 부여받아 '천자'天子가 된 것이라는 사실을 사람들에게 납득시키지 않으면 안 됩니다. 한漢나라 고조高祖 유방劉邦 등이 그 전형이라고 생각합니다.

자, 문제는 인도입니다만, 무력 전문가인 크샤트리아는 물론 정치나 행정에서 중심적인 위치에 있지만, 브라만만큼 존경받지 못합니다. 크샤트리아도 브라만을 따를 수밖에 없는 것이죠. 이 의례와 종교의 전문가가 최고 계급이 되는 것이 인도의 특징입니다.

이 점을 근거로 해서 제가 생각한 것은 이런 것입니다. 지금 말씀하신 것처럼 힌두교의 전제대로라면, 가장 높은 종교적 경지에 대한 깨달음에는 브라만만이 도달할 수 있습니다. 세속의 힘을 가진 크샤트리아조차 그 경지에는 도달할 수 없죠. 그 브라만에게만 국한되었던 것을 인간 전체로 보편화했을 때, 즉 브라만만이 도달할 수 있다고 여겼던 최고의 종교적 경지인 깨달음에 원리적으로는 모든 인간이 도달할 수 있다고 할 때 바로 불교가 되는 것이 아닐까요. 즉, 브라만적인 것을 그대로 브라만에게 국한시킨다면 힌두교이지만, 그것을 인간 전체에 보편화하면 불교가 되는 것이 아닐까 하는 생각입니다.

그래서 불교를 최초로 주창하는 사람, 혹은 최초의 부처는 브라만 출신이어서는 안 되는 것입니다. 브라만이 아닌 사람이 브라만이 될 수 있고, 브라만 이상의 브라만이 브라만 계급이 아닌 곳에서 나오고, 그것으로 인해 카스트의 속박으로부터 사람을 해방시키는 것이야말로 불교의 한 가지 핵심 아닐까요? 유대교와 기독교의 관계에서도 유대인에 한정되어 있던 구제의 대상이 인간으로 보편화되었을 때, 유대교에서 기독교로의 전환이 생기는 것입니다. 이 점에서는 힌두교와 불교의 관계도 비슷합니다.

하시즈메 확실히 그렇네요.

다만 불교는 카스트제도를 부정하고, 모든 카스트의 사람들에게 보편적인 구제의 가능성을 열었다고 해도, 그 구제의 장을 카스트와는 별도의 출가 집단(승가僧迦, 상가Saṅgha)으로 마련할 수밖에 없었던 점이, 어떤 의미에서는 제약이 되고 있습니다.

붓다는 출가했고 붓다의 제자들도 출가자로, 집단을 이루어 승가를 영위하고 있지요. 승가의 특징은, 여러 가지 규칙이 있지만, 한마디로 비즈니스를 해서는 안 된다는 것입니다. 돈을 만져서는 안 됩니다. 그래서 상업을 할 수 없죠. 땅을 파서는 안 되고, 물을 뿌려도 안 됩니다. 그러니까 농사를 짓지 못합니다. 서비스 산업에 종사할 수도 없습니다. 즉 비즈니스(생산활동)를 일절 할 수 없는, 비생산계급이 되는 거죠. 그러면 생산자의 도움을 받을 수밖에 없기 때문에 비즈니스(생산활동)를 하고 있는 사람들에게 의존하는 것인데, 이 비즈니스는 카스트제에 의해 엄밀히 사람들 사이에 분배되고 있습니다. 결국 힌두교의 카스트 사회를 어떤 의미에서는 통째로 긍정하지 않으면 불교는 존속할 수 없게 되어 있는 거죠. 이것이 기독교와 다른 점으로, 기독교가 유대교에 대해 철저한 투쟁을 하는 것처럼 될 수 없는 이유입니다.

오사와 그것은 저도 몹시 신경 쓰이는 점입니다. 앞서 기독교는 유대교를 수직적으로 내부화했지만, 불교와 힌두교는 병존하여 상호보완적인 관계에 있었다고 지적한 것은, 지금 하시즈메 선생님께서 말씀하신 것과도 관련이 있습니다. 이러한 점과 관련해서 승가나 출가라는 문제도 나중에 논의하고 싶던 참입니다.

불교는 왜 사라졌는가

오사와 그 전에 한 가지, 신경 쓰이는 지점에 대해 의문을 제기해 두고 싶습니다.

불교는 인도 북부에서 나왔는데, 종교사회학적으로 보면 거기에서 나올 수밖에 없는 필연성이 있었다고 생각합니다. 즉, 고대 인도 북부의 사회구조나 상황에 규정된 채 불교의 운동이나 사상이 나타났음에 틀림없습니다. 물론 불교를 비롯한 세계 종교의 사상과 실천에는 보편성이 있기에, 혹은 보편적인 것을 추구하는 강한 지향성이 있기 때문에 기원이 된 사회적 맥락과는 상당히 다른 문화나 사회구조에서도 원래의 설정에서 약간의 변경을 가하는 것만으로 받아들여집니다. 이는 불교뿐만 아니라 많은 세계 종교에서 일어난 일입니다. 그렇게 해서 기원으로부터 크게 벗어나 세계 종교는 세계 각지로 보급되어 갑니다.

그러나 불교의 경우에 한 가지 이상한 점이 있습니다. 지금 말한 것과 같은 경위로 세계 종교가 전 세계로 파급되어 간다고 했을 때, 당연하지만 그 발생지가 된 사회의 구조나 문화에 그 종교가 가장 적합했을 것입니다. 불교도 고대 인도의 사회적 맥락(배경)을 전제로 하고 있으니, 그곳에 가장 적합했겠죠. 그러나 얼마 안 있어 불교는 기원이 된 인도에서 거의 사라지고 맙니다. 불교를 계승한 것은 인도 이외의 주변이죠. 잘 알려져 있듯이 불교의 전파 경로에는 북전北傳과 남전南傳이 있고, 각각이 약간 다른 불교를 전했습니다(오른쪽 지도 참조). 즉 불교가 전래된 흔적을 더듬어 보면 두 개의 체인(chain)이 됩니다. 그 체인을 연결하는 위치에 있는 것이 기원인 인도인데, 그곳만이 불교의 공백지대가 되어 버렸죠. 두 개의 체인이 연결고리를 잃은 채 떨어져 있는 느낌이에요. 어쩌다가 본래 가장 적합했던 기원지에서만 불교가 사라져 버린 걸까요? 이것은 종교사회학적으로 생각해 볼 때 정말 이상한 일이 아닐까요?

하시즈메 힌두교의 스펀지 효과 같은 것(무엇이든 흡수해 버리는 작용)에 의한 것이라고 생각합니다.

힌두교는 어떤 논리를 갖고 있을까요? 인도 사람은 독특해서 여러 가지를 생각하고, 여러 신을 믿고, 여러 원리를 고안해 내기도 합니다. 그걸 그냥 놔두면 분열하죠. 분열하면 전쟁이 일어납니다. 인도에서는 전쟁을 억제하는 것이 무엇보다 매우 중요합니다. 중국에서도 그랬지만, 대책이 다른 것이죠. 중국

불교의 전파

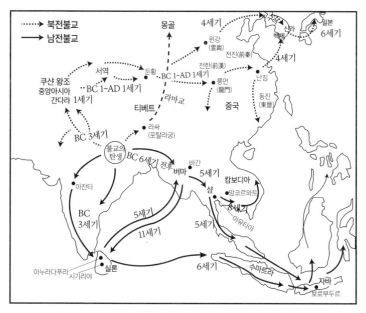

에서는 통일정권을 수립하여 전쟁을 막았습니다. 인도에서는 전쟁을 억제하기 위해 카스트가 있죠. 카스트는 비즈니스의 독점과 분배를 통해 상호의존 네트워크를 만들기 때문에 분쟁을 막을 수 있습니다.

또 하나 중요한 것은 힌두교가 다신교인지 일신교인지 분명히 알 수 없다는 점입니다. '화신'化身이라는 것이 있습니다. 이건 일신교에서는 생각할 수 없는 것인데, A라는 신이 실은 B라는 신이라는 겁니다. 더 자세히 들어 보면 C라는 신이었고요.

괴인 이십면상怪人 二十面相[14] 같아서, 도대체 어느 것이 그 신의 진정한 얼굴인지 알 수 없습니다. 하나의 신이 많은 얼굴을 가지고 있다고도 할 수 있고, 여러 신이 하나의 실체를 가졌다고도 할 수 있지만, 이를 사람들이 공동으로 승인합니다. 그러면 각각 다른 신을 믿고 있는 그룹끼리 싸우지 않아도 되는 것이죠.

그래서 이 설명에 의하면 부처도 신입니다. 고타마 붓다가 비슈누 신의 화신 중 하나라고 힌두교에서 언제부터인가 주장하기 시작했는데요. 그렇게 되면 부처를 섬기는 것이 신을 섬기는 것이 되므로 힌두교가 되는 것이죠. 이런 주장 때문에 불교도는 모두 힌두교도로 여겨지고 말았습니다.

이런 스펀지 효과에 의해 불교는 지우개로 지운 것처럼 사라지고 맙니다. 단, 이 논리는 힌두교밖에 사용할 수 없기 때문에 힌두교가 존재하지 않는 남방이나 중앙아시아, 중국, 한국, 일본에서는 불교가 전래된 형태 그대로[15] 남아 있는 것입니다.

오사와 그렇군요. 그러나 이것은 역사의 불가사의 중 하나입니다. 일반적으로는 어떤 문화적 현상이라도, 여러 곳에 보급

---

14 [역주] '괴인 이십면상'(怪人 二十面相)은 일본의 추리소설 작가 에도가와 란포(江戸川乱步)의 소설에 나오는 괴도 캐릭터이다.

15 인도로부터 '전래된 형태 그대로'라고는 해도, 전해진 곳에서 각각 변화해 간 것은 물론입니다.

유쾌한 불교

되더라도 기원이나 원조의 우위는 계속되는데, 불교는 원조만 탈락하고 말았습니다. 그 원인을 지금 하시즈메 선생님은 힌두교의 특성과 관련지어 설명해 주신 것입니다.

혹은 이런 가설도 생각해 볼 수 있지 않을까요? 불교는 철저한 평등주의죠. 그것은 카스트제의 엄격한 차별에 시달리는 사람에게는 대단한 해방적 효과가 있었을 듯합니다. 사람이 가진 가치는 카스트와 관계가 없다고 하는 것이기 때문이죠.

그런데 결국 인도에 이슬람교가 들어오게 됩니다. 이슬람교는 불교보다 훨씬 뒤에 생겨난 것이지만, 이윽고 인도에도 들어옵니다. 이슬람교도 평등주의죠. 초월적 일신一神을 전제로 하면 인간은 모두 평등해집니다. 이 이슬람교가 과거 불교가 수행하던 기능을 담당하게 되었으니, 불교가 인도에서 사라졌다고 생각할 수 있지 않을까요? 불교도는 인도에서 거의 사라졌지만 이슬람교도는 지금도 많이 있습니다. 이슬람교에 의해 불교가 밀려나게 되었다고 생각해 볼 수도 있는 거죠. 어떤 실증적 근거가 있어서 이런 가설을 말하는 것은 아니고, 만약 이 가설이 맞다고 해도 어째서 이슬람교가 남고 불교 쪽이 사라진 건지 그 이유가 설명되어야 하겠지만요.

하시즈메 꽤 날카로운 지적입니다. 그런 설도 있습니다. 호사카 슌지保坂俊司 씨가 10년 정도 전에 그러한 책을 쓴 적이 있어요(『인도불교는 왜 망했는가: 이슬람 사료로부터의 고찰』イン

ド仏教はなぜ亡んだか: イスラム史料からの考察, 北樹出版, 2003/개정
판 2004).[16]

오사와 그렇군요. 그렇다면 호사카 슌지 씨의 가설에는 설득력
이 느껴집니다.

---

16   [역주] 한국어판 『왜 인도에서 불교는 멸망했는가』, 김호성 옮김, 한걸음더, 2008.

제2장

초기의 불교

일체지一切智와 전지全知

오사와 석존은 깨달은 뒤 '일체지자'一切智者라고 했다고 합니다. 조금 더 자세히 말하면, 석존은 깨달음을 얻은 뒤, 잠시 망설인 끝에 설법을 결의했습니다. 우선 과거에 고행을 함께했던 동료들이 사는 바라나시(Varanasi)로 향했는데, 그 도중에 우파카¹라는 인물의 질문에 그가 대답한 것이 '일체지자 무사독오'一切智者 無師獨悟입니다. '나는 모든 것을 알고 있는 자이며, 스승 없이 깨달았다'라는 의미입니다. 붓다의 이 '모든 것을 알고 있다'라는 상태가 무엇을 가리키는지, 다시 일신교와 비교해 보

---

1   [역주] 부다가야에서 깨달음을 얻은 석가모니 부처가 바라나시 녹야원으로 이동하던 중 만났던 이교도. 아지바카 교도였던 그는 부처의 지혜를 알아보지 못하고 외면한다.

고 싶습니다.

　일신교의 신은, 전지하면서 전능한 것으로 되어 있습니다. 전지와 전능의 관계도 미묘해서, 반드시 양립할 수 없기 때문에 신학에서는 논쟁이 됩니다만 그 점은 나중에 이야기해 보겠습니다.

　붓다가 일체를 알고 있을 때의 '일체를 알고 있다'라는 상태와 일신교에서 신은 전지하다고 할 때의 '알고 있다'라는 상태를 비교할 경우, 무슨 차이가 있을까요? 이것은 직감적으로도 완전히 다른 느낌입니다. 이 두 가지를 비교한다면 어떻게 다르다고 설명하면 좋을까요?

하시즈메 일신교 God의 전지전능의 경우, 왜 알고 있다고 하냐면 God이 모든 사건을 일으키고 있는 장본인이기 때문입니다. God에게는 눈이 있고 손이 있고(기독교의 경우), 대단한 정보수집 능력도 있습니다. 그리고 기적(miracle)을 일으킵니다. 즉 물질 현상에 대한 직접적인 지배력이 있죠. 기적은 세계에 대한 주권의 다른 이름입니다. 왜 God은 전지전능할까요? 그것은 God이 세계를 지배하고 있기 때문입니다. 이런 논리구조로 되어 있는 것이죠.

　자, 그럼 붓다가 일체지자라고 해봅시다. 이는 붓다가 세계를 지배하고 있기 때문일까요? 그렇지는 않습니다. 붓다는 보통의 인간일 뿐입니다. 이것은 세계의 진부분집합(극히 일부)[2]입니다. 세계가 있고, 그다음에 인간이 태어나는 겁니다. 그러니까 가위바위보를 늦게 낸 것 같은 거죠. 하지만 붓다의 지식이 세계를 따라잡아 세계를 완전히 삼켜 버렸습니다. 이것은 세계를 지배하기 때문이 아니라, 세계를 이해하기 때문인 것입니다.

지배하고 있다면, 전지는 보증됩니다. 하지만 이해하고 있을 경우에는 전지가 보증될 것인가 하는 문제가 있습니다. 이럴 줄 알았는데, 실제로는 뜻밖의 일이 일어났다라고 하는 경우도 있을 수 있죠.

전부를 이해할 수 있다는 건, 석가모니 부처님이 그렇게 말했기 때문에 우리도 그렇다고 생각하는 것입니다. 간단히 말하면, 우리는 전지하지 않으니까 석가모니 부처님이 전지한지 아닌지 확인할 길이 없습니다. 우리는 믿을 수밖에 없죠.

오사와 석존이 '이런 것을 이해했어요'라고 미리 알려 주는 것은 아니기에, 그가 이해했다고 하면, 우리로서는 그것을 우선 받아들이게 됩니다. 석존의 말씀을 듣고 납득하기보다는, 석존에 대한 헌신(경도)이 우선입니다. 그런 지점이 종교란 이런 것이구나 하고 생각하게 하죠.

---

2 [역주] 진부분집합(proper subset): A=B인 경우에도 A는 B의 부분집합이 되는데, 그렇지 않은 부분집합을 진부분집합이라 한다.

좀 전에 건너뛰었던 것을, 여기서 부연적으로 코멘트하겠습니다. 기독교 신학에서는 신의 전지와 전능 사이의 모순을 두고 고전한다는 주제입니다. 왜 이 점을 논해 두냐면 이 주제는 하시즈메 선생님이 지금 설명한, 붓다의 일체지와 일신교 God의 전지는 어떻게 다른가 하는 것과 관련이 있기 때문입니다. 신의 전지와 전능을 세트로 했을 때 곤란한 것은, 예들 들면 신이 예정을 변경할 수 있는가라는 문제 같은 것입니다.

신이 전능하다면 신은 예정을 변경할 수 있는 것이 분명합니다. 그럼 예를 들어 이런 상황에서는 어떤가요? 예정설에 상정되어 있는 듯한 신이 "오사와는 최후의 심판 때 아웃이다"라고 결정했다고 합시다. 오사와는 구제받지 못하고, 신의 나라에 들어갈 수 없다고 예정되어 있는 것입니다. 그런데 구제받을 수 없는 오사와가 예를 들어 하시즈메 선생님과 좋은 대담을 나누는 등 꽤 좋은 일들을 하자, 신이 "그냥 오사와를 합격시켜 줄까?" 하고 예정을 변경합니다. 이런 일이 가능할지 생각해 봅시다. 물론 그럴 수 있다고 생각하고 싶어집니다. 대체로 많은 사람들이 착한 일을 하거나 독실한 신앙생활을 하거나 할 때, 이런 것을 기대하고 있을 것입니다.

그런데 잘 생각해 보면 이 신의 예정 변경은 이상합니다. 왜냐하면 신은 전지하니까요. 전지한 신은 오사와가 하시즈메 선생님과 어떤 대담을 할지 처음부터 내다봤을 겁니다. 신은 그런 것을 내다보고, 알고 난 후에 최후의 심판으로서 오사와의 판결도 결정했을 겁니다. 신에게는 예상이 빗나가, '오, 의외로 좋은 대담을 하고 있잖아?'라고 생각하게 될 리가 없습니다. 그런 이유로 신이 전지하다고 한다면, 신은 예정을 변경할 수 있을 리 없습니다. 그러나 이 결론 또한 이상합니다. 우리 인간조차 예정 같은 건 얼마든지 변경할 수 있는데, 전능하신 신이 그것을 할 수 없다니 말이죠.

이처럼 전지와 전능 사이에는 갈등이 있습니다. 하지만 불교에는 이런 모순은 없지요. 붓다는 일체지이기는 하나 전능하지는 않기 때문입니다. 붓다는 전능할 필요는 없습니다. 그것은 하시즈메 선생님이 설명한 것처럼, 붓다가 세계를 만든 건 아니기 때문이죠. 불교에서는 세계를 창조한 주체와 같은 것은 상정되어 있지 않습니다. 그런 이유로, 붓다를 논할 때는 기독교의 신에게서 볼 수 있었던 것과 같은 모순에 시달릴 일은 없는 것입니다. 그런 의미에서 불교는 일신교보다 정합성이 높다고도 할 수 있죠.

'고'苦[3]란 무엇인가

오사와 어째서 전부를 알아야 할 필요가 있는지 생각해 보면,

---

3   [역주] '고'(苦) 개념은 문맥에 따라 '고'라고 번역하기도 하고, '괴로움'이라 번역하기도 했다.

이것이 구제 혹은 해탈을 위한 조건이 되기 때문이죠. 그 점을 염두에 두고 문제를 더 심화시켜 보고자 합니다.

'해탈'과 관련하여 이전에 '업'(카르마)에 대해서 하시즈메 선생님과 대담한 적이 있습니다(「수상한 불교」ふしぎな仏教, 『상가 재팬』サンガジャパン VOL. 10, サンガ, 2012, p.54). 카스트는 태생에 따라 결정되지만, 붓다의 관점에서는 인간에게 중요한 것은 태생이 아닌 '무엇을 했는가'입니다. 단, 이 경우 윤회전생이 전제되어 있기 때문에, '행한 일' 중에는 이번 생만이 아니라 전생이나 후생의 일도 포함되죠. 아무튼 그 '행한 일', '행위'를 나타내는 불교의 개념이 '업'이죠. 논리적으로 생각하면 선한 행위와 악한 행위, 그리고 어느 쪽도 아닌 행위, 이렇게 세 종류의 행위가 있습니다. 그것들이 '선', '악', '무기'無記라는 세 가지 종류의 업입니다. 해탈하여 '니르바나'(Nirvana, 열반)[4]의 경지에 도달하기 위해서는 선업을 쌓아 가야 합니다. 선업에 의해 많은 포인트를 쌓아 가다 보면, 그 최종적인 결과로 해탈이 있다는 것입니다.

그런데 전에 하시즈메 선생님과 대담을 할 때, 이 업을 바탕으로 한 생각에 이론상의 난점이 있는 것은 아닌지 논의한 바

---

4   니르바나(열반涅槃, nirvāna[s], nibbāna[p]). 전통적인 어의 해석으로는 '번뇌의 불이 꺼진 상태의 평온함, 깨달음의 경지'를 말한다. 또 생명의 불이 꺼진 것으로 입멸(入滅), 죽음을 말한다. '반열반'(般涅槃)은 '완전한 열반'이라는 뜻으로, 특히 석존의 입적을 '대반열반'(大般涅槃, mahāparinibbāna[p])이라고 한다.

있습니다. 방금 전, 일신교에서는 전지와 전능 사이에 모순이 생긴다고 했는데, 실은 불교의 업 이론에도 문제가 있습니다. 한편으로 선업을 축적해 나감으로써 해탈을 향해 간다는 설정을 유지하기 위해서는 엄격한 인과론을 전제하지 않으면 안 됩니다. 선한 원인은 반드시 선한 결과를 낳아야 합니다. 일체지라고 하는 것은 인과관계에 의해 짜여져 있는 실재의 세계를 자신의 정신세계 안에 재구성할 수 있다는 것이겠죠. 그러나 다른 한편으로는, 자유의지가 필요해집니다. 자유의지가 없으면 선업이나 악업을 선택하고, 그 책임을 자신이 진다는 것이 의미를 잃게 되니까요.

그런데 서양의 철학에서도 자주 화제가 되는 것으로, 자유의지와 인과론은 양립하기 어렵습니다. 불교는 어떻게 이 두 가지가 모두 확보되어 있을까요? 이런 것들이 이전에 하시즈메 선생님과의 대담에서 화제가 돼서, 그때 하시즈메 선생님의 설명은 다음과 같았던 것으로 기억합니다. 불교에서는 인과론이 바탕이 되고, 자유의지가 거기에 종속되어 있다고요. 그럼 어디에서 자유의지가 효과가 있느냐 하면 궁극적으로는 '발심'發心의 순간입니다. 발심이라는 것은 '나는 이 세상에 우연히 인간으로 태어났으니, 그 기회를 활용해 붓다가 되는 길을 가겠다'라고 결의하는 것입니다. '발의'發意라고도 하죠. 이렇게 결의할지의 여부는 인과관계로 정해져 있는 것도, 누구에게 강요당하는 것도 아닙니다. 순수한 자유의지가 여기에서 발동된다는 것이 하시즈메 선생님의 설명이었습니다.

4장에서 이에 대해 더 논의해 보고 싶은데요. 발심해서 해탈의 길을 걷기 시작한다고 합시다. 해탈이라는 것은 윤회하는 삶의 괴로움에서 해방되는 것이죠. 해방된 궁극의 경지를 '니르바나'라고 합니다. 그런데 여기서부터 의문, 그것도 소박한 의문이 생겨납니다.

해탈을 지향하는 것은 윤회하는 삶이 '고'苦라고 여겨지기 때문입니다. 그 고란 무엇일까요? 이것이 의문입니다. 왜 살아 있는 것이 전부 괴로움이라고 하는 걸까요. '인생은 괴로움도 있고 즐거움도 있다'가 아니라 '인생은 괴로움뿐이다'라는 식으로 전제되어 있습니다.

불교의 교리를 요약한 유명한 네 가지 슬로건, 이른바 사법인四法印이라는 것이 있죠. '제행무상'諸行無常(모든 현상은 변화한다), '제법무아'諸法無我(모든 것은 실체를 갖지 않는다), '열반적정' 涅槃寂靜(번뇌가 사라진 깨달음의 경지는 편안하다)과 함께 '일체개고'一切皆苦(존재하는 모든 변하는 것은 괴로움이다)가 사법인 가운데 하나로 들어 있습니다. 하지만 소박하게 이렇게 말하고 싶어지는 거죠. 살아서 경험하는 것이 모두 괴로운 것은 아니지 않은가, 즐거움도 있지 않은가 하고 말이죠. 어째서 그렇게 비관적인 인생관을 갖고 있는 거냐고요.

그럼 싯다르타가 그만큼 괴로운 삶을 살았느냐 하면, 그렇지는 않습니다. 아까부터 얘기해 왔지만, 그는 브라만은 아니지만 두번째 계급(바르나Varna)인 크샤트리아 출신입니다. 석가족의 왕자죠. 출가하지 않으면 왕이 될 신분입니다. 솔직히 말하면 부잣집 도련님인 것이죠. 그가 최하위 카스트 출신이었다거나, 억압받는 노예민족 출신이었다면 '일체개고'라는 것을 알았을 테지만, 전혀 그렇지 않았습니다.

다르게 말하면, 이것은 싯다르타의 인생이 불행했는지, 행복했는지, 괴로웠는지, 즐거웠는지 하는 것과는 관계가 없는 것일지도 모릅니다. 그렇게 보면, '일체개고'라는 것은 불교에 한정되지 않은 인도 사상의 공통된 출발점인 것 같습니다. 일체개고는 인도 사상의 기조저음基調低音[5]입니다. 태어나고, 병들고, 늙고, 죽는 것이 괴로움[四苦]이라는 인식은 불교도만이 아니라, 소위 외도 종교가나 사상가에게도 공통된 것입니다. 그렇다면 괴로움이란 무엇인가라는 것이 역시 궁금해집니다. 인도 사회에서 꽤 풍족해 보이는 사람조차도 '괴롭다'라고 말하고 있는 것이니까요.

하시즈메 지당한 의문입니다.

불교는 해탈을 지향한다고 말합니다. 해탈은 괴로움에서 이

---

5   [역주] 기조저음은 정치학자 마루야마 마사오(丸山眞男)가 일본정치사상사의 역사적 발전에는 무언가 반복되어 나타나는 하나의 형태가 있다고 설명할 때 사용한 개념이다. 저음의 성부(聲部)가 반복되면서 다른 성부가 변화하여 가는 것을 뜻하는 바소 오스티나토(basso ostinato)라는 음악 용어에서 차용했다.

유쾌한 불교

탈한다는 뜻으로는 보통 쓰이지 않고, 윤회로부터 이탈하는 것을 뜻합니다. 인간을 둘러싼 윤회(자연법칙 같은 것)의 속박으로부터 벗어나, 그 밖으로 나가는 것이죠. 반면 열반(니르바나)이란, 평안의 경지입니다. 깨달음의 서술, 깨달음의 다른 이름이 아닐까 싶습니다.

불교의 기본 개념으로는 '깨달음', '윤회', '해탈'의 세 가지가 있는데요. 누구나 알고 있습니다. 그리고 이것들은

1. 윤회하고 있음(=고苦)

2. 깨달음

3. 해탈함(=열반)

의 순서로 일어나게 되어 있습니다.

하지만 고타마 붓다가 이렇게 생각했는지에 대해 저는 의문이 듭니다. 처음에는 좀 더 심플한 생각이었습니다. '윤회', '해탈'은 나중에 덧붙여졌죠. 인도 민중에게 어필하기 위한 힌두교의 대책이라 할 수 있죠. 하지만 그 결과 불교는 큰 어려움을 짊어지게 됐습니다.

그건 그렇고 처음에는 이렇지 않았을까요?

1. 방황하며 삶(=고苦)

2. 깨달음

3. 바르게 삶(=열반)

역시 이 순서대로 일어나게 되어 있습니다.

대담 초반에 불교란 무엇인지 정의하자는 이야기가 나왔었

습니다. 저는 단적으로, "고타마가 깨달았다(붓다이다)"라고 믿는 것을 불교의 필요충분조건으로 정의할 것을 제안했죠. 거기에는 '윤회'도 '해탈'도 없습니다. 고타마 붓다가 윤회나 해탈을 진심으로 믿고 있었다는 증거는 어디에도 없습니다.

그런데 이 심플한 사고방식에서도 열반은 역시 고와 대립하고 있습니다.

그렇다면 고苦[6]란 무엇일까요?

고苦라고 하면, 락樂과 반대되는 것으로, 괴롭거나, 아프거나하는 감각적인 괴로움을 떠올리게 됩니다. 그러나 그렇게 생각할 필요는 없습니다. 저는 단지 고苦란 '인간의 삶이 불완전하다는 것'이라고 생각합니다. 사실은 더 잘, 바르게 살 수 있는데 불완전하게 살고 있는 것이죠. 감각에 빠지거나, 부귀영화로 물질적 사치에 둘러싸여 살고 있는 것도 괴로움입니다. 인간으로서 그보다 낫게, 그보다 제대로 살 수 있으니까요. 본인은 그다지 그것을 괴로움이라고는 생각하지 않을지도 모릅니다. 그렇지만 고타마 붓다가 보면 그것은 괴로움(불완전한 삶)입니다. 인간은 더욱 완전하게 살 수 있습니다. 붓다가 보기 때문에 '괴로움'인 것입니다.

6　고(苦, duhkha[s], dukkha[p]): 심신에 다가와(=핍박逼迫), 심신을 괴롭히는(=손뇌損惱) 것(=핍뇌逼惱). 압박하여 괴롭히는 것. 심신에 맞는 상태(緣)나 대상(境)으로 향할 때는 즐거움을 느끼고, 맞지 않는 곳으로 향할 때는 괴로움을 느낀다. 용법으로, 즐거움(樂)이나 불고불락(不苦不樂)에 대한 괴로움, 일체개고(一切皆苦)의 괴로움이 있다.

유쾌한 불교

'사고팔고'四苦八苦는 극히 초기 불교의 생각이라고 합니다. 사고四苦, 즉 '생로병사'生老病死는 인간 일생의 모든 국면을 요약한 것입니다. 아마 이것은 고타마 붓다가 말한 것이겠죠. 나중에 부파불교[7]가 번잡하게 해설해 나가지만, 처음에는 아주 단순하게 생명으로 태어난 인간의 운명이라는 의미였을 것입니다.

살다 보면 즐거운 일도 있습니다. 하지만 병에 걸리거나, 나이가 들거나, 죽거나 하는 부정적으로 여기기 쉬운 부분도 떼어 낼 수 없는 삶의 일부입니다. 고타마 붓다는 그 전체를 받아들여야 한다고 먼저 주장했던 것입니다. '고'를 강조한 것은, 보통 사람이 빠지기 쉬운 결함으로서, 어떻게든 이 운명에서 벗어나고 싶다고 생각하기 때문입니다. 아프지 않았으면 좋겠다든가, 나이를 먹지 않으면 좋겠다든가, 죽지 않을 수 있는 방법은 없을까와 같은 것을 생각하기 때문에 같은 운명이 두 배, 세 배로 괴로워집니다. 인간은 생명이기 때문에 병에 걸리는 것이 당연하고, 병에 걸리면 병과 함께 살아가는 수밖에 없습니다. 나이도 당연히 먹는 것이고요. 그것을 받아들이고 용기를 갖고 나이를 먹어라. 노인으로 사는 것도, 죽는 것도 두려워하지 말라. 그것은 자기 인생의 마침표다. 이런 식으로 모든 부정적인

---

7 부파불교(部派佛教): 고타마 붓다가 열반에 든 지 100년쯤 지난 후 보수적인 상좌부(上座部)와 진보적인 대중부(大衆部)로 분열되고, 이 두 부파(部派: 종파)로부터 여러 갈래의 분열이 일어나 불교가 여러 부파로 나뉘면서 전개되었던 시대의 불교이다.

생각을 버리고, 적극적으로 대면하여 바르게 살아가자고 말하고 싶었던 것이라고 생각합니다.

'사고팔고'를 불교의 중심에 두고, 거기에 괴로움을 문자 그대로 부정적으로 받아들이면 불교의 본질을 소극적인 것으로 오인하게 되지는 않을지 우려됩니다. 고타마 붓다의 가르침을 한마디로 말하면 '용기를 가지고 인간으로서 바르게 살아가자'는 것입니다. 진부해 보일지 모르겠습니다만 이것이 불교의 주장이라고 생각합니다.

불교도는 출가出家와 재가在家로 나뉘어 있지만, 출가와 재가로 나뉜 것이 불교의 본질일 것이라는 것도 사실은 의심스러운 부분입니다.

불교의 본질이라고 되어 있는 초기불교의 여러 요인 가운데 어디까지가 진짜 불교의 본질이라고 확증할 수 있는지 저는 의문입니다. 불교 개설서에 쓰여 있다고 해서 통설을 무조건 받아들일 수는 없는 것이니까요.

오사와 해탈이라는 것은 말씀하신 것처럼 윤회로부터의 해탈입니다. 이론상으로 말하자면 말이죠. 다만, 일체가 모두 고라고 전제를 하면, 또 생로병사가 고통스럽다면, 결국 '고'라는 것은 윤회전생에 필연적으로 수반되는 속성이기 때문에 윤회로부터의 해탈은 결국엔 괴로움으로부터의 해방을 함의한다고 생각합니다. 그리고 깨달음에 이른 상태인 '열반'이란 고에

시달리지 않는 안정된 상태로 그려지는 것 같습니다. 혹은 불교에 대한 네 가지 진리, 즉 이른바 사성제四諦 — 고제苦諦·집제集諦·멸제滅諦·도제道諦 — 도 '고'라는 것을 중심으로, 괴로움의 원인에 대한 진리(집제), 괴로움이 사라진 상태에 대한 진리(멸제), 또한 이런 궁극의 상태에 이르는 과정으로서의 진리(도제)로 되어 있는 것을 생각하면, 해탈에 의해 극복되어야 할 것으로 '고'가 주요 타깃이 되어 있는 것은 아닐까요.

다만, 확실히 말씀하신 것처럼 그 '고'라는 것을 우리가 보통 생각하는 '고통'과 동일시해도 좋은가 하면, 상당히 미묘합니다. 말씀을 듣다가 유명한 종교학자 엘리아데(Mircea Eliade)의 책이 떠올랐는데요. 아마도 박사논문이었다고 생각합니다만, 요가에 대해서 쓴 대저입니다. 책의 초반에 엘리아데 또한 '고', '일체개고'에 대해 논하고 있는데, 이것은 우리가 알고 있는 것과 같은 의미의 '괴로움'과 단순한 연장선상에서 해석해서는 안 되며, 그렇다고 퇴행적인 염세주의도 아니라는 것을 강조하고 있습니다. 하시즈메 선생님의 해석과도 통하는 것이 있을지 모르겠네요.

지금 하시즈메 선생님은, 삶에 대해 매우 적극적인 불교 해석을 제시해 주셨고, 그것은 매우 설득력이 있습니다. 그러나 '고'라는 것은 불교의 전통 속에서 계속해서 언급되어 왔기에, 조금 더 다뤄 보고 싶습니다.

여기서 또다시 일신교, 그중에서도 유대교와 비교하고 싶습니다. 유대교의 경우도 역시 '고'苦, '고난'苦難이라는 것이 신앙의 기점에 있기 때문입니다. 여기서 제가 염두에 두고 있는 것은 물론, 베버가 주제로 삼은 '고난의 변신론辯神論'에 대한 것입니다. 왜 야훼에 대한 신앙이 독실한 유대인이 불행이나 고난에 빠지는 것일까요? 불신하는 자가 불행해지고, 신에 대한 신앙심이 깊은 의인이 행복해진다면 간단하게 설명이 됩니다(행복의 변신론). 하지만 신앙의 독실함과 행복/고난의 대응이 교차하는 경우에는 설명이 어렵습니다.

고난의 변신론과 불교의 '고'에 대한 사상을 비교할 경우, 다음과 같이 대조할 수 있습니다. 고난의 변신론은 꽤 배배 꼬여 있는 역설적인 논리로 되어 있어 이해가 어렵습니다. 하지만 이 논리의 전제가 되는 '고난'이라는 것이 어떤 상태를 가리키고 있는지는 쉽게 알 수 있습니다. 실제로 유대인의 역사는 고난의 연속, 불행에 이은 불행, 패배에 이은 패배였으니까요. 불교의 경우는 반대로, 일단 '일체개고'라는 전제를 인정해 버리면, 그 이후의 논리는 매우 정직하고 직설적입니다. 삶에 따른 번뇌의 불꽃이 꺼진 열반을 목표로 하면 된다는 것이죠. 그러나 불교의 경우 이해하기 어려운 것은, 그 기점이 되는 '고'란 무엇인가, 어째서 '고'라는 전제에서 시작하지 않으면 안 되는가 하는 점입니다.

지금 하시즈메 선생님으로부터 '사고'四苦나 '팔고'八苦[8]가 정말로 고타마가 말한 것의 중심인지 의심스럽다는 지적이 있

유쾌한 불교

었습니다만, 고타마의 진의는 차치하고라도 그런 것들이 불교의 전통 속에서 말해져 온 것은 확실하죠. 사고는 일반론이지만, 팔고가 되면 조금 구체성이 생깁니다. 거기서 말하고 있는 것은 예를 들면 '싫은 놈과 만나는 것은 고통이다'(원증회고怨憎會苦)라든가 '사랑하는 사람과 헤어지는 것은 고통이다'(애별리고愛別離苦)라든가 하는 것이죠. 그것은 그럴지도 모릅니다. 하지만, '좋은 녀석과도 만날 수 있겠죠'라든가, '사랑하는 사람과 헤어지는 것은 불행일지 모르지만 그 전에 사랑하는 사람과 만났던 일도 있잖아요. 왜 그쪽은 무시하는 거죠? 사랑하는 사람을 전혀 만나지 못하는 것이 더 불행한 게 아닐까요?'라고 따져 묻고 싶어집니다.

　방금은 반농담조로 말했습니다만, 살아가는 것, 윤회 속에서 몇 번이고 반복되는 삶을 모두 포함하여, 살아간다는 것에 대해 어딘가 부정적인 의미를 부여하거나, 혹은 부정적인 의미를 감지하는 데 있어 지극히 자연스럽다거나 자명성을 느끼는 감수성이 있습니다. 그래서 그 부정적인 삶에서 어떻게 벗어날 수 있을 것인가라는 벡터로서 불교가, 어쩌면 불교만이 아니라 많은 고대 인도의 사상이 생겨난 듯한 느낌이 드는 거죠. 왜 삶

---

8 팔고: 생로병사의 사고(四苦)에 원증회고(怨憎會苦), 애별리고(愛別離苦), 구불득고(求不得苦, 구하여도 얻지 못하는 괴로움), 오취온고(五取蘊苦, 물질과 정신의 요소인 색수상행식의 오온에 집착함으로써 생기는 괴로움으로, 오성음고五盛陰苦 또는 오음성고五陰盛苦라고도 함)를 더한 것.

에 대해 그런 부정적인 견해를 갖는 것인가 하는 것이 또 하나 납득이 가지 않는 점입니다.

하시즈메 그렇네요.

첫째로 윤회의 문제입니다. 윤회는 브라만교, 힌두교의 기본 원리입니다. 카스트제도와 윤회는 표리관계에 있습니다. 그래서 저의 추측입니다만, 고타마 붓다가 윤회를 받아들이고, 믿었는지는 매우 의문입니다. 그런 것은 없다고 생각했을 가능성이 높습니다. 아까 말씀드린 대로입니다. 고타마 붓다는 카스트제도에 비판적이었으니까요.

그렇다고 하더라도 불교는 힌두교를 믿는 인도 민중에게 작용하여, 안티-힌두교로서 운동하지 않으면 안 됩니다. 윤회에 대해 무언가 말해야만 하는 거죠. 그래서 브라만도 당신들도 윤회하고 있을지 모르지만, 고타마는 브라만보다 훌륭한 깨달음을 얻었기 때문에 더 이상 윤회하지 않게 됐다고 주장한 것이 아닐까요.

두번째는 불교의 '고'가 유대교의 고난과 어떻게 다른가 하는 것입니다. 유대교의 고난 대부분은 공동체의 고난(외세의 공격이라든가, 기근, 사회적 곤란)입니다. 하지만 불교의 괴로움은 '생로병사'라든가, 이후의 '팔고'라든가, 누구나 경험하는 개인적인 문제입니다. 커다란 사건은 아닌 거죠.

제가 이해한 건 이렇습니다. 불교에서 말하는 괴로움은 자신의 인생이 뜻대로 되지 않는다는 것과 같습니다. '뜻대로 되지 않는다'라는 부분을 괴로움이라고 표현하면, 사랑하는 사람과 만나는 것은 뜻대로 되는 것이기에 괴로움이 아니지만, 사랑하는 사람과 헤어지는 것은 뜻대로 되는 것이 아니기에 그것을 괴로움으로 느끼게 됩니다. 맛있는 것을 먹을 수 있다면 그것은 괴로움이 아니지만, 먹고 싶은 것을 먹지 못하면 그것을 괴로움이라고 느끼게 됩니다.

만약 뜻대로 되지 않는 것을 부정적인 것으로 셈해 버리면 인생은 부정적인 것투성이가 되고, 자신의 인생이 자신의 뜻대로 되지 않는다는 것에 압도되어 기진맥진해 버리고 말 것입니다. 그렇게 되지 않기 위해서 자신의 인생이 뜻대로 되지 않는 이유가 무엇인지 생각하는 것이죠.

한 가지 결론은 인생에 대해 미리 이렇다고 생각하기 때문에 그렇게 된다는 것입니다. 오히려 인생은 객관적인 법칙에 따라 이루어지도록 되어 있을 뿐입니다. 그렇다면 미리 이래야 한다는 식의 달콤한 기대랄까, 환상이랄까 그런 것을 단적으로 갖지 않는다면, 100% 에누리 없이, 인생을 있는 그대로 누릴 수 있습니다. 모든 것을 플러스로 받아들일 수 있습니다. 이런 말을 하고 있는 것뿐이지 않을까요?

그래서 오히려 긍정적인 생각인 것 같습니다.

죄인가 괴로움인가

오사와 하시즈메 선생님의 해석은 매력적이네요. 고타마 사상이나 불교 사상의 해석으로서 옳은지 하는 것과는 독립적으로, 선생님의 지금 해석 속에 나타나 있는 사상은 삶에 대해 긍정적이며, 아주 멋지다고 생각했습니다.

들으면서 갑자기 최근에 읽은 책이 떠올랐는데요. 본론에서 약간 벗어나게 됩니다만, 관련이 있어 간단하게 소개하려고 합니다. 르네상스 전문가로 셰익스피어를 연구하는 스티븐 그린블랫(Stephen Jay Greenblatt)이라는 유명한 학자가 있는데, 그가 쓴 저작 중 2012년 퓰리처상 논픽션 부문을 수상한 『1417년, 그 한 권이 모든 것을 바꿨다』(一四一七年, その一冊がすべてを変えた, 河野純治 翻訳, 柏書房, 2012)[9]라는 책이 있습니다. 일본어 번역 제목은 이렇게 극단적인 내용 요약처럼 되어 있지만, 원저의 제목을 직역하면 『일탈: 어떻게 세계는 근대가 되었는가』(*The Swerve: How the World Became Modern*)입니다. 실은 이 '일탈'(swerve)이라는 말에 이중의 함축이 있어 꽤 세련된 제목입니다만, 이래서는 일본의 독자는 무엇이 쓰여져 있는 책인지 알 수 없기 때문에 일본어 번역 제목은 저렇게 된 것이겠죠.

---

9 [역주] 한국어판은 『1417년 근대의 탄생: 르네상스와 한 책 사냥꾼 이야기』, 이혜원 옮김, 까치, 2013.

유쾌한 불교

이것은 중세가 끝난 르네상스 초기의 고대 사본 수집가의 이야기입니다. 당시 책은 상당한 귀중품으로 여러 장소, 예를 들어 수도원의 도서관 같은 곳에 묻혀 있었습니다. 움베르토 에코의 베스트셀러 『장미의 이름』도 수도원 도서관에 숨겨져 있던 아리스토텔레스의 사본을 둘러싼 미스터리였는데요. 이런 식으로 귀중한 책이 천 년 이상씩이나 묻혀 있기도 했죠. 그린블랫의 이 책은 포조라고 하는 이름의 책 수집가의 이야기를 적고 있습니다.

포조가 1417년에 남부 독일 외딴 시골의 수도원 도서관에서 1세기 중반에 쓰인 한 사본을 발견합니다. 그 책은 라틴어를 읽을 수 있는 당시 유럽의 지식인들에게 제목만은 전해지고 있었지만, 이제 한 권도 남아 있지 않았다고 여겨지던 것이었습니다. 포조의 발견으로 그 책이 유럽 사람들에게 읽히게 되었습니다. 그리고 그 내용에 강력한 임팩트가 있어 유럽이 완전히 변해 버렸죠. 요컨대 이 책의 영향으로 유럽은 근대가 되었다고 그린블랫은 쓰고 있습니다. 저는 그건 좀 과한 해석이라고 생각하는데요. 어쨌든 이 책이 당시 유럽의 지식인들에게 엄청난 충격을 준 것은 분명할 것입니다.

발견된 책은 루크레티우스의 『사물의 본성에 관하여』라는 제목의 책입니다. 이 책은 기독교와는 관계가 없는 책입니다. 말하자면 이교도의 책이죠. 그러나 당시에는 키케로를 비롯하여 고대 로마의 문헌은 굉장한 권위가 있었습니다. 루크레티우스의 이 책은 기독교에 얽매여 있던 당시 사람들에게 매우 해방적인 의미를 가졌다고 합니다.

『사물의 본성에 관하여』에는 무엇이 쓰여 있었던 걸까요? 우선 루크레티우스에게 원류라고 해야 할까, 선구자 같은 사람이 있었다는 점을 기억할 필요가 있습니다. 그 사람은 기원전 4세기 아테네의 철학자 에피쿠로스입니다. 루크레티우스는 에피쿠로스를 계승하며 책을 썼는데요. 에피쿠로스는 원자론의 철학자입니다. 세계는 눈에 보이지 않는 작은 원자, 더 이상 분할할 수 없는 입자로 이루어져 있어, 사물이나 현상은 그 원자의 상호작용, 원자 간의 인과관계, 불교식으로 말하자면 연기緣起라고 할 수 있을까요, 어쨌든 원자의 인과관계의 산물이라는 것입니다.

이 에피쿠로스-루크레티우스의 사상이 기독교인에게는 해방감을 주었습니다. 원자론에 의하면, 세계에 있는 것은 원자의 영원한 상호작용뿐이므로 세계에는 설계자도 창조자도 없는 셈입니다. 세계에 창조자가 있고, 종말에는 심판이 있다는 것이 기독교의 설정입니다. 그러면 사람들은 사후의 상벌이 두려워 현세의 쾌락이나 행복을 추구하는 것에 죄책감을 느끼게 되는 것이죠. 그러나 루크레티우스에 의하면 창조주도 없을뿐더러, 신의 섭리도 없습니다. 그렇기 때문에 사는 것에 기쁨을 느끼는 것을 좋다고 할 수 있는 것이죠. 단순하게 삶을 긍정하는 사상이나 태도가 나오는 것입니다. 그리고 이것이 근대로 이어졌다고 그린블랫은 말합니다.

왜 이 이야기를 하냐면, 이 루크레티우스식의 사고가 지금 하시즈메 선생님이 해석한 불교의 시각과 비슷하기 때문입니다. 에피쿠로스-루크레티우스에 의하면 세계는 원자의 인과관계로 되어 있을 뿐입니다.

다만 출발점이 거꾸로이긴 합니다. 불교는 삶의 '괴로움'이라는 것을 시작으로 합니다. 에피쿠로스와 루크레티우스는 삶의 '쾌락'에서부터 시작하죠. 쾌락주의자를 에피쿠로스주의자라고 부르는 것은 이것과 관계가 있습니다.

다만 에피쿠로스가 말하는 '쾌락'이라는 것은 우리가 에피쿠로스주의자라는 말로 속되게 이미지화하는 쾌락, 주지육림에 빠져 매일같이 향락을 누린다는 의미로 즐기는 것과는 사실 전혀 다릅니다. 오히려 에피쿠로스라는 사람은 소박하고 검소한 사람이었으니까요. 그 검소한 삶을 기쁨과 즐거움으로 삼자는 식으로 긍정한 것이 에피쿠로스입니다.

하시즈메 불교를 기독교와의 비교를 통해서 조금 더 생각해 봅시다.

기독교는 인간이 완전해지는 일은 있을 수 없다고 말합니다. 인간은 완전하지 않으며, 자신의 노력으로 완전해질 수 있다고 생각해서도 안 됩니다. 인간이 완전에 가까워지려면, God의 도움을 빌려야 합니다. 그리고 그것은 장래에 자신의 인생이 끝난 뒤에, 자신의 인생과는 무관한 곳에서 일어나죠. 이게 종말입니다.

불교에는 종말이 없고, God도 없습니다. 그리고 인간은 역시 불완전합니다. 불완전한 채로 끌려다니며 살아가고, 만일 윤회하여 다시 태어난다고 해도, 마찬가지로 불완전한 인간의 삶을 다시 한번 사는 것이 됩니다. 이에 마침표를 찍을 가능성은 불완전한 인간이 자신의 노력으로 완전해지는 과정밖에는 없습니다. 이것이 '깨달음'입니다.

불교와 기독교는 중간까지는 비슷한 것이죠. 인간이 불완전하고, 어떻게든 해야 한다는 인식에 관해서는 일치하고 있습니다. 그것을 '고'라고 부를지, '죄'라고 부를지의 차이만 있을 뿐입니다.

다만 그 이후가 다릅니다. 죄의 경우 인간은 그것을 스스로 제거할 수 없습니다. 죄는 God이 만들어 낸 인간의 성질이기 때문입니다. 죄는 스스로 제거할 수 없고, 그것을 할 수 있는 것은 God뿐이라고 인식하는 것이 옳습니다.

'고'의 경우, 인간은 그것을 스스로 제거할 수 있습니다. 제거한다고 해야 할까요, 문제는 사물을 보는 견해입니다. '고'에는 실체가 없습니다. 괴로움을 괴로움으로 여기지 않으면 됩니다. 어쨌든 괴로움을 스스로 제거할 수 있다, 괴로움으로부터 자유로워질 수 있다고 인식하는 것이 옳습니다.

오사와 불교의 '고'에 대응하는 것이 기독교의 '죄'라는 것은 재미있는 지적이라고 생각합니다. 인간은 보통 상태에서는 불완전합니다. 뜻대로 되지 않죠. 이에 어떻게 대응할 것인가 하는 실존적 문제가 있고, 그에 대한 두 가지 응답으로서 기독교와 불교가 있을지도 모릅니다.

기독교에서 완전한 것은 신뿐입니다. 인간은 본질적으로 불완전하고, 그 상태로 '죄'입니다. 그에 반해 불교는 그 불완전성을 인간이랄까, 개인이 자력으로 어떻게든 극복하자고 생각합니다. 불교는 인간중심주의, 개인주의니까요.

무엇이 '고'인가

오사와 재차 확인을 위해 불교의 '고'란 무엇인지를, 하시즈메 선생님 나름대로 정의한다면 무엇이라고 할 수 있을까요? 무엇이 '고'일까요?

하시즈메 그것은 생물의 성질이죠. 바위나 물은 괴롭지 않을 겁니다. 살아 있지 않으니까요.

'고'는 살아 있는 것의 성질입니다만, 불교의 사고방식대로라면 식물은 미묘합니다. 식물은 우리의 감각으로 말하면 살아 있지만, 당시 인도인의 사고에서는 아무래도 생물의 반열에 포함되어 있지 않았던 것 같습니다. '고'는 생물의 성질, 실제로는 동물의 성질이라고 일단 말해 두죠.

그런데 생물이든 동물이든 생각해 보면 윤곽이 있고, 외부로부터 그것을 식별할 수 있습니다. 거기에 한 개체가 있는 거죠. 여기까지가 '자신'이고, 그 바깥쪽은 '자신'이 아니라는 것이 동물의 본질로, 그대로 가만히 있을 수는 없습니다. 배가 고프니까요. 어떻게든 외부를 받아들이지 않으면 안 됩니다. 그리고 아무래도 자신 안의 불필요한 것을 밖으로 내놓아야 하죠. 외부와 자신이 관계를 맺어야 하는데, 안정되어 있지도, 영속하지도 않습니다. 최종적으로는 자신이 부서져 버리는 운명을 짊어지고 있죠. 이런 본성이 바로 '고'가 아닐까요? 살아 있는 것으로서 동물이 살아가는 한계인 것이죠.

이를 극복하는 방법으로 번식이 있어 자손을 늘려 갑니다. 하지만 이는 개체, 즉 '고'를 재생산하는 것일 뿐 '고'를 벗어나는 것은 아닙니다. 따라서 '고'는 동물의 본질인 것이죠.

자, '고'를 넘어서는 것이 불교라고 한다면, 어떻게 넘어설 수 있을까요?

지금처럼 '고'를 생각한다면, 동물이 한 마리 있다고 할 때, 그걸 안에서 보고 있는 것입니다. 그러면 '고'가 되지요. 그걸 밖에서 보면, 그렇게 보이지 않습니다. 밖에서 보면 좋은 것, 이를테면 음식으로 보이기도 하는 거죠. 닭이 한 마리 있다고 해봅시다. 닭의 입장에서 자신이 닭인 것은 '고'일지도 모르지만, 우리가 보기에 닭은 맛있는 음식이 됩니다. 다른 가치가 주어질 가능성이 있는 거죠.

인간의 경우도 그렇지 않은가요? 인간을 밖에서 보면, '고'라고 볼 필요는 없는 것입니다. 동물 형태는 그대로지만, '고'는 사라집니다.

불교의 극복 방법은 안/밖이 있다고 생각하기 때문에 '고'가 생긴다는 구조이므로, 우주와 동물을 한꺼번에 인식하라는 것이 아닌가 합니다.

오사와 그렇군요. 저처럼 종교를 제삼자로서 볼 때 재미있게 여겨지는 지점은, 불교가 발생한 장소, 혹은 그 사회적 배경이나 자연환경적 배경은 특별히 고난의 장소라고는 여겨지지 않는다는 점입니다.

예를 들어 앞에서도 이야기했지만 유대인의 집단적 고난이라는 것은 분명했습니다. 이들은 가혹한 사회적 상황 속에 놓여 있었죠. 주위에 압도적으로 강한 제국이 자리하고 있는 가운데, 유대인은 약소민족으로서 때로 노예와 같은 처지가 되거나, 왕국이 멸망하기도 하고, 외국에 잡혀가기도 하는 등 고난의 연속이었습니다. 이러한 가운데 왜 이교도만 승리하는지, 왜 자신들 유대인은 고난의 연속인 건지 하는 심각한 질문이 들 수밖에 없었을 겁니다. 이는 알기 쉽죠.

하지만 불교가 탄생한 곳은 세계의 다른 지역, 역사의 다른 단계에 비해 특별히 괴롭다고 하기는 어렵습니다. 자연환경이

다른 지역에 비해 특별히 가혹할 것도 없고요. 싯다르타는 오히려 유복하고 풍족한 가정환경 속에서 자랐습니다.

물론 하시즈메 선생님께서 지적하셨듯, 유대교의 고난은 유대인이라는 집단의 고난이고, 불교의 고는 개인의 괴로움이라고 하는 중대한 차이를 고려할 필요가 있습니다. 그러한 점에서 풍족하고 행복한 사람들로부터 불교가 탄생하여, 그로부터 '고'라는 것이 중요한 주제가 된다는 것은 사회학적으로 볼 때 매우 흥미롭습니다.

니르바나(열반)와 신의 나라

오사와 저는 이 불교에서의 '고'라는 것의 이미지를 알기 위해서는, 반대로 어떤 상황을 '고'와 대립하는 지복이라고 보고 있는지를 생각해 보면 좋을 것 같습니다. 완전한 구제에 도달한 상태가 바로 니르바나죠.

니르바나가 무엇인지 말하는 것은 꽤 어렵지만, 그 기본적인 이미지는 또다시 기독교에서 말하는 구제의 이미지와 정반대라고 생각합니다. 기독교의 구제는 신의 나라입니다. '신의 나라'란 도대체 무엇일까요, 또 어떤 세계일까요? 기독교는 비유적으로 이런저런 말을 하고 있지만, 확실히 규정하지 않고 있어서 그 비유 없이는 신의 나라가 어떤 곳인지 잘 알 수 없습니다. 다만 한 가지 확실한 것이 있는데요, 신의 나라에서 사람은 영원한 삶을 얻는다는 것입니다. 즉 죽지 않는다는 것이죠. 기독교에서는 구제가 '삶'의 극한으로 그려지고 있습니다.

니르바나는 반대입니다. 니르바나는 어떤 의미에서 죽음 이상의 죽음입니다. 물론 니르바나의 경지에 들어가는 것은, 단순히 자살한다는 것과는 다를 것입니다. 그렇지만 니르바나는 어떤 의미에서는 삶에 대한 강한 부정이 아닌가 싶습니다. 하시즈메 선생님이 말씀하신 것처럼, 불교에 있어서 동물 개체로 살아간다는 것은 '고'입니다. 그리고 죽는다고 해도 불교에서는, 아니, 불교가 전제로 하고 있던 고대 인도의 우주론(cosmology)에서는 윤회전생하게 됩니다. 즉 죽는다 해도, 육도[10]의 어딘가에서 다시 태어나는 셈으로, 다시 어느 한 동물 개체가 됩니다. 하시즈메 선생님이 아까 고타마가 윤회라는 것을 그대로 받아들였는지 의심스럽다는 중요한 지적도 해주셨습니다만, 적어도 불교 이전의 우주론에서는 윤회전생이 전제입니다. 그리고 니르바나가 윤회로부터 완전히 해탈된 상태라고 한다면, 그것은 죽음을 넘어선 죽음, 영원한 죽음이라고도 볼 수 있습니다.

그러니까 정리하자면 '영원히 사는 것이 구제다'라고 생각하는 기독교와, '영원히 죽는 것이 구제다'라는 불교. 이와 같이

---

10 육도(六道, ṣaḍ-gati[s]): 중생이 스스로 만든 업(業)(의지에 의거한 생활 행위)에 의해 생사를 거듭하는 지옥·아귀(餓鬼)·축생(畜生)·아수라(阿修羅)·인간·하늘(天)의 여섯 가지 세계. '육취'(六趣)라고도 함.

해방의 궁극 지점에 대한 이미지가 불교와 기독교는 정반대로 되어 있습니다. 그런 인상을 받아요.

하시즈메 정말 재밌는 관점이군요.

인간은 죽으면 생명이 아니게 되고, 구성요소인 분자나 무기물 같은 여러 가지로 분해됩니다. 이렇게 생각할 수 있다면, 사는 것은 그렇게 문제가 되지 않습니다. 일신교 유대인들은 '흙에서 태어나 흙으로 되돌아간다'고 말합니다. 이렇게 생각한다면 '고'를 극복하는 방법은 간단한 것이죠.

인도인들은 그렇게 생각하지 않았습니다. 윤회가 무엇이냐면, '죽어도 생물이라는 제약에서 벗어나는 것은 아니다'라는 신념입니다. 그걸 끝까지 밀어붙이면 어떻게 되냐면, 죽은 뒤 다시 한번 생명이 됩니다. 그것은 영원히 사는 것이 아니라, 또 한번 죽는다는 거죠. 그리고 이것을 반복합니다. 윤회는 '살고 죽는다는 제약이 영속한다'는 신념으로, 죽지 않고 생명이 영속한다는 생각과는 상당히 다른 것입니다.

영원히 생물로 남는다는 제약. 이런 제한을 일단 걸어 두겠습니다. 제한이 생기면, 다른 식의 해결 방법을 찾아야 합니다. 힌두교가 생각해 낸 해결은 '죽음이 좀처럼 오지 않는다'라는 해결일 겁니다. 천인天人과 같은 것들이 '수명이 길다'는 식의 생각이죠. 그런데 수명이 길다고 하더라도 빚을 미루는 것과 마찬가지이므로 문제의 근본적인 해결이 될 수는 없습니다. 역시 언젠가는 죽기 때문이죠.

이에 비해 불교는 '진정한 해결책'을 제시합니다. '깨달음'이나 '니르바나'가 있다고 한다면, 이것은 '죽지 않는다'가 아니라 '생사가 문제가 되지 않는다', '살아 있는지 죽었는지 확실하지 않다'와 같은 상태니까요. 이것으로 죽지 않게 됩니다.

오사와 그렇군요. 빚을 미루고 해방될 것인가, 애당초 빚이라고 하는 카테고리가 없는 상태로 들어갈 것인가, 하는 것이군요. 알기 쉽고 재미있는 비유네요.

어쨌든 교의가 얼마나 세련됐는가 하는 문제 이전에, 종교에 따라 세계나 사회나 우주에 대한 기본적인 이미지가 저마다 상당히 차이가 있어, 그 부분을 잘 짚어 두어야 할 것 같습니다.

하시즈메 그것이 가장 중요하겠네요.

열반은 천국인가

오사와 예를 들어서, 여기에 이슬람교라는 것도 보조선으로 넣어 보면 이해하기 쉬워질지 모릅니다. 이슬람교에서 구제된 상태, 즉 이슬람교의 천국(낙원)은 기독교의 신의 나라와는 달리 비교적 명확하게 어떤 세계인지 코란에서 이야기되고 있습니다. 이것이야말로 주지육림이라고 해야 할까요, 니르바나와는 완전히 반대라고 해야 할까요. 불교의 관점에서 보면 번뇌가 있을 텐데도 번뇌를 의식하지 않아도 되는 세계 같은 느낌입니다.

하시즈메 기독교의 '신의 나라'와 이슬람교의 '천국'의 공통점은 인간이 죽지 않는다는 점이죠? 한 번 죽은 인간도 부활해서 다시는 죽지 않는 셈입니다.

기독교는 그걸 어떻게 해석하냐면, '죽지 않기 때문에 먹지 않는다. 먹을 필요가 없다. 그리고 자식을 낳을 필요가 없으니 성별도 없고, 남녀관계도 없다. 가족도 없다. 재산도 없으니 경제활동도 없다. 인간은 God에게 통치받을 뿐이니 정치활동도 필요 없다'는 식입니다.

여기서 이슬람교는 '잠깐 기다려 봐'라고 말합니다. 오사와 선생님도 말씀하셨지만 이것은 무척 무료할 가능성이 있죠. 그래서 어떻게 생각하느냐면 '죽지는 않지만, 먹어도 되잖아? 맛있으니까. 그리고 남녀관계를 맺는 것도 괜찮지 않을까? 금방 다시 처녀로 돌아가 버릴 테니까, 임신과 출산은 없어'라는 식으로, 관능과 감각적 쾌락을 전면 해방시키는 것이 천국입니다. 이것은 이것대로 그 나름 잘 이해됩니다.

오사와 그렇죠. 일반적으로 생각하면 '이슬람교의 천국은 마음대로 할 수 있어 좋겠다' 싶습니다. 하지만 정말로 그렇게 좋은 것인지 의문도 듭니다.

저는 이슬람교의 천국을 생각하면 『불가능성의 시대』(不可能性の時代, 岩波新書, 2008)라는 책에 썼던 'ㅇㅇ을 뺀 ㅇㅇ'이라는 것이 연상됩니다. 'ㅇㅇ를 뺀 ㅇㅇ'이라는 것은 '알코올을 뺀 맥주'(무알코올 맥주), '카페인을 뺀 커피' 등을 말합니다.

쾌락을 가져오는 것들은 대개 위험을 수반하고 있거나, 동시에 고통을 주기도 합니다. 술은 맛있지만 과음하면 취해서 곤란해지거나, 알코올 의존증이 될 수도 있습니다. 섹스는 쾌락을 가져다주지만 심신에 상당한 부담이 되고, 운이 나쁘면 성병에 걸릴 수도 있죠. 우유나 크림은 맛있지만 과식하면 살이 찌거나 해서 곤란합니다. 그런 이유로 쾌락의 원인이 되는 것은 동시에 고통이나 위험의 원인이 되기도 합니다. 그런 위험이나 고통의 부분만 제거하고 쾌락의 부분만 순수하게 누리고자 발명된 것이 'ㅇㅇ을 뺀 ㅇㅇ'입니다.

이슬람교의 천국은 'ㅇㅇ을 뺀 ㅇㅇ'로 가득 찬 세계라는 느낌이 들어요. 아무리 마셔도 취하지 않는 술이라든가, 아무리 섹스를 해도 처녀로 남아 있는 미인처럼요.

하지만 이것으로 정말 즐거울지, 진정한 쾌락을 얻을 수 있을지 솔직히 의문입니다. 왜냐하면 고통을 초래하는 부분과 쾌락의 원인이 되는 부분은 궁극적으로 완전히 같기 때문이죠. 고통이나 위험을 제거한다면, 필연적으로 쾌락을 가져다주는 부분도 포기해야 합니다. 예를 들어 아무리 마셔도 취하지 않는 술이라니, 그런 술을 마셔서 즐거울지 의문입니다. 'ㅇㅇ을 뺀 ㅇㅇ'라는 것은 사실 형용모순이라고 해야 할까, 자가당착적인 것입니다. '무알코올 맥주'라는 것은 결국 '알코올을 뺀 알코올'이라고 말하는 것과 마찬가지고, '절대 안전한 섹스'라는 것은 '섹스로서의 본질을 갖지 않는 섹스'라고 하는 것에 다름없습니다. 그래서 이슬람교의 '천국'은 굉장히 즐거워 보이지만, 사실 전혀 재미없는 게 아닐까 하는 예감도 들어요. 그럴 바에야 불교처럼 미련 없이 니르바나를 향해 쾌락=고통의 불을 전부 끄는 편이 나을지도 모릅니다.

게다가 저는 유대-기독교의 신은 불교의 관점에서 보면 번뇌투성이라고 해야 할까, 100% 번뇌로 살고 있다는 느낌이 들어요. 언제나 화를 내고, 늘 질투하고, 그건 완벽한 번뇌의 덩어리죠. 신이 붓다로부터 가장 먼 곳에 있습니다. 유대-기독교와 불교는 기본적인 설정, 즉 무엇이 좋지 않은 곤란한 상태이며, 무엇을 목표로 하고 있는지가 180도 다른 게 아닐까 하는 생각이 듭니다.

여러 책을 보면 아무래도 결론적인 차이나 개념적인 차이만이 문제가 되고 있는데요. 사실은 그런 개념이 만들어지거나 그런 실천 체계나 제도가 정비되어 가는 바탕에 깔린 기본적인 감각, 말이 되기 이전의 기본적인 감각 같은 것에 굉장히 큰 차이가 있습니다. 그 지점을 짚어 내면 여러 종교의 포인트, 즉 왜 그런 것을 하는지, 왜 그런 식으로 생각하는지, 혹은 어떻게 이러한 차이가 생겨나는지 등을 알 수 있게 되는 것 같습니다. 우리의 대담에서 그 지점을 가능한 한 찾아갔으면 합니다.

인간들이 다투는 이유

오사와 하시즈메 선생님이 말씀하신 대로 불교는 인간중심주의입니다. 일신교는 신중심주의로, 인간은 숭고한 신에 비하면 전혀 가치가 없는 쓰레기 같은 것이라고 볼 수 있죠. 이처럼 관념의 차원에서 보면, 불교와 일신교는 인간 중심과 신 중심이라는 굉장히 뚜렷한 대조가 있습니다.

하지만 이 관념이 일상의 사회적 실천이나 태도에 어떤 결과를 남겼는가 하는 것을 보면, 역설이랄까, 일종의 뒤틀림이 있는 것 같습니다. 불교는 관념의 차원에서는 인간중심주의이지만, 인간의 일상적 행동, 사회적 행동이라는 점에서는 소극주의적인 것으로 이어지고 있습니다. 반대로 기독교의 경우 관념 차원에서의 신중심주의는 일상의 사회적 실천에 있어서 능동주의로 전환되었고요. 조금 더 설명해 보겠습니다.

먼저 불교부터 설명하겠습니다. 가장 알기 쉬우면서, 지금 말한 측면이 나타나는 것은 욕망=번뇌에 대한 부정적인 이해입니다. 인간은 다양한 욕망을 갖지만, 그 욕망은 거의 충족되지 않습니다. '팔고'八苦 중에도 '원하는 것을 얻을 수 없는 괴로움'(구불득고求不得苦)이 있죠. 이런 상황에서 불교는 어떻게 하면 욕망이 충족될 수 있을까, 어떻게 하면 희망을 이룰 수 있을까와 같은 방향으로는 생각하지 않습니다. 욕망 자체를 제거하는 방향을 제안하는 것이 불교입니다. 즉 불교에서는 욕망하는 것을 얻으려는 능동적 주체는 나타나지 않고, 욕망 자체를 최소화하는 소극적인 태도가 나타나는 것이죠.

물론 서두에서도 언급했듯이 불교는 매우 다양하고, 앞으로 논의하게 될 대승도 염두에 두면, 다양한 태도가 불교로부터 나온다고 말하지 않을 수 없습니다. 하지만 가장 기본에 있는 것은 역시 인간적인 욕망에 대한 부정적인 태도가 아닐까 합니다. 불교는 인간중심주의임에도, 아니 오히려 그렇기 때문에 인간이 살아가면서 발생하는 욕망에 대해서는 부정적이고 소극적이 됩니다.

이와 반대가 되는 것이, 또 기독교입니다. 특히 프로테스탄트(개신교)죠. 기독교 중에서도 인간에 대한 신의 초월성을 가장 강조하는 것이 예정설을 표방하는 칼뱅파[11]입니다. 이것은 신중심주의의 가장 철저한 버전이라고 해도 좋을 것 같습니다.

하지만 베버에 의하면 이러한 신중심주의로부터 지극히 능동적인 태도, 굉장히 행동적인 인격이라는 것이 나왔습니다.

---

11 [역주] 칼뱅파/칼뱅주의: 장 칼뱅(Jean Calvin)이 주창한 기독교의 사상 및 성경 해석에 관한 신학사상으로서 종교 개혁을 통해 체계화되어 개신교의 주요 신학 중 하나로 자리 잡은 사상적 흐름을 가리킨다.

신 중심이기 때문에 인간이 오히려 능동적으로 되는 역설이 여기에 있습니다. 물론 칼뱅파는 현세의 이익을 약속하는 종교는 아니기에, 인간이 이 세상에서 품는 욕망을 긍정적으로 바라보는 것은 아닙니다. 궁극적 목적인 '신의 나라'의 입장권조차도 약속해 주지 않습니다. 어떻게 하면 신의 나라에 갈 수 있을지를 가르쳐 주지 않죠. 칼뱅파로부터 나오는 건, 역시 일종의 금욕주의입니다. 그런데 그 금욕주의가 행동 차원의 소극주의로 이어지지는 않습니다. 오히려 행동에 있어서 지극히 적극적인 태도가 그로부터 나온 것입니다.

따라서 인간중심주의에서는 인간의 활동에 관한 소극적 태도가, 신중심주의에서는 적극적인 태도가 초래됐습니다. 이런 역설이 있었던 것 같은데요, 어떠신가요?

하시즈메 불교와 기독교는 다르다는 거군요.

어느 쪽에 불완전함이나 한계가 있느냐고 묻는다면, 그것은 한쪽을 기준으로 다른 한쪽을 보기 때문에 불완전함이나 한계로 보이는 게 아닐까요? 우선 기독교가 그렇게 적극적이냐 하면, 대부분의 시대, 대부분의 경우, 적극적이지 않았을 것 같습니다.

오사와 확실히 그런 것 같네요.

하시즈메 베버가 논한 것은 원래 아무것도 하고자 하지 않았던 기독교가 왜 어느 시점에 적극적인 에토스(행동양식)로 가득 차게 된 것인지, 그 조건을 밝혀냈다는 겁니다. 그 조건의 구조를 살펴보면,

① 인간에게는 가치가 없다.

② 인간에게 가치가 있는 것은 God이 인정한 경우이다.

③ 인간이 세계에 적극적으로 관여하는 것은, 신의 계획 중 일부를 대신 실행하는 경우에 한한다.

④ 신은 모든 인간을 지배하고 있다.

⑤ 실행행위는 정치, 경제, 사회적이다.

이렇게 되어 있습니다.

이에 비해 불교는 아래와 같은 구조로 되어 있다고 생각합니다.

① 개인은 불완전하다.

그래서 가치가 없냐 하면, 그렇지 않습니다. 가치가 있어요. 완전해질 수 있으니까요.

② 불완전한 것은, 생물종의 개인이기 때문이다.

'개체이기 때문에 죽게 된다'는 의미에서 불완전한 것입니다. 반드시 세계보다는 작기 때문입니다.

③ 완전해지는 방법은 명상이다.

이 명상의 수단으로서 여성과 접촉하는 것을 부정하고 있죠. 가족생활을 영위하지 않는 것이 세계의 전체성에 도달하기

유쾌한 불교

위한 핵심입니다만, 왜냐하면 생물종이라면 반드시 짝을 짓거나, 가정을 꾸리거나 하기 때문입니다. 보통의 개인은 반드시 그런 식으로 행동하지만 그것은 같은 일의 반복으로, 세계의 진실에 이르는 궁극적인 방법은 아닙니다. 일단 그것을 단념함으로써 역전 홈런처럼 세계를 손안에 넣자는 거죠. 그리고 이것은 누구에게나 열려 있는 것으로 되어 있습니다.

불교가 욕망을 번뇌와 부정적인 것으로 보는 것은 그것이 한없이 비대하여, 다른 사람과의 알력을 자아내기 때문입니다. 인간 생존의 조건을 조절하는 것이 아니라 오히려 파괴하도록 작용하죠.

'깨달음'은 욕망의 그런 무질서한 상태를 제어할 수 있게 합니다.

불교의 가장 중요한 점은 A가 깨닫는 것과 B가 깨닫는 것이 양립한다는 것입니다. 서로 방해하는 관계가 아닌 거죠. 그래서 사람과 사람이 다툴 이유는 없다고 봅니다. 반면에 기독교는 사람과 사람이 다툴 이유가 있다고 생각합니다. 기독교에는 용서받을 수 없는 생각이라는 것이 있으니까요. 생각하기에 따라선 기독교 쪽에 결함이 있는 게 아닐까요?

오사와 기독교에는 인간이 다투는 이유가 있지만, 불교에는 그것이 없다는 것은 매우 흥미로운 지적이네요.

지금 이야기로 생각이 났습니다. 1장에서 베버의 윤리 예언자와 모범 예언자라는 이항대립을 언급했습니다. 확실히 베버는 전자를 '신의 도구'(tool of god)로 후자를 '신의 그릇'(bowl of god)으로 바꿔 말하고 있죠. 기독교의 경우 인간은 신의 계획의 일부이며 신의 도구입니다. 신의 하인 같은 것이죠. 반면 불교는 신이라는 표현이 다소 오독이긴 하지만, 일종의 완성을 향해 점점 채워 가는 그릇과 같은 것으로 인간을 그립니다. 그릇은 여러 개가 있어도 좋으니, 확실히 그것은 다툼의 원인이 되지 않지요.

승가의 역설

오사와 앞서 하시즈메 선생님께서 출가와 재가가 나뉘는 것을 불교의 본래 본질로 볼 수 있는지 의심이 든다는 지적도 하셨지만, 이쯤에서 출가나 승가僧伽라는 것에 대해 잠시 질문하겠습니다. '불법승'이 '삼보'三寶로 여겨지듯이 붓다나 진리와 더불어 승가가 공경을 받기도 했죠. 또 '승가'라는 범주가 존재하는 것은 다른 세계 종교와 비교했을 때 불교의 특징이기도 합니다. 유대교나 이슬람교 혹은 유교에도 '승가'에 대응하는 역할은 없습니다. 기독교에는 '승가'와 유사한 것이 있지만 불교처럼 중요한 의미를 갖는 것은 아닙니다. 즉, 승가와 같은 집단이 없어도 기독교는 성립됩니다. 그렇기에 불교에서 승가의 중요성은 두드러집니다.

유쾌한 불교

출가해서 승가에 들어가는 것이 종교적·불교적으로 가장 순수한 삶의 방식일 거라고 생각합니다. 출가자는 승가에서 수행하지만, 특별히 고행을 하는 것은 아닙니다. 물론 반대로 '낙행'樂行을 하는 것도 아니죠. 석존이 고행으로는 아무것도 얻지 못하고 보리수 아래에서 명상으로 깨달았기 때문에 '불고불락 不苦不樂의 중도'가 좋다고 여겨지기 때문입니다. 석존은 극단적 고행을 부정했죠.

아까부터 화제로 삼았듯, '고'로부터의 해방을 목표로 하면서도 인도인은 이상하게 고행을 좋아합니다. 제가 봤을 때 이는 선인선과善因善果가 필연적으로 성립한다는 인과론을 바탕으로 한 업(카르마)론에서 비롯된 것입니다. 아무 잘못도 하지 않은 사람이 솔선수범하여 고행을 쌓는 것은, 말하자면 빚이 없는데도 불구하고 미리 갚는 거나 마찬가지죠. 그렇다면 결국, '저금'하는 것과 마찬가지이므로 좋은 결과를 기대할 수 있는 것입니다. 이런 감각이 바탕이 돼서 고행을 선호하는 것 같은데, 어느 쪽이든 석존은 고행에 치우치는 것을 부정하고 중도를 주장한 셈입니다.

어째서 불교에서는 출가하여 승가에 들어가는 것이 특히 좋은 것일까요? 저의 직감입니다만, 다음과 같은 게 아니었을까 합니다. 아까부터 말했듯 불교에서는 '생' 자체에 '고'는 따라다닌다는 전제가 있습니다. 이 고와 일체화되어 있는 생으로부터의 해방이라는 것이 불교를 성립시키는 기본적인 벡터가 됩니다. 이 벡터를 진정한 해탈 전에, 개인의 삶 내부에서 작동시키면 어떻게 될까요. 그것은 생을 괄호 친 생이라는 굴절을 내포한 생이 되지 않을까요? 구체적으로 말하면 그것은 산다는 것에 필연적으로 수반되는 것, 즉 생산활동이라든지, 섹스를 한다든지, 아이를 낳고 기르는 것을 하지 않는 삶이라는 것이 됩니다. 그것이야말로 출가한다는 것, 그리고 승가를 만들어 영위하는 것이 아닐까요?

자, 지금부터가 하시즈메 선생님께 질문하고 싶은 것입니다. 저는 불교의 이 같은 측면에 약간 석연치 않은 게 있습니다. 종교적으로 가장 순화된 사람들이 출가한다고 했을 때, 그 출가자들의 공동체인 승가는, 종교적으로 그렇게까지는 순수하게 살 수 없는 사람들, 즉 재가자들에게 의존하지 않고서는 유지될 수 없습니다. 왜냐하면 하시즈메 선생님께서 앞서 말씀하셨듯 승가에서는 경제활동을 일절 해서는 안 되니까요. 그러나 승가의 수행자들도 생명을 유지해야 하기에, 결국 외부에서 평범하게 노동하는 재가자들로부터 양식을 증여받지 않고서는, 승가는 유지될 수 없습니다. 그 증여가 바로 보시죠.

승가와 재가자 사이에는 이율배반적인 관계가 있는 것 같습니다. 한편 승가는 재가자들로부터 분리되어 재가자와의 관계에서 오는 여러 가지 번거로움에서 벗어나 있다는 데 의미가 있습니다. 그러나 다른 한편으로는 지금 말한 것처럼 승가는 재가자에게 의존하지 않고는 살아갈 수 없죠. 이 두 가지 상반

유쾌한 불교

된 요청을 충족하고자 한다면, 결국 승가는 재가자와 최소한의 교류를 하게 됩니다. 그것이 보시, 매우 한정된 형태로 이루어지는 보시가 아닐까 추론됩니다.

아무튼 저로서는 재가자로부터 자신들을 격리하면서도 결국은 재가자에게 의존하지 않고는 유지할 수 없는 승가의 구조로부터 불교의 한계랄까, 약점 같은 것을 느끼게 됩니다.

하시즈메 그럴까요. 당시의 시대상황도 함께 생각해 보는 것이 좋지 않을까요.

사고의 순수성을 담보하고 진리에 다가가기 위해 어떤 자세를 취하냐면, 보통의 사회생활의 여러 가지 잡다한 요소를 분리하려고 합니다. 이는 자연스러운 일입니다. 공자도 학교를 만들었습니다. 플라톤도 학교를 만들었죠. 학교라는 것은 상대적으로 격리된 공간을 만든다는 의미가 아닐까요?

현대에도 대학이라는 것이 있지만, 무엇을 하고 있냐면, 정치라든가 경제라든가 종교라든가 하는 사회의 여러 세력으로부터 분리되어 순수하고 아카데믹하게 연구하도록 되어 있습니다. 생각은 거의 같습니다. 보통의 사회활동과 단절된 곳에서 자신들이 특별하게 행동하죠. 이는 동료가 모여서 하는 것과 여럿이서 추구해야 할 궁극의 진리가 있다는 주장과 거의 동일한 것입니다.

고타마 붓다를 중심으로 하는 그룹의 사람들도 그런 사회와 분리된 운동을 시작했습니다. 사회와 분리되기 위해 비즈니스를 거부하고, 결혼을 거부했죠. 그런데 이 때문에 오히려 어떤 형태의 의존과 연대를 창출한 것이 되기도 했습니다. 하지만 이는 대부분의 지적 활동을 하는 자립적인 집단도 역시 그렇습니다.

비즈니스가 금지되어, 탁발을 하는 것은 어떤 느낌이냐면 밥 구경도 못하게 될 가능성도 있다는 말입니다. 식사를 못 얻었다고 해서 훔쳐서는 안 되고요. 스스로 만들어서도 안 됩니다. 배고프게 굶주리는 수밖에 없는 것이죠. 굶주릴 각오를 하는 것이 출가입니다.

이삼 일이라면 굶주리는 것으로 끝나지만, 1주일이나 2주일을 넘기면 죽을 수도 있습니다. 죽을 수도 있다고 해서 훔치는 것은 금지입니다. 출가를 그만두고 환속하는 수밖에 없죠. 하지만 진리를 추구하는 길을 목표로 한다면 환속하지 않을 겁니다. 그냥 죽는 거죠.

죽음과 등을 맞대고, 내일조차도 알 수 없는 장소에 몸을 두고 긴장감을 높여, 생존을 걸고 진리를 추구하는 것이 승가 본래의 자세라고 생각합니다. 식사를 재가자에게 받으니 변변치 못하다고 생각해서는 안 됩니다.

물론 승가는 타락합니다. 땀 흘리며 일하는 것보다 출가해서 스님인 척하면 편하게 밥은 얻어먹을 수 있을 거라 생각해 출가하는 괘씸한 자들이 나오는데요, 본래는 그렇지 않습니다.

유쾌한 불교

출가시스템이 재가사회에 속수무책으로 보이는 건, 그러니까 한계 같은 것이 아닙니다. 지금의 아카데미즘과 꽤 비슷한 것을 미숙하게나마 실현하는, 당시의 손쉬운 방법이었습니다.

승가의 개인주의

오사와 확실히 '재가에 기생하면서 거저 밥 먹는 것 아닌가' 같은 상황은 아니네요. 재가자에게 특별히 보시할 의무가 있는 것은 아니기 때문에 출가자는 운이 나쁘면 굶어 죽습니다. 출가는 엄격한 생활방식이죠. 출가에는 그래서 상당한 각오가 필요합니다. 하지만 그런 만큼이라고 해야 할까, 그렇기 때문에 역시 승가가 재가에 결정적으로 의존할 수밖에 없는 구조에는 역시 불교라는 것을 유지하는 데 있어 내재적 취약점이 있다고 느껴집니다.

학교나 대학은 확실히 진리를 탐구하기 위해 격리된 시설이지만, 거기서 발견되는 진리는 사회 전체에 있어 어떤 의미에서 가치가 있습니다. 하지만 승가의 출가자는 자기 자신만을 위해 진리를 탐구하고 깨달음을 목표로 합니다. 거기에 차이가 있는 것 같습니다.

이런 관계에서 생각되는 것은 불교는 기본적으로 개인주의라는 것입니다. 좋고 나쁨을 떠나 저에게 불교는 적어도 그 원초적인 본연의 자세에 있어서는 개인주의적인 것으로 느껴집니다. 깨달음은 순수하게 자기 자신의 해방을 위한 것이죠. 선업을 쌓으면 조금씩 포인트가 늘어나서 붓다의 경지에 조금씩 가까워지는데 그 '선과'善果는 자기 자신에게서 나오는 것이고, 다른 사람을 위한 것이 아닙니다.

다른 많은 종교는 직간접적으로 공동체나 타자와 관련되어 있습니다. 유대교나 이슬람교에서는 '율법'이 중요합니다. 그것은 당연히 공동체 생활에 관련되어 있죠. 유교, 특히 맹자 이후의 유교는 먼저 정치에 관심이 있고, 개인의 운명에 대해서는 별로 관심을 두지 않습니다. 기독교의 이웃사랑은 공동체와 관련된 것은 아니지만, 역시 타자를 향해 있습니다.

불교에서 기독교의 이웃사랑과 비슷한 것을 찾는다면 그것은 '자비'일 것입니다. 그러나 자비는 아무리 봐도 기독교의 이웃사랑에 비하면 중요도가 떨어지죠. 게다가 자비라는 개념은 불교의 다른 요소들과의 관계에서 잘 들어맞지 않으며, 어딘가 갖다 붙인 것 같은 느낌을 줍니다. 자비라는 개념은 초기불교에서는 그다지 중시되지 않았고, 불교의 발전 속에서 나중에 덧붙여진 것은 아니었을까 하고 저는 상상하는데, 어떠신가요?

이후의 전개라고 하면, 대승불교가 나오고 그 관계에서 '보살'이라는 것이 이야기되었을 때 불교에도 개인주의와는 다른 요소가 들어오는 것처럼 보입니다. 보살에 대해서는 나중에 다시 집중적으로 논의해 보고 싶은데, 아무튼 이런 변화가 생기는 것도 원래 불교가 매우 개인주의적이었기 때문은 아닐까요.

그리고 개인주의자의 집합으로서 승가가 존재했던 것은 아닐까요. 저는 이렇게 이해하고 있습니다만, 어떠신가요?

하시즈메 자기계발 세미나라고 하는 것이 있죠.

자기계발 세미나는 개인주의적인 것이죠. 함께하고 있지만요. 그 결과 '그래, 나는 다시 태어났어'라는 경지에 오른 사람들이 속출합니다. 그리고 어떻게 되냐면 원래의 회사로 돌아가서 으쌰으쌰 힘을 냅니다.

불교는 처음에 그런 것이었습니다. 일정 기간 집중적으로 트레이닝을 해서 많은 사람이 최종 단계에 이르렀죠. 나중에 무상정등각無上正等覺(붓다의 깨달음)과 아라한(소승의 깨달음)[12]이 나뉘어 좀처럼 최종 합격증서는 나오지 않게 되었지만요. 그것은 고타마 붓다가 생각했던 것은 아닐 겁니다. 최초의 승가는 눈 깜짝할 사이에 300명, 500명의 사람이 깨달아 가는 지금의 자기계발 세미나 같은 것이었다고 생각합니다.

개인주의적인 것은 불교의 본질 같은 것입니다. 그거면 됩니다.

하지만 소승불교는 변질되었다고 봅니다.

하나는 처음 상정한 것과는 상당히 다르게 승가가 부동산

---

12 아라한(阿羅漢, arhan[s], arahant[p]): 나한이라고도 함. 한역으로는 '응공'(應供)이라 한다. 존경과 보시를 받을 만한 성자를 뜻한다. 원시불교, 부파불교에서는 수행자가 도달할 수 있는 최고 지위를 가리킨다. 원래는 석존의 별칭 중 하나였다.

을 갖게 되었습니다. 기원정사[13]라고 하는 건물(승방) 등이 기부되어, 그것을 승가가 소유하게 됐죠. 이는 꽤나 논란이 됐을 것 같은데, 어쨌든 그렇게 됐습니다. 그런 부동산이나 정기적인 기부가 있으면 사느냐 죽느냐의 고비에서 개인주의적으로 노력하는 것이 아니라, 승가에 기생해서 지내는 사람들이 나오게 되고, 승가가 속세간화됩니다. 출가했으나 비영리법인 같은 속세의 사회 조직에 가까워진 거죠.

그렇다면 이제 승가가 아닌 곳에 다시금 개척지를 만들 수밖에 없기 때문에 대승이 된 게 아니었을까요? 그런 의미에서 소승과는 다른 대승이 출현하게 된 것은 필연적인 변화였다고 생각합니다.

오사와 중세 유럽의 탁발수도회에서도 이와 같은 일이 일어났죠. 아시시의 프란체스코[14]로 대표되는 탁발수도사는 모든 것을 포기합니다. 프란체스코는 거의 빈털터리가 되죠. 하지만 탁발수도회는 결국엔 막대한 부를 획득하게 되었습니다. 수도회에 희사하는 사람이 많았기 때문이죠. 기원정사 같은 아이러

---

13 기원정사(祇園精舍): 고대 중인도의 코살라국 수도 슈라바스티(사위성) 남쪽에 수닷타(수달須達·급고독給孤獨) 장자가 자신의 재산을 투자하여 제다(祇陀) 태자의 숲을 매입해 석존과 그 교단을 위해 지은 승방의 이름이다. 기원은 '기수급고독원'(祇樹給孤獨園)의 생략형.

14 [역주] 아시시의 프란체스코(San Francesco d'Assisi, 1182~1226)는 탁발수도회인 프란체스코 수도회를 창설한 인물로, 무욕과 무소유의 삶을 살았던 인물이다.

유쾌한 불교

니한 결과는 비교적 일반적으로 일어나는 것일지도 모릅니다.

무상하다는 것

오사와 일체가 무상하다는 인식, '무상'無常이라는 관념 또한 불교 전체를 특징짓는 기조저음 같은 것이라고 생각합니다. 게다가 무상하다는 것은 아까부터 논하고 있는 '고'의 근거, 적어도 근거 중 하나입니다. 그러므로 여기서 무상함이라고 하는 것에 대해 생각해 보고자 합니다.

우선 불교의 관점에서 보면 무상은 논증할 필요도 없는 원초적인 사실인 것 같습니다. 생성하는 모든 것은 어떤 것이라도 소멸합니다生者必滅. 유위법有爲法에서는 모든 것은 반드시 소멸합니다. 이것은 불교에서는 현상학적 직관으로 얻을 수 있는 의심할 것 없는 인식이죠.

그러나 우리는 이를 마냥 '아 그렇군요' 하고 받아들일 수 없습니다. 어째서 불교도에게는 '무상'이라는 것이 의심할 수 없는 진실로 여겨지는지 그 이유를 묻고 싶어지는 거죠. 같은 세계를 체험하고 있어도 어떤 사람에게는 그것이 무상하게 느껴지기도 하고, 어떤 사람에게는 반대로 영원하게 느껴지기도 합니다. 어떤 사람에게는 세계의 시작이 있고 끝이 있습니다. 어떤 사람에게는 세계의 시작도 끝도 없습니다. 이렇게 보는 방식의 차이를 규정하는 것은 어떤 사회적인 사실입니다. 즉 무상하다는 것이 원초적인 사실로 여겨지는 원인을 지식사회학적으로 설명할 수 있을 거라고 보는 거죠.

앞서 『사물의 본성에 관하여』를 저술한 로마의 철학자 루크레티우스에 대해 아주 간단하게 논했는데요. 그의 사상은 아까 하시즈메 선생님께서 설명해 주신 불교의 사고방식과 일맥상통하는 것이 있습니다. 저는 그렇게 쓰여졌던 게 아닐까 생각되는데요. 그러나 그는 제행무상이라는 것에는 반대했다고 생각합니다. 루크레티우스의 생각에는 세계를 구성하는 요소인 원자는 영원하며 태어나지도 않고 소멸하지도 않습니다.

일체의 현상이 무상하다고 보는 감수성과 반대로 거기에서 영원한 것을 보게 되는 감수성이 있는 거죠. 불교는 전자입니다. 어째서 무상함이 강조되는 걸까요? 그 원인은 어디에 있는 걸까요?

하시즈메 '깨달음'이 강조되는 사회가 어떤 사회일지 상상해 봅시다.

그런 사회에도 많은 사람이 있습니다. 사회질서가 있고, 권력이 있고, 경제가 있고, 정치가 있고, 도덕이 있죠. 거기서 살아가기 위해 보통 사람들은 상식적인 것들을 모두 알고 있을 겁니다. 그리고 그것과는 다른 '진리'가 있다고도 확신하고 있는 것이죠. 그것은 사회생활을 하는 와중에 자연스럽게 획득할 수 없는 것으로 보통 사람들에게는 숨겨져 있습니다. 하지만

유쾌한 불교

노력과 여건에 따라 어떤 사람들은 그 '진리'를 접할 수 있죠. 그리고 이는 지극히 귀중한 것으로 그 사회 속에서 얻을 수 있는 부나 권력이나 영예보다 훨씬 가치 있는 것입니다.

카스트제도하에서 브라만들이 이렇게 생각한 데에는 이유가 있었습니다. 가치 있는 '진리'에 접근할 수 있는 것은 브라만 계급의 존재 이유 그 자체입니다. 브라만이라면 누구에게나 접근 가능성이 열려 있어야 합니다. 진정으로 깨달은 사람은 얼마 되지 않았다 하더라도요.

그런데 이 브라만의 '깨달음'이 그 외의 카스트들에게도 매력적으로 비춰졌을 경우, 그것을 표현하는 방법으로 '무상'이 있는 것은 아닐까요? 진리의 바깥에는 현상세계가 있고 그것에는 실체도 가치도 없다는 주장입니다. 이 사회에는 실체도 가치도 없다고 주장할 때 카스트제도가 무의미해지죠. 누구나 그러한 인식을 가질 수 있다면 브라만의 우위도 부정되고요.

어째서 무상할까요? 몇 가지 이유가 있습니다.

하나는 인간은 생물종으로 죽는다는 것입니다. 인간 개개인은 고정적인 실체가 아닙니다. 인도 사회를 생각해 보면, 사람들은 윤회하고 있지만 그 윤회가 어떠한 것을 말하고 있는가 하면, 인간도 동물도 개체로서 치환이 가능하다는 겁니다. 인간도 동물도 항상 대수학적 치환을 반복하고 있어, 치환을 거쳐 카스트제도나 인도 사회의 질서가 그대로 유지되고 있다는 것이죠. 변화하는 것이 있기 때문에 그 변화 속에서 불변하는

질서가 떠오르는 것입니다.

불교의 연기론도 대체로 같은데, 현상계는 모두 변화합니다. 치환이 행해지고 있지만 이 우주의 성립에는 하나의 법칙성이 있어 모든 것이 변화함에도 불구하고 그것만은 불변합니다. 초기불교는 대체로 이런 식으로 말하고 있죠. 그 불변하는 부분을 진리라든지 법이라고 여기며, 그것은 관찰하면 알 수 있다고 합니다. 관찰하고 사고할 용기를 가지고 관찰하고 사고하면 누구나 알 수 있는 결론이라고 하는 구조로 되어 있습니다.

정리하면, 무상이라는 것은 변화/불변을 통틀어 이르는 말입니다. 인도 사회의 특징에 기인한 사고방식인 것이죠.

불교의 핵심

오사와 처음에도 말했지만, 인도 사회, 인도의 생태학적 환경 속에서 획득된 자연적인 인식이나 세계관, 그리고 인생관이라는 것이 있다고 봅니다. 불교는 우선 그런 것들을 전제로 하여 태어났습니다. 그러한 고대 인도에서 태어난 세계관 속에는 불교를 불교이게 하는 중요한 것들도 포함되어 있었다고 생각합니다.

예를 들면 '윤회'입니다. 해탈이라든가 열반은 윤회에 대한 안티테제이기 때문에 윤회라는 것이 전제되지 않았다면 본래 의미를 이룰 수 없는 것입니다.

유쾌한 불교

그런데 불교는 중국이나 일본에도 전파되었습니다. 중국인도 일본인도, 본래 윤회 같은 것은 전제하고 있지 않죠. 그럼에도 중국이나 일본에서도 나름대로 불교가 보급되었습니다. 특히 중국은 일본에 불교를 전파하는 매개항으로서 매우 중요했죠. 중국에서 불교를 나름대로 소화시키지 않았더라면 일본에 불교가 전달되는 일도 없었을 겁니다.

자, 그렇다면 불교에서 절대적인 전제로 간주되었던 '윤회'가 없더라도 불교에는 나름대로 사람들의 마음을 사로잡는 것이 있다는 말이 됩니다. 그렇다면 윤회는 불교에서 있으나 없으나 상관없는 우연적인 요소였다는 말일까요? 윤회 이외에도 어느 정도 비슷한 요소나 개념이 있는 게 틀림없습니다.

하시즈메 우리가 불교에 대해 핵심적이라든가 본질적이라고 생각하는 것의 대부분은, 실은 불교에서 부수적인 것에 지나지 않으며, 없애거나 대체하는 것이 가능합니다. 그것은 불교를 믿고 있는 당사자들에게는 의외일지도 모르겠습니다만, 가능하다고 생각합니다.

예를 들어 출가하는 것. 언뜻 보면 이는 불교에서 본질적인 것 같지만, 잘 생각해 보면 출가는 수단이고, 목적은 깨달음을 얻는 것입니다. 그 목적을 위해 출가해서 수행을 하고, 정신집중을 하는 거죠. 수행을 위해서는 출가하는 쪽이 편리하기 때문입니다.

하지만 생각해 보면, 석존 정도의 사람이라면 출가하지 않고도 깨달을 수 있겠죠. 출가는 깨달음에 있어서 필요하지 않았다고 생각해야 합니다. 깨달을 수 있다면 출가하지 않아도 딱히 상관없습니다. 이런 논리를 원래부터 내포하고 있었던 셈이니, 출가주의를 주장하는 부파불교에 반해서 대승불교가 나온 것도 이상한 일은 아니죠.

같은 의미로 무상, 윤회, 고와 같이 불교를 수식하고 있는 여러 가지 기본 개념도 떼어 버릴 수 있다고 저는 생각합니다. 왜냐하면 불교는 도그마적이지 않기 때문입니다. 도그마적이지 않기 때문에 본질적인 것은 처음 얘기했던 대로, 고타마 싯다르타라는 개인이 스스로의 힘으로 '깨달음'(최고의 진리)에 도달했다, 그러니까 나도 하면 된다는 것입니다. 이것만이 본질이고 그 외의 부분은 전부 파생적인 것이라고 생각합니다.

본질이 이처럼 심플하기 때문에 불교는 인도 사회와 다른 맥락 속에 놓여 있었음에도 생명을 유지할 수 있었던 겁니다.

미니멀리즘과 철학 마니아

오사와 방금 전, 자기계발 세미나를 빌려 이야기를 하셨는데요, 그것은 꽤 재밌는 비유라고 생각합니다. 하시즈메 선생님도 몇 번인가 지적하셨듯이, 우리가 불교에서 매우 중요하게 여겨 온 요소 중에 어쩌면 석존에게는 그렇지 않았던 것도 꽤 있을 것 같습니다.

불교는 다양한 형태로 전개되었고, 이윽고 복잡하고 추상적인 형이상학을 구축하게 되었죠. 하지만 저는 석존이라는 사람은 정말이지 굉장히 실용적인 사람이 아니었나 싶습니다. 석존은 윤회로부터 어떻게 해탈할 것인가와 같은 추상적이고 일반적인 문제를 세워 놓지 않은 것 같아요. 한 사람의 인간이 각각의 때에 무엇인가 고민이 있거나 곤란하거나 해서 상담하러 왔을 때, 그 사람의 구체적인 문제에 입각해서 석존은 생각하지 않았나 합니다.

석존의 이런 경향을 잘 보여 주는 것이 유명한 '독화살의 비유'입니다. 눈앞에 독화살을 맞은 사람이 있다고 할 때 그 독화살을 쏜 자가 누구인지, 어느 카스트 출신인지와 같은 것을 먼저 알아내려 한다면 화살을 맞은 사람은 독이 퍼져서 죽고 말겁니다. 그런 추상론을 운운하기 전에 얼른 화살을 뽑고 의사를 불러야 한다고 석존은 말합니다. 이 비유담은 잘 알려져 있는데요. 긴급한 구체적인 문제는 제쳐 둔 채 추상적인 논의를 하고 있는 사람을 훈계한 것이죠.

이를 더 단적으로 주장하고 있는 것이 '십난무기'⁺難無記[15]

---

15 [역주] 고타마 붓다가 대답을 거부하고 침묵한(무기無記) 질문을 가리키는 불교 용어. 이 질문은 흔히 그 성격이 무의미하다는 뜻에서, 즉 열반 또는 깨달음에 이르는 것을 돕는 실천적인 물음이 아니라는 뜻에서 '형이상학적'인 것이라고 말한다. 십사불가기(十四不可記), 십사무기(十四無記), 십사난(十四難)이라고도 하며 십난무기라고도 한다.

입니다. 십난十難이란 '세계는 시간적으로 유한한가 무한한가', '세계는 공간적으로 유한한가 무한한가', '신체와 영혼은 동일한가 다른가', '여래(진리의 달성자=붓다)는 사후에도 생존하는가 생존하지 않는가' 등입니다. 아무리 생각해도 진위가 판별될 것 같지 않은 열 가지 명제이자 난제입니다. 그러한 명제에 대한 견해를 요구받았을 때 석존은 '무기'無記, 즉 아무런 대답도 하지 않는 것으로 일관했습니다. 영원히 답이 나오지 않는 이러한 형이상학적 물음에 관여하고 있을 때가 아니라는 것을 태도로 나타낸 것이라고 생각합니다.

참고로 십난으로 꼽히고 있는 명제 중 몇 가지는 칸트의 『순수이성비판』의 초월론적 변증론에 나와 있는 명제와 매우 흡사하다고나 할까, 거의 같습니다. 칸트도 이것들에 대해서 안티노미(이율배반)라고 하고 있죠. 안티노미(antinomy)란 바로 대답할 수 없는 난제, 답이 없는 난제라는 것으로, 이 지점에서 석존과 칸트는 같은 결론에 도달했다는 겁니다. 다만 칸트는 석존처럼 '무기'로 일관하는 대신, 답변이 불가능하다는 사실 자체를 증명하고자 했지만요.

어쨌든 석존이라고 하는 사람은 뭔가 메타피지컬(형이상학적)한 체계의 구축을 목표로 하는 타입은 아니지 않았을까 합니다. 제각기 살아가는 사람들이 살아가는 동안 마주치는 각각의 구체적인 문제나 고민에 대해 어떻게 대응할 것인가 하는 형식의 설법, 즉 대기설법對機說法이 그의 활동의 중심이었던 것

유쾌한 불교

같습니다.

하지만 그렇다 해도 의문이 생깁니다. 어쩌다가 이러한 실용주의로부터 출발한 불교가 마침내 장대한 형이상학적 우주론을 형성하게 된 걸까요. 그 형이상학의 정치함이나 장대함은 서양철학에 충분히 필적합니다. 원점에 있는 석존과 비교했을 때 '상당히 멀리 왔구나' 하는 인상을 주지요. 어째서 이렇게까지 변질된 것인지 의아합니다.

서양철학과 비교해 보겠습니다. 교과서적으로 그 원점을 고대 그리스에서 찾는다면 서양철학의 경우에는 플라톤이든 아리스토텔레스든 처음부터 상당히 형이상학적인 추상론이 우위를 점하고 있습니다. 그러므로 거기서 마침내 장대한 형이상학이 쏟아져 나와도 그다지 이상하지 않죠. 하지만 불교의 경우에는 사정이 많이 다릅니다. 하기야 서양철학의 경우도 플라톤 이전의 소크라테스를 원점으로 본다면 대기설법적인 구체성이 원래 있었다고 말할 수 있겠지만요.

하시즈메 인도에는 그런 철학 마니아 같은 사람이 옛날부터 산더미처럼 있습니다. 그들은 일종의 오타쿠로, 스스로 자신의 사고능력과 상상능력에 도취되어 있죠. 더욱 복잡하고 훌륭한 것을 생각해 내는 것을 자기목적으로 삼습니다. 뭔가 소재가 있으면 그것을 물고 늘어져 평생에 걸쳐 커다란 구축물을 만들어 가는 겁니다.

석가모니 부처님은 그런 사람들과는 정반대로 단순함을 좋아하는 미니멀리스트였습니다. 장대한 오타쿠의 구축물은 의미나 가치가 없기에 아무래도 좋다고 생각했죠. 그러나 그러한 신념 있는 미니멀리스트가 있으면 오히려 나중에 오타쿠가 접근해 옵니다. 석가모니 부처님께서 말씀하신 것이 이런 게 아닌가 하면서 십이연기가 뭐라든가, 번뇌의 종류를 분류하기도 하고, 의식의 종류를 나누기도 하고, 아무래도 상관없는 일에 열을 올리죠.

하지만 불교는 도그마가 아니므로 그러한 노력을 막지 않습니다. 아비달마의 교설[16]은 나름대로 잘 만들어져 있고 훌륭하다고 생각합니다. 오히려 불교는 그러한 사고실험을 장려하거든요. '인간이나 사물에 대해서 사고하는 것은 훌륭하다. 비즈니스나 권력이나 욕망을 추구하는 것보다 낫다', '순수하게 지적으로 생각하라. 그때 깨달음이 있다'라고 말합니다. 말하자면 오타쿠 응원단인 셈입니다. '깨달음'을 얻으면 갓 태어난 아기와 같이, 제로로 돌아와 세계를 대하는 상태가 되겠지만, 그곳에 도달하기까지는 오타쿠의 길이 있는 것도 괜찮다고 봅니다. 그렇게 모인, 인도의 취미를 그대로 드러낸 오타쿠 무리가

---

16 [역주] 아비달마(阿毘達磨)는 범어 Abhidharma, 팔리어 Abhidhamma의 음역어. 'abhi' 는 '~에 대한'이라는 뜻과 함께 '뛰어난'(勝), '더 높은'이라는 뜻을 가진 접두어이다. 그리고 'dharma'란 붓다의 가르침인 '법'(法)을 말한다. 붓다의 가르침(다르마)에 대해 체계적이고 논리적으로 정연하게 조직한 것을 의미한다.

유쾌한 불교

부파불교라고 생각합니다.

오사와 저도 석존이 그런 형이상학적인 사고로 사람들이 내달리는 것을 경계하는 말을 한 것은, 반대로 말하면 그렇게 말하는 사람들이 아주 많았기 때문이라고 생각합니다. 그러한 지적 게임은 당시 인도의 기나긴 유행이었습니다. 그에 대해 석존은 강하게 부정한 것이죠.

다만 반대로, 부정했던 것이 바로 부정했던 것에 의해 실현되고 마는 일이 인간의 역사 속에 종종 있습니다. 석존의 경우, 어떤 의미에서 굉장히 실용적으로, 구체성이 있는 문제에만 응하라고 말했죠. 그럼 그러한 구체적 대응의 근저에 있는 깨달음의 일반은 무엇입니까라고 물으면, 석존은 '무기'無記, 즉 아무런 대답도 하지 않았습니다. 그것을 '○○이다'라고 답한다면, 그것은 반드시 거짓말이 되어 버리기 때문에, 그것을 말하지 않는 것이야말로 깨달음이 되는 것입니다.

하지만 반대로 말하면, 말하지 않은 공백 부분은 어떤 식으로라도 채울 수 있게 됩니다. 그러니까 그가 말하지 않음으로써 부정한 부분이 나중에 어떻게든 전개할 수 있는 빈칸처럼 기능해, 결과적으로는 석존이 오히려 거부한 것과 같은 형이상학의 복잡한 체계로 성장해 나간 것이죠. 그런 정신사의 아이러니 같은 것이 여기에도 발휘됐던 것 같습니다.

하시즈메 저도 완전히 동감합니다.

적극적 자유에 대하여

오사와 이것은 이미 석존 이래의 전통이라고 생각합니다만, 불교는 현대사상의 언어로 말하자면 일종의 철저한 구성주의에 바탕을 두고 있습니다. 즉, 객관적인 실재로 보이는 것, 세상만물은 당신의 마음이 만들고 있다고 하는, '마음의 방식'을 중심으로 한 견해는 불교의 일반적인 특징이 아닐까요? 즉 석존 자신을 포함하여, 불교 역사 전체를 관통하는 공통의 특징으로서 마음중심주의 같은 게 있는 것 같습니다.

이러한 경향을 바탕으로 앎의 전체를 체계화하고, 커다란 철학적 구조물로 만들면 유식설이 됩니다. 『화엄경』[17](아마 이 경전이 편찬된 것은 3세기 정도였다고 생각됩니다만) 중에 '삼계는 허망하며, 다만 이 마음이 지은 것이다'三界虛妄, 但是一心作라고 하는 유명한 문구는 마음중심주의를 단적으로 나타내고 있습니다. 석존은 유식설과 같이 매우 번잡한 말 같은 건 하지 않지

---

17 『화엄경』(華嚴經, Buddhāvataṃsaka-nāma-mahā-vaipulya-sūtra[s]): '대방광불화엄경'(大方廣佛華嚴經)의 약자. 대승을 대표하는 경전 중 하나이다. 내용은 막 깨달음을 얻은 붓다의 경지를 그대로 표현한 것으로 여겨지며, 여기서의 붓다는 역사상의 부처를 초월한 절대적인 비로자나불과 일체가 되어 있다. 본 경을 바탕으로 중국에서 화엄종이 성립되었다. 일본에서는 남도육종(南都六宗)의 하나가 되었다.

유쾌한 불교

만, 현실 그 자체에 끌려다니는 것이 아니라 인간의 마음을 가지고 문제를 해결해 나간다는 기본적인 경향이 있습니다.

이 '마음의 중시', '마음의 방식을 통해 문제를 해결한다'는 불교의 특징을 서양철학의 이론과 비교하여 평가하고자 합니다. 여기서 참조해 보고 싶은 것은 20세기 영국의 철학자 이사야 벌린(Isaiah Berlin)의 자유론입니다.[18] 그는 자유의 두 개념, '소극적 자유'(negative freedom)와 '적극적 자유'(positive freedom)라는 두 개념을 대비하여 논한 것으로 알려져 있습니다. 이 개념을 발명한 것은 사실 그가 아닙니다만, 이 개념의 중요성을 확실하게 나타낸 것은 이사야 벌린이었기 때문에 자유의 두 개념이라고 하면 이사야 벌린이 인용되곤 하죠.

먼저 이 개념의 정의를 확실히 해두겠습니다. 소극적 자유라는 것은 타자에게 방해를 받지 않는 상태를 가리킵니다. 그에 반해 자기 자신을 제대로 제어할 수 있는 상태, 자기가 자기 자신의 주인이 되어 있는 상태가 적극적 자유의 상태입니다. 소극적 자유와 적극적 자유를 나란히 놓으면 아무래도 적극적인 쪽이 좋은 것같이 들립니다만, 이사야 벌린은 우리가 옹호해야 할 것은 소극적 자유지 적극적 자유가 아니라고 말합니다. 적극적 자유에는 큰 해가 있다고 논하죠. 이 개념 쌍을 사

---

18 [역주] 이에 대해서는 이사야 벌린, 『이사야 벌린의 자유론』, 박동천 옮김, 아카넷, 2014를 참조.

용해서 불교의 마음중심주의를 평가해 보고자 합니다.

소극적 자유와 적극적 자유의 차이를 이해하기 위해 약간의 예를 들어 보겠습니다. 어제의 제가 이렇게 생각했다고 해보죠. '내일은 하시즈메 선생님과 중요한 대담이 있으니 일찍 자고 일찍 일어나서 컨디션을 조절해 두지 않으면 안 된다'라고요. 그렇게 생각해 놓고 무심코 늦은 밤까지 시답잖은 텔레비전 방송을 보는 바람에 수면 부족으로 컨디션이 나빠졌다고 해보겠습니다. 이 예에서는 누군가 타인이 강제해서 저를 자게 하거나, 텔레비전을 보여 준 것은 아니기 때문에 저의 소극적 자유는 문제없이 확보되어 있습니다. 하지만 저는 제대로 자기제어를 하지 않았고, 해야 할 일을 하지 못했다는 점에서 적극적 자유가 없다고 여겨지죠.

벌린의 해석으로는 서양의 사상가 중에서도 소극적 자유를 지지한 사람과 적극적 자유를 지지한 사람, 이렇게 두 유형이 있습니다. 영미의 경험론 계열인 로크라든가 애덤 스미스라든가 제퍼슨 등은 소극적 자유파이고, 대륙 합리론계인 칸트나 헤겔, 마르크스 등은 적극적 자유파입니다.

왜 벌린은 적극적 자유를 구하려 하지 말고, 소극적 자유로 만족해야 한다고 주장했던 걸까요? 그 이유가 중요합니다. 소극적 자유가 있는지 없는지를 판정하는 것은 간단합니다. 외부에서 강제하거나 방해하고 있는 타자가 있는지 없는지를 보면 되는 것입니다. 앞선 예에서는 누군가가 총 같은 것으로 저를

유쾌한 불교

협박해서 '쉬면 안 돼, 텔레비전을 보고 있어'라고 명령하고 있다면 소극적 자유가 침해되고 있는 것이지만, 제가 혼자서 마음대로 텔레비전을 보고 있다면 소극적 자유가 있는 셈입니다. 그러나 적극적 자유가 있는지 여부를 판정하는 것은 사실 어려운 일입니다.

적극적 자유가 있는 상태란, 내가 정말로 욕망해야 할 것을 욕망하고 그 욕망에 합치하는 행동을 선택할 때입니다. 그러나 욕망해야 할 것이 무엇인지 결정하는 것은 어렵죠. 앞선 예를 가지고도 생각해 보면 저는 보고 싶은 텔레비전 방송을 봤어야 했는지, 그렇지 않으면 좋은 대담을 하기 위해 일찍 취침했어야 했는지 어느 쪽이 '올바른 욕망'인지 알 수 없습니다.

따라서 적극적 자유의 개념에 의거하면 어떤 행동에 대해서도 비판할 수 있습니다. '자네는 즐겁게 텔레비전을 보고 있지만 원래는 텔레비전을 보지 말았어야 했다', '적극적 자유를 갖고 있다면 텔레비전을 볼 리가 없다. 일찍 취침했을 것이다'라고요. 그러면 이윽고 '나는(혹은 우리는) 사람들이 무엇을 욕망해야 하는지 알고 있다', '본래의 올바른 욕망이 무엇인지 알고 있다'라고 주장하는 권위 있는 인물이나 집단이 나오게 됩니다.

이렇게 말하면서 벌린이 염두에 두고 있는 것은 파시즘이나 스탈린주의입니다. 특히 후자죠. 밖에서 보면 스탈린주의하에서 인민은 억압되고 있고, 자유를 빼앗긴 것처럼 보입니다(이

때의 '자유'는 소극적 자유입니다). 그러나 공산당의 입장에서 보면 자유를 빼앗긴 것이 아닙니다. 공산당은 인민이나 노동자가 무엇을 욕망해야 하는지, 무엇을 목표로 해야 하는지 알고 있다는 입장을 취합니다. 그 올바른 욕망은 '역사의 진리', '역사의 법칙'에 합치하는 욕망입니다. 공산당은 '인민은 잘못된 것을 욕망하고 있으므로 그것에 개입해서 올바른 것을 욕망하도록 지도하고 있을 뿐'이라고 주장하는 거죠. 이런 식으로 적극적 자유의 옹호를 근거로 오히려 자유의 억압이 정당화될 수 있는 것입니다. 따라서 벌린은 사람들이 하고 있는 일 대부분이 하찮은 일, 저속한 일로 보일지라도 소극적 자유를 확보하는 데 투철해야 한다고 말합니다.

자, 여기서 중요한 것은 '불교'입니다. 벌린이 명확하게 말하고 있지는 않지만, 불교 또한 그의 눈에는 그다지 찬성할 수 없는 적극적 자유파에 포함될 겁니다. 다만 불교가 적극적 자유를 확보하는 방식은 칸트나 헤겔 같은 서양의 사상가들이 생각했던 것과는 다릅니다. 스탈린주의하에서의 공산당의 방식과는 다르죠. 서양의 사상가나 체제와는 정반대의 방법으로 적극적 자유를 확보하는 방법이 있고, 그것이 불교의 방식이라고 벌린은 암묵적으로 말하고 있는 것입니다. 그 방식이 불교의 마음중심주의와 관계가 있는 겁니다.

하시즈메 그렇군요.

유쾌한 불교

오사와 불교판 적극적 자유는 어떤 상태일까요? 벌린은 '내적인 요새로의 은둔'(retreat to the inner citadel)이라는 표현을 사용했습니다만, 염두에 두어야 할 것은 불교입니다. 적극적 자유가 없는 상태라고 한다면 잘못된 욕망에 굴복했을 때입니다. 하지만 방금 말했듯 '올바른 욕망'을 결정짓는 것이 어렵습니다. 어쩌면 '올바른 욕망'이라는 것 자체가 없을지도 모르지요.

그때 욕망=번뇌를 작게 만들거나 줄여서, 결국에는 없애 버린다면 어떨까요? 많은 독자들이 요구하는 좋은 대담을 하고 싶다든가, 어떤 텔레비전 방송을 보고 싶다든가 하는 여러 가지 욕망을 꺼 버리는 겁니다. 욕망의 수나 양을 줄여 갈수록, 적거나 작은 욕망으로 만족할수록, 즉 소욕지족少欲知足의 상태가 된다면 욕망에 농락당하는 정도가 줄어들게 됩니다. 최종적으로 모든 욕망을 무화시키는 것이 가능하다면 욕망에 전혀 농락당하지 않는 상태가 실현되는 것이죠. 그것은 정의상 적극적 자유가 실현된 셈입니다. 그것이 불교판 적극적 자유입니다.

그런데 그게 정말 자유일까 하고 벌린은 묻는 겁니다. 오히려 그것은 자유의 반대, 자유를 잃은 상태가 아닌가 하고요. 물론 불교의 입장에서는 '소극적 자유/적극적 자유'라고 하는 기준으로 어떤 것을 생각하고 있지는 않겠죠. 그러한 기준 안에서 평가되는 것을 요구하고 있지 않은 겁니다.

하지만 벌린이 제기하고 있는 문제는 검토할 가치가 있다고 생각합니다. 딱히 적극적 자유라든가, 소극적 자유라는 개념을 사용하지 않아도 되지만, 불교가 목표로 하고 있는 상태가 인간에게 좋은 상태인가 하는 걸 말이죠.

다시 한번 정리하자면, 다음과 같은 비유가 될 것입니다. 먼저 소극적 자유가 있다는 것은 엄청나게 문이 많은 방에 들어가는 것과 같습니다. 어떤 문도 잠겨 있지 않기 때문에 아무 문이나 사용해서 밖으로 나가도 괜찮은 상황인 것이죠. 다만 문의 대부분이 시답잖은 곳으로 연결돼 있을지도 모릅니다.

적극적 자유를 옹호했던 철학자가 이미지화하고 있는 상태란, 인간이 역시 수많은 문이 있는 방에 있지만, 항상 유일한 '바른 문'으로 나가는 상황입니다. 하지만 실제로 인간이 반드시 그 '바른 문'을 사용하는 것은 아닙니다. 그렇다면 권력자는 종종 바른 문 이외의 모든 문을 잠그고 다른 곳으로 나올 수 없게 만듭니다. 이처럼 적극적 자유는 단 하나의 문만을 사용할 수 있도록 강제로 전환시키는 셈이죠.

마지막으로 불교적인 의미에서 적극적 자유를 말해 보자면 문이 없는 방에 들어가는 것이라고 볼 수 있습니다. 좀 더 정확하게는, 마음을 단련해서 어느 하나의 문으로 나가고자 하는 욕망 자체를 꺼 버리는 것입니다. 그렇게 되면 아무리 많은 문이 있어도 그것은 단지 벽과 같은 것이 될 겁니다. 따라서 사실상 문이 하나도 없는 방에 틀어박혀 있는 것이나 다름없어요.

유쾌한 불교

그러니까 벌린은 '내적인 요새로의 은둔'이라고 얘기한 겁니다. 이것은 인간에게 있어서 정말 좋은 상태일까요? 문이 아주 많은 방보다도 문이 사실상 없는 방에 놓이는 것이 좋다고 말할 수 있는 걸까요? 하시즈메 선생님의 생각은 어떠신가요?

하시즈메 매우 흥미로운 논의라고 생각합니다.

벌린이라는 사람이 제기한 문제는 크게 보면 기독교적인 문제권에 속한 것입니다.

기독교와 불교를 비교해 보면, 기독교의 바탕은 존재론입니다. 개별적인 것이 모두 존재하고 있습니다. 왜냐하면 세계를 God이 개별적으로 만들었기 때문입니다. 이 사실은 확실하기 때문에 개별적인 것들은 확실히 존재하고 있습니다. 그리고 이것은 개념화되어 있고, 명칭에 따라 부를 수 있죠. 그런 존재 중 하나로 인간이 있고, 개인이 있고, 자기 자신이 있으며, 신과 관계를 맺습니다. 가치가 있고, 의무가 있고, 자유가 있고, 제한이 있고…. 이러한 문제권입니다.

그 첫 출발점이 불교에는 없습니다. 아니 없다기보다, 불교는 다른 발상의 계열로 되어 있습니다.

불교에서는 God이 없다고 했죠. God이라는 말은 있지만 완전하지는 않습니다. 세계의 근저가 존재로 이루어져 있다고는 할 수 없는 것이죠. 말로 불리고 있는 것은 존재가 무엇인지 알 수 없는 잠정적인 것이라는 위치 설정인 겁니다. 거기서 인간도, 사회도, 나 개인도, 생명도, 사고의 소재가 되는 모든 것은 일단 잠정적인 존재로, 바꿔 말하자면 현상입니다. 영속성이나 실재성이 보증되어 있지 않습니다.

이것은 큰 패러독스(역설)를 낳습니다. 일상에서는 돈이나 음식이나 권리나 지위 등은 모두 실재성을 가지고 있어 인간은 그것을 중요하게 여기지만, 그것을 제대로 생각해 보면 그것들은 모두 근거가 없는 것이기 때문에 착각이고, 환상이고, 번뇌이며, 무명[19]인 것이 됩니다. 일상의 가치관과 플러스, 마이너스가 뒤집혀 버리는 거죠.

일상의 사회경험이 근거를 가지고 있지 않다는 점이 그 인식의 출발점인 겁니다.

그렇다면 앞으로 어떻게 싸워 나갈 수 있을까요? 석존도, 부파불교도, 대승불교도 저마다 힘껏 격투를 벌였습니다. 그 상세한 내용을 말하는 것은 긴 이야기가 될 것이므로 차치하고, 이 격투들이 벌린의 말처럼, 적극적 자유를 관철하고 있고, 이는 내면으로의 은둔이 되는 것일까요?

저는 그렇지 않다고 생각합니다.

---

19 무명(無明, avidyā[s], avijjā[p]): 존재의 근저에 있는 근원적인 무지를 말한다. 진리에 어두운 무지이며, 가장 근원적인 번뇌이다. 무명은 미혹의 근본으로, 십이인연(十二因緣)의 제1지(一支)에 위치한다.

유쾌한 불교

'깨달음'이란 어떤 것인가

하시즈메 우선 불교에는 마음이라고 하는 실체는 없습니다. 외면도 내면도 없죠.

고타마 붓다의 '깨달음'이 어떤 것인지 딱 잘라 말하면 어떤 의미에서는 두렵기까지 합니다. 내가 나 자신을 인간이라고 여기는 것 자체가 무명입니다. 자신을 인간이라고 여기는 것은 착각이거든요. 그 진실에 눈을 뜬 고타마 붓다는 자신을 인간으로 인식할 수 있는가 하면, 할 수 없습니다. 마음도 없습니다. 내면도 없죠. '모든 것이 명확하게, 과함도 부족함도 없이, 나로서 현상하고 있다'는 것을 알 수 있습니다. 나와 현상이 일치해 버리면 모순이 없는 셈이므로 무명도, 욕망도, 아무것도 없을 것입니다.

그러한 궁극적인 지점으로 나아가면 결국 어떻게 되냐면, 일종의 황홀 상태가 되지만, 머지않아 깨달음으로부터 깨어납니다. '깨달음'의 체험을 기억한 채 원래의 자신으로 깨어나는 거죠. 그러면 주위에서 볼 때 그는 여전히 고타마 싯다르타라는 수행자로 있는데, 그럼 어떻게 해야 할까요? 원래의 자신으로 살아가는 것을 다시 선택합니다.

'깨달음'의 지점까지 갔다가 그로부터 돌아와서, 길가에 굶주린 아이가 있으면 어찌해야 하는지, 엄마를 찾는 강아지가 있으면 어찌해야 하는지, 자신은 살인마이지만 어떻게든 해 달라고 도움을 구하러 오면 어찌해야 하는지 등. 붓다는 그것들을 개별적으로 해결해 나가지만, 깨닫기 전과는 분명히 다른 해결책이 나옵니다. 역시 고타마 붓다라는 이야기가 되는 거죠.

이것은 은둔일까요? 저는 은둔이 아니라 분명한 '적극적 자유'라고 생각합니다.

오사와 그렇군요. 확실히 싯다르타의 경우 방금 말한 것처럼 어떤 의미에서는 실용적이고 적극적으로 개개의 구체적인 문제를 해결하려고 하고 있으니까, 벌린이 염려한 상황과는 오히려 반대일지도 모릅니다. 깨달은 자 즉, 붓다가 깨달음의 기억을 간직한 채 제자리로 돌아온다는 점이 중요하죠. 벌린이 격정하는 것은 간단히 말해서 '내적인 요새'로 은둔해서, 즉 틀어박혀서 다양한 구체적인 문제에 무관심하게 되어 버린다는 것입니다. 그런 방향으로 가는 불교도도 있을 것 같은 생각이 듭니다만, 석존의 경우는 오히려 반대의 타입일지 모릅니다.

하시즈메 이런 느낌 아닐까요?

예를 들어 오사와 선생님에게 사회학자가 되고 싶다는 학생이 열 명 정도 와서 공부하고 있다고 해보죠. 오사와 선생님은 그들이 어차피 제대로 된 사회학자가 될 수 없다고 생각해서 사실은 의욕이 없지만, 그들로부터 목표를 빼앗아 버리면 더

방종한 인간이 되어 버릴 것 같아 딱하다는 생각에 정성스레 지도를 하고 있습니다. 이것은 잠정적인 사제 관계입니다. 본질은 그렇지 않지만 모른 척하고 있으니까요.

　석가모니 부처님이 깨달은 뒤 실제 장면에서 사람들을 대하는 방식은 사실 정답은 아니지만 '일단은' 그렇게 하고 있습니다.

오사와 방편이라는 것이 있으니까요. 직접적으로는 진정한 경지에 도달할 수 없으므로, 잠정적으로 보면 잘못된 경지를 목적으로 삼게 해서, 그 부산물로 진정한 경지에 도달시키는 것은 불교의 장기이지요. '이제'二諦라고 하는 궁극의 진리와 일단 세속에 성립되는 상대적 진리를 나누는 것도 이와 관련된 것인지도 모릅니다. (이 이중의 진리설에 대해서는 이 책 본문 298쪽 참조)

　그렇다고 해도 어렵네요. 불교에는 모종의 주지주의라고 할까, 인식을 중시한다는 느낌이 있습니다. 예를 들어 좀 전에 잠시 화제로 나왔던 십이연기(십이인연十二因緣)라는 설이 있겠네요. 이것은 괴로움이 생기는 인과관계를 찾는 것이고, 열두 개의 스텝이 있어서 그렇게 불리는 것으로, 상당히 번잡하여, 석존이 이런 생각을 하지 않았을 것 같지만, 아무튼 그 인과관계의 기점, 즉 궁극적인 원인은 '무명'입니다. 그러니까 본래적인 무지가 괴로움의 원인입니다. 그래서 올바른 인식을 가지는 것이 괴로움으로부터 해방되는 것으로 이어지는 것이죠.

하지만 올바른 인식이란 무엇이며, 무엇을 인식하면 올바르게 되는 것일까요? 결국 어떤 현상이 '있다'고 인식하자마자 그것은 잘못된 인식이 되고, 무명이 되는 것입니다.

그렇다면 인식해야 할 그 무엇도 없는 것을 인식해야 한다는 역설에 이르죠. 그러한 역설적인 상태를 정치하게 설명하려 했던 이론이 유식설이나, 나가르주나의 공론空論입니다.

여기까지는 아직 논리의 줄거리가 성립된다고 생각합니다. 하지만 그다음이 있습니다. 인식해야 할 현상, 대상은 '없다'는 것, 세계의 공성空性이 인식되었다 하더라도 또한 그것을 인식하고 있는 주체가 '있다'는 것이 아닌지, 올바로 인식하고 있다는 것은 그런 주체가 있다는 것을 전제해 버리고 있는 것은 아닌지 등. 이런 역설이 풀리지 않고 남아 있는 것 같은데 어떻게 생각하시나요?

하시즈메 인식하는 주체라고 하는 것은 없지 않나요?

오사와 어렵네요. 인식하는 주체가 없다고 하는 것을 인식하는 것은 어떤 걸까요?

하시즈메 인식작용은 있습니다만, 주체 쪽이 없는 것입니다.
오사와 선생님이 깨달아서 인식주체가 사라진다면 오사와

선생님도 사라지겠죠. 하지만 그러면 주변 사람들이 곤란해지니까 당분간은 오사와 얼굴을 하고 있자, 같은 거죠.

오사와 뭔가 이런 종류의 논리는, 따지고 보면 같은 형식의 역설에 부딪히게 되는군요. 예컨대 윤회에서 해탈한다는 설정을 채용했을 때, 도대체 '누가' '무엇이' 윤회하고 해탈하는 것인가 하는 문제가 있는 겁니다. 윤회하는 주체, 그리고 해탈하는 주체가 문제가 됩니다. 하지만 그런 '주체'가 있다고 말하는 동안에는 진정한 의미에서 해탈했다고 말할 수 없는 것이죠.

혹은 불교에서 종종 얘기하는 '무아'(자아가 없음), '비아'(자아가 아님)라는 것에 대해서도 비슷한 역설이 느껴집니다. 여러 가지 집착에서 벗어나 아집을 버리고, 자아가 없다고 느껴 그런 주장을 했다고 합시다. 하지만 그때 자아를 버리고, 자아를 초월하는 궁극의 자아와 같은 것이 전제되어 버리는 것은 아닐까요. 자아를 부정하는 자아 같은 것이 전제되는 건 아닌가 하는 의문이 드는 겁니다.

부정하면 부정할수록 그 반작용으로 본래라면 부정돼야 할 실체나 주체가 전제로 정립되어 버리는 구조입니다. 이것은 사실 불교에만 국한되는 문제는 아닌데요. 불교에선 부정의 작용이 굉장히 강해서, 그 부정의 끝에는 역시 지금 말한 것처럼 부정해도, 부정해도, 부정할 수 없는 잔여로서 하나의 실체나 주체가 서게 되는 구조가 곳곳에 배치되어 있다는 느낌이 듭니다.

하시즈메 그런 의문은 기독교 계열의 사고방식인 것 같은데요.

가령 모든 실체는 실체를 갖지 않는다라고 누군가가 강력하게 주장하고 있다고 합시다. 그렇다면 그런 너는 실체인가, 실체가 아닌가라고 묻고 싶어질 수도 있겠지만, 그런 것은 묻지 않기로 합시다. 그가 철저하게 자신의 실체성을 부정하면서 그런 말을 계속하고 있다면, 그의 말을 100% 받아들인다 하더라도 그런 식으로 말을 하고 있다는 사실에서 실체성이 있을 것 같은 느낌이 듭니다.

하지만 이 실체성은 명명할 수 없으므로 엄밀히 말하자면 효과(effect)입니다. 실체(substance)가 아닙니다. 신기루 같은 것으로 어렴풋이 떠오르는 것이죠. 붓다라는 존재도 그런 것일지 모릅니다.

그것은 뭐라고 할 수 없습니다. 이 세계가 그런 신기루 같은 존재를 만들어 버리는 구조를, 사람들이 '붓다가 있는 것 같아'라고 생각하는 구조를 가지고 있으니까요.

오사와 정말 어려운 부분입니다. '기독교 계열'이라 말한다면, 기독교 신학은 '부정'이 반대로 긍정을 끌어당겨 버리는 것을 적극적으로 활용하고 있죠. 그것이 부정신학입니다. 이에 대해서는 나중에 나가르주나와의 관계를 다루면서 좀 더 이야기해 보고 싶습니다.

문답이냐 명상이냐

오사와 처음에도 말했듯이, 석존이 깨달은 진리는 '이러이러한 것이다'라고 분명히 말하는 순간 거짓이 되어 버리는 그런 타입의 것입니다. 더 나아가 말한다면, 그것은 말로 표현할 수 있는 내용이 아니죠. 그런 의미에서 '내가 깨달은 것은 ○○이다'라고 가르쳐 줄 수도 없습니다.

이 점을 감안할 때 비교해 보고 싶어지는 참조항은 고대 그리스의 철학자 소크라테스입니다. 아시다시피 그는 저작을 쓰지 않고 단지 논의만 했죠. 그는 일종의 교사로 행동한 셈입니다. 단 그것은 아주 색다른 교사로서, 그 특이한 점이 매우 흥미로워, 석존의 경우와 비교해 보고 싶습니다.

보통 무언가를 가르친다는 것은 가르치는 쪽이 진리를 알고 있고 가르침을 받는 쪽이 그것을 모르는 것을 전제로 합니다. 하지만 소크라테스는 자신이 진리를 모른다는 입장에서 가르쳤습니다. 사실 그는 무엇이 진리인지는 알지 못했던 것입니다. 굳이 말하자면, 그는 자신이 진리를 모르고 있다는 것을 알고 있죠.

진리를 모르는데도 소크라테스는 어떻게 하냐 하면, 결국 묻습니다. 상대방과 문답을 하는 것뿐이죠. 그렇게 하면 상대방도, 나 자신도 정말 아무것도 모르고 있었다는 것을 발견합니다. 이것이 소크라테스의 문답법 기술이죠. 아마 대부분의 사람들은 도중에 화를 내거나, 때로는 때리려 하기도 했을 테고, 상상했던 것만큼 잘되지는 않았을 겁니다.

소크라테스는 '너는 진실에 대해 아무것도 몰라'라는 식으로 직접 말하는 것이 아니라 문답으로 상대방을 자기모순으로 이끌어서 그 사람이 자신은 아무것도 모르고 있었다는 것을 스스로 깨닫게 하죠. 결국 대화 상대는 '나는 진리를 모르고 있다'는 것을 스스로 알게 되고, 소크라테스는 자신이 그 결론을 내린 것이 아니라 거기에 도달하는 것을 도왔을 뿐이라며 이 문답의 테크닉을 자기 어머니의 일에 빗대어 '산파술'이라고 부릅니다. 이쪽에서는 아무것도 적극적으로 가르치지 않고, 상대방이 도달하는 것은 어떤 의미에서, 분명하게 언어화할 수 있는 진리의 공허성입니다.

이 방식을 석존과 비교해 보면 어떤가요? 소크라테스의 문답법과 석존의 설법. 어딘가 유비적인 점도 느껴집니다.

하시즈메 불교도들도 문답을 하겠지만 그것이 중심은 아닌 듯합니다. 중심은 명상입니다.

오사와 문답 자체가 어떤 의미로는 좋지 않다는 말인가요? 그렇지는 않다는 건가요?

하시즈메 문답이요? 해도 좋다고 생각합니다. 해도 괜찮지만….

유쾌한 불교

문답을 할 때는 보통 말과 실재가 대응하고 있어, 세계는 어떤 실체에 의해 이루어져 있다고 상정합니다. 그리스인은 형이상학적이거나 추상적인데, 그것은 세계를 성립시키는 실체가 어떤 것인가에 대해 여러 가지 설이 있었다는 걸 말해 줍니다. 그들의 생각으로는 실체에 기초하여 현상이 나타납니다. 현상을 실체라고 오인하는 사람이 있기 때문에 그것을 논박하는 형태의 문답이 있어, 원자론과 같은 여러 가지 주장이 나오는 겁니다. 대체적으로 실체가 신뢰되고 있죠.

불교의 경우 그 반대로 실체가 없다는 사실을 깨닫는 것이 매우 중요하기 때문에 이를 위해 문답을 사용할지도 모르지만 문답의 작법과 규칙은 다를 것입니다. 그리고 언어를 사용하는 문답보다 언어를 사용하지 않는 명상이, 그리고 지각·감각세계와 자신의 관계에 대해 직접 관찰하는 것이 더 중요했을 겁니다.

오사와 들으면서 든 생각은 우선 좀 전에 하시즈메 선생님께서 말씀하신 것과 관계가 있습니다만, 문답을 해나가면 진리가 직접 말해지는 것은 아니지만 효과로서 진리가 나타나는 겁니다.

아마 소크라테스도 자신은 진리를 모른다는 것은 알고 있어도 어딘가에 진리가 있다고, 감각적인 현상계를 넘어서는 실체를 표현하는 그런 진리가 있다고 생각했을 겁니다. 그 진리는 말에 의해 적극적으로 표현될 수 있을 겁니다. 그렇게 상정하고 있기 때문에 더욱 '문답'이라는 것이 성립되었을 테죠. 말을 통해 도달할 수 있는 진리가 있다고 상정하지 않는다면, 문답은 무엇을 목표로 하는 것인지 알 수 없게 되어 성립되지 않았을 겁니다.

불교의 구성은 이와는 다르다는 겁니다. 불교에 있어서 현상을 초월한 실체의 세계는 아직 도달하지 못한 것이 아니라 애초에 그러한 것은 존재하지 않고 배제되어 있습니다. '무상'이라든가 '무아', 혹은 '공'이라는 것은 모두 실체의 배제를 향하고 있죠. 문답은 아직 도달하지 못한 실체의 세계, 도달하지 못한 진리를 허초점虛焦點으로 전개하는 것이기 때문에 불교에서는 주류의 방식이 되지 않을 것입니다.

자비란 무엇인가

오사와 지금 불교에서는 문답이나 대화보다는 개인의 명상이 중요하다는 이야기가 나왔습니다. 그것과 관련해서 여쭤보고 싶은 게 있는데요.

불교에서 타자와의 관계를 표현하는 말로 '자비'[20]라는 게 있죠. 일반적인 이미지에서 자비는 매우 불교적인 용어로 여겨집

---

20 자비의 '자'(慈, maitrī[s])는 '친구'(mitra[s])에서 파생된 '우애'라는 의미를 가진 말로, 타자에게 이익이나 안락함을 주는 것(與樂)으로 설명된다. 한편, '비'(悲, karuṇā[s])는 타자의 괴로움을 동정하여, 그것을 제거하고자 하는(拔苦) 마음의 작용을 나타낸다.

유쾌한 불교

니다. 하지만 아까도 잠시 말씀드렸듯이 자비는 원래의 불교, 초기불교 안에서는 그다지 중요한 것이 아니지 않았을까 하는 인상을 저는 가지고 있습니다. 자비는 불교의 다른 개념들과 어느 것 하나 잘 들어맞지 않습니다. 개인주의를 기반으로 하는 불교에 있어서 자비를 말해야 할 필연성은 없습니다. 그런 걸 보면 자비는 원래 불교 안에서는 중심적인 가치를 지니지 않았던 게 아닐까 추측할 수 있습니다.

후에 대승불교가 전개되는 과정에서 자비의 중요도가 높아진 것일지 모릅니다. 그러나 초기의 불교에서 자비는 별로 중요하지 않았을 가능성이 높죠. 기독교와 대응시키면, 이것도 앞서 말씀드렸습니다만, 자비는 이웃사랑과 비슷합니다. 하지만 이웃사랑과 비슷한 것이 불교의 맥락에서 반드시 언급되어야만 하는 이유는 원래 거의 없었던 게 아닐까요?

하시즈메 어째서 이웃을 사랑하냐면 God이 그렇게 명령하기 때문입니다. 명령하기 때문에 의심할 여지 없는 윤리로서 이웃사랑은 의무화됩니다. 이웃사랑을 실천하는 것이 기독교도 간의 상호관계입니다.

자비는 이와 비슷한 것처럼 보이지만, 지금 오사와 선생님께서 말씀하신 것에 찬성합니다. 대승은 자비를 매우 중시하지만 전에는 그 정도까지는 아니었죠.

다만 중요한 점은 자비는 처음부터 불교의 논리로서 내장되어 있었던 것으로 보인다는 것입니다. 석존을 신뢰하고 자신도 진리를 지향하고자 한 사람을 불교도라고 할 때, 불교도와 불교도의 상호관계가 어떠한가 하는 것은 처음부터 있었을 것입니다. 그것은 단적으로 자비입니다.

이것이 어떤 논리인가 생각해 보면, 불제자와 불제자 사이의 바람직한 관계는 부처와 불제자의 관계를 모델로 삼을 것입니다.

석존은 깨달은 뒤, 인간이 아닌 존재가 되어 버렸습니다. 인간이 아닌 존재가 되어 세계와 일체화되었지만, 그 후 다시 인간의 형태를 취해 육체 속으로 돌아왔습니다. 그리고 다른 인간과 만나죠. 깨달은 경우에는 자신이 없습니다. 타자도 없습니다. 자신과 타자의 구별이 없죠. 그래서 누구를 만나든 과거의 자신으로 만나는 것이 됩니다. 나는 깨달았기 때문에 우위에 있고, 상대는 아직 깨닫지 못했기 때문에 안쓰럽게 열위에 있지만, 모두 자신임에는 틀림이 없기에 자신에게 대하듯 손을 내밉니다.

깨닫지 못한다는 부정적인 점에서는 슬픔悲인 셈입니다. 하지만 자신이기 때문에 자애로울慈 수 있어 '자비'라고 부르는 것이겠죠. 한자의 경우는요.

이것은 '사랑'愛과는 다릅니다. '사랑'이라는 것은 상대를 긍정하는 것인데 왜 긍정하냐 하면, 기독교의 경우 가치가 없음에도 긍정합니다. 가치가 있는 것은 God뿐이니까요. 이웃은 가치가 없어요. 하지만 God이 사랑하라고 말했죠. 그래서 사랑합니다.

'자비'의 경우에는 상대가 깨달을 가능성이 있는 것이죠. 불성이 있습니다. 즉, 상대에게는 소소하지만 가치가 있습니다. 이 점이 다르다고 생각합니다.

오사와 '사랑'愛이라는 말이 불교에서는 별로 좋은 뜻이 아니잖아요. '애욕'愛慾에 연관된 말로 욕망에 가까운 의미이죠.

지금 하시즈메 선생님께서 기독교의 사랑과 불교의 자비를 대조시킨 것은 아주 명쾌하고 흥미롭다고 생각합니다. 그래서 제 나름대로 정리하면 다음과 같습니다.

사랑에는 한계랄까 곤란함이 있습니다. 사랑은 원래 자기에게 가까이 있거나 가치가 있는 것 같은 타자나 사물을 향한 것이니까요. 사랑은 본래 자기와 가까운 타자에게만 집착하고 남을 배제하는 성질을 갖고 있습니다. 불교가 사랑을 욕망·번뇌로 연결시켜 이를 멀리할 때는 사랑의 배타적인 측면, 차별화하는 측면에 주목하고 있는 것이 아닐까요.

이런 사랑은 정의나 공평성에 어긋납니다. 마음에 드는 사람, 가까운 사람을 우대해서는 정의라고 할 수 없습니다. 사랑은 인간의 너그러운 공동성이라든가, 인간의 복수성·다양성이라는 것을 성립시킬 수 없습니다. 정의는 제3자라고 할까 신의 관점에서 본 공평성에 관련되어 있으므로, 가까운 사람에 대한 사랑과는 대립합니다. 그래서 유대교에서는 법을 중시합니다. 법은 그러니까 원초적인 사랑에 대한 안티테제라는 측면이 있었던 것 같아요.

그리스도의 이웃사랑이라는 것은 그 법에 대한 또 다른 안티테제입니다. 본래의 소박한 사랑에 대한 부정의 부정으로 되어 있어요. 그러한 사랑은 원래의 사랑과는 완전히 상반되는 것이 됩니다. 즉 그리스도가 설하는 이웃사랑은 가까운 사람에 대한 사랑이 아니라 원수처럼 멀리 있는 타자에 대한 사랑이 됩니다. 혹은 가치 있는 타자에 대한 사랑이 아닌, 죄인 같이 가장 가치 없는 사람에 대한 사랑이 되는 거죠. 이런 식으로 이웃사랑의 성립을 생각해 보면 어떨까 합니다.

이 이웃사랑과 방금 하시즈메 선생님이 해설하신 자비는 대조적입니다. '자'慈라는 것은, 어떤 의미에서 가장 가까운 타자에 대한 사랑입니다. 아니, '가장 가깝다'라기보다는 거리가 제로인 타자에 대한 사랑이라고 하는 편이 좋겠네요. 방금 하시즈메 선생님이 명쾌하게 해설하신 붓다는 이미 자기도 타자도 아닌, 자기와 타자의 구별이 없는 경지에 있으니까, 보통 가장 인연이 먼 다른 사람조차도 붓다에게는 자기 자신이지요. 그 타자가 실은 자기 자신이니, 그에 대해서 '자'의 감정을 품는 겁니다.

그리고 '비'悲라는 것은 타자의 '가치'를 인정하기 때문에 느끼는 사랑이 아닐까 생각합니다. 그 타자에게도 사실은 불성이

유쾌한 불교

있어 깨달을 가능성을 내포하고 있는데 아직 깨닫지 못한 겁니다. 그런 의미에서는 붓다의 입장에서 보면 열위에 있는 것입니다만, '본래는 깨달음에 이를 수 있을 텐데…'라고 생각하기 때문에 '비'의 감정이 생기는 것입니다. 그 '깨달을 수 있다'라는 잠재력이 '가치'죠.

요약하자면 기독교의 사랑은 가장 먼, 가치가 없는 타자를 향합니다. 불교의 자비는 거리 제로의 타자, 불성이라는 가치가 있는 타자를 향하고요. 이런 대조성이 있다고 저는 이해했습니다.

제3장
〰〰〰
대승교로

불탑신앙기원설

오사와 자비가 대승불교 속에서 더욱 중요해진다는 이야기가 나온 이 타이밍에, 대승불교 이야기로 들어가 봅시다. 지금까지는 불교 전체의 공통되는 특징, 그러고 나서 초기불교, 부파불교에 대해서 생각해 봤습니다. 이제부터 대승불교를 시야에 넣어 보고 싶습니다.

먼저 교과서적인 것을 확인해 봅시다. (이것들은 나중에 재검토되거나 수정될지도 모르는 잠정적인 확인입니다.) 대승大乘이라는 것은 큰 수레라는 의미입니다. 대승불교에서는, 다소 자기선전을 위한 부분도 있습니다만, 자기 자신의 깨달음이나 구제뿐만이 아니라 다른 사람들을 구제하고 다른 사람들을 깨닫게 하는 것도 임무로 하는 가르침, 즉 '자각각타'自覺覺他의 가르침을 특징으로 하고 있습니다. 이런 것들을 특징으로 하는 불교의 새로운 조류가 기원 전후쯤부터 나옵니다. 대승불교는 그 이전의 불교를 자기구제나 해탈만 생각하는 이기주의로, 그리하여 많은 중생을 태우지 못하는 작은 수레, 즉 소승小乘이라 부르며 경멸했던 것입니다.

대승불교의 등장이야말로 불교 사상사 내 최대 전환점입니다. 지금 아주 대략적으로 대승불교의 특징을 말씀드렸는데요, 이외에도 여러 가지 면에서 대승불교와 부파불교는 대조적입니다. 그러한 것들은 이후 논의에서 조금씩 밝혀 나가기로 하고, 그 전에 역사적인 사실에 대해서 검토해 두려고 합니다.

이 불교의 새로운 조류, 대승불교는 어떻게 생겨났는지에 대한 것입니다. 이에 대해서는 히라카와 아키라平川彰[1] 씨가 외쳤던 '대승불교 불탑(스투파)신앙기원설'이 제일 유명합니다. 스투파라고 하는 것은 석존의 유골, 즉 부처의 사리를 모시는 탑이지요. 무덤에 있는 솔도파窣堵婆[2]나 절의 5층탑은 사실은 스투파니까, 원리상으로는 그 아래에 석존의 뼈가 묻혀 있을 텐데, 실제로는 그런 일은 없겠죠. 아무튼 석존 사후, 그 유골을 나누어 인도 각지에 스투파가 세워졌습니다. 그것들이 재가신

---

1 [역주] 히라카와 아키라(平川彰, 1915~2002). 도쿄대학 인도철학범문학과 졸업. 도쿄대학, 와세다대학 교수를 역임하며 폭넓은 불교 연구를 진행했다. 『초기대승불교의 연구』(初期大乘佛敎の硏究, 1964) 등의 저작이 있다.

2 [역주] 스투파를 음차한 한자어.

자에 의해 관리되었던 셈입니다. 이 스투파에 대해서 보시=기부가 모이기도 하고, 스투파에 의지하는 재가수행자도 생기게 됩니다. 그런 재가수행자로부터 대승불교가 생겨났다는 것이 히라카와 설입니다.

이 히라카와 설이 맞는 것인지는 의문입니다. 솔직히 말해서 그렇게 많은 논문을 읽은 것은 아니지만, 제가 훑어본 얼마 안 되는 논문이나 책으로 판단해 보면, 히라카와 설의 한계를 지적하면서 이를 수정하는 것이 불교사 연구의 최근 트렌드 같다는 인상을 갖게 됩니다.

저희들은 역사가가 아니니까 히라카와 설과 그를 부정하는 설 중에 어느 쪽이 맞는지를 판정하기 위한 실증적인 근거를 갖고 있지는 않지만, 하시즈메 선생님은 어떻게 생각하시는지요? 히라카와 설의 타당성에 대해서요.

하시즈메 히라카와 아키라 박사의 불탑신앙기원설을 저는 매우 설득력 있는 것으로 읽었습니다.

소승 후에 대승이 나왔습니다. 그런데 어떤 집단이었는지는 잘 모르겠어요. 승가를 안 만들고 있었으니까요. 구체적이고 상세한 것들이 대승 경전 이외에 얼마 남아 있지 않기 때문에 상상할 수밖에 없습니다. 만일 히라카와 설이 맞지 않고 다른 설이 확실하다고 결론 내려져도, 그것 역시 설일 테니까 사실 좀처럼 판정하기는 어렵습니다.

알고 있는 것을 순서대로 말하자면 첫째, 대승이 나온 당시 불교는 출가자의 승가를 기반으로 하는 부파불교였다는 점. 둘째, 대승 그룹은 대항 의식을 가지고 부파불교를 소승(레벨이 낮고 불완전한 것)이라고 주장했다는 점. 셋째, 기존 불교의 입장에서 보면, 출가자 쪽이 등급이 높고, 재가자는 그보다 못한 것으로 여겨졌다는 점입니다. 애초 불교의 삼귀의三歸依에는 승가에의 귀의가 담겨 있는 셈이죠. 재가자는 승가에 귀의할 의무가 있었을 것이고, 이는 전통적인 방식에 반합니다. 넷째, 대승과 소승의 관계가 애매해서 '대소겸학'大小兼學이라는, 대승과 소승을 함께 배우는 사례도 있었던 점. 중국의 승려가 그렇게 보고하고 있습니다. 다섯째, 대승불교는 불탑신앙과 관련이 있었을 가능성이 있었던 점. 대충 이런 식이 아닐까요?

그러니까 소승과 대승은 처음에는 대립하고 있었을지 모르지만, 그 후에 합쳐졌을 가능성이 있습니다.

오사와 언제나 생각합니다만, 인도 사람은 정말 역사에 흥미가 없는 것 같더군요. 불교에 대해서도 이런저런 사실을 잘 모르는 것은 인도 사람이 역사를 기록하고자 하는 의지가 너무나 부족했기 때문이죠.

이 점에서 완전히 대조적인 것은 중국입니다. 중국 사람들은 불교를 인도에서 배워 왔는데요, 인도와 달리 역사를 기록하려는 의지가 매우 강합니다. 옛 중국의 역사책, 예를 들어

『사기』 등에는 좀 미덥잖은 신화 같은 것도 쓰여 있지만 그런 것조차도, 적어도 일부는 사실이라는 것을 알게 되었습니다. 예를 들어 우禹임금이 열었다고 알려진 하夏왕조도 예전에는 단지 신화적인 왕조로 여겨졌지만, 현재는 유적도 발굴되어서 실재했었다는 것이 거의 정설입니다.

그런데 인도 사람은 역사를 기술해야 한다는 의식을 거의 가지고 있지 않아요. 석존이 80년을 산 것도 알고 있고, 불전문학이 있는데도, 그의 생몰년이 정해지지 않은 것은 이 때문입니다. 그리고 대승불교의 탄생에 대해 확실한 사실을 알기 힘든 것도 역시 인도 사람의 역사에 대한 무관심 때문이지요.

대승불교의 탄생에 있어서는 어쨌든 출가자는 아니지만, 종교적으로 열성적인 재가자도 필요하겠죠. 게다가 그런 사람들이 단지 수적으로 많이 있다는 것만으로는 큰 결과를 남길 수 없습니다. 그런 사람들이 공동체로 발전해 사회적인 힘이 될 수 있는 촉매 같은 것이 필요합니다.

그 촉매 중에 하나로, 유일하지는 않지만, 'one of them'의 촉매로서 스투파가 있었다고 말할 수 있을지 모릅니다. 하지만 확정적인 것은 저도 모르겠습니다. 스투파를 신앙의 근거지로 삼는 것이 구제와 해탈을 갈구하는 재가자를 결집시키는 공동의 힘이 되는 여러 원인 중 하나였다는 사실까지 전면 부정할 필요는 없을 것 같습니다.

유쾌한 불교

왜 스투파인가

오사와 이것도 하시즈메 선생님께서 가르쳐 주셨으면 합니다. 석존의 유골이 소중하게 보존되고 있다는 것인데, 그것이 저에게는 뭔가 이상하다는 느낌을 줍니다. 인도의 경우 인간이 죽으면 윤회하여 어딘가에서 태어난다고 합니다. 그래서 보통은 사체를 전부 조각내어 마지막에는 강에 흘려보내죠. 인더스강에 흘려보내는 것이 보통입니다. 인도에는 일본처럼 무덤이 있어 자손이 때때로 성묘 가는 생활습관 같은 것은 없는 셈입니다.

그런데도 석존에 관해서는 유골이 소중하게 유지되고, 모셔져 있다는 것이 기묘하게 느껴집니다. 유럽의 중세에는 '성유물'聖遺物(rekliquiae)이라는 것이 있었죠. 성인의 유골이나 유물 같은 것이 성유물로서 신앙의 대상이 됐습니다. 성유물이 있으면 그곳은 순례의 땅이 되기도 하고, 사람들이 모여들어 도시가 되기도 했습니다. 석존의 유골을 소중히 여긴다는 것은 어느 정도 이 성유물 신앙을 방불케 합니다. 그렇다고 하더라도 인도의 문화적 전통을 생각하면 기묘한 인상을 받습니다. 이것을 어떻게 이해하면 좋을까요?

하시즈메 석존이 죽었을 때 바로 '팔왕분골'八王分骨이라고 해서 부처 사리佛舍利를 분할해 각지에 스투파를 만들었습니다.

그처럼 신속하게 일이 진행되었다는 것은 그 이전에 위대한 성자가 죽었을 경우에 스투파를 지어서 유골을 매장해 예배하는 것이 습관으로 확립되어 있었다고 볼 수 있습니다. 그러니까 붓다의 경우에도 그랬던 거라고 생각합니다.

오사와 그렇다면 근거가 되는 불교 외의 습관이나 습속이 있었다는 건가요?

하시즈메 그렇게 생각합니다.

그 당시에는 승가도 있었지만 승가 사람들은 비즈니스를 해서는 안 되기 때문에 장례에 관여할 수 없었습니다. 당연한 일이지만 장례는 재가자가 하는 것으로 재가자가 주도권을 가지고 장례를 진행하게 됐죠. 스투파를 만드는 것도 승가에서 할 수 없으므로 재가자들이 했습니다.

불탑에 관해서는 이처럼 재가가 주도하여 그것을 유지하고, 거기에 불전 이야기 같은 것을 부조(relief)로 꾸며 설명하거나 기부를 관리하는 일이 있었을 겁니다. 이렇게 해서 불탑을 거점으로 한 재가의 수행자가 전문 수행자로서 생겨납니다. 여기에 대승=불탑신앙기원설의 핵심이 있는 셈입니다.

붓다를 찾다

오사와 아마 대승불교가 성립하는 역사적인 배경은 여러 가지가 있었다고 생각합니다. 하나는 역시 출가자의 수행이나 불교의 교학이 전문화되고 복잡해지는 반면, 보시를 하는 재가자 활동의 중요도가 증가했음이 당연했겠죠. 스투파 운운하는 것은 이러한 맥락 속에서의 이야기입니다.

그리고 장기간 정치적 혼란 속에서 사회질서가 파괴되어 사람들이 힘들어했던 점도 있었다고 생각합니다. 중국과 인도는 역사를 관통하는 사회 상태의 기본값이 대조적이죠. 중국은 물론 삼국지와 같이 나라들끼리 전쟁하던 시기도 꽤 있습니다만, 그래도 진나라 이후에는 통일제국이 기본값 상태입니다. 그에 비해 인도는 마가다국의 마우리아 왕조[3]와 같이 드물게 통일될 때도 있습니다만, 대부분의 기간 작은 나라들로 나누어져 서로 싸워 왔습니다. 아마 대승불교가 나오는 시기는 '정법正法→상법像法→말법末法→법멸法滅'이라는 후오백세설後五百歲說[4]이 나오는 시점과 겹치지 않을까요?

---

3 [역주] 찬드라굽타 마우리아가 건국한 인도 최초의 통일제국(기원전 322년~기원전 184년).

4 [역주] 대표적으로 반야부 경전에서 주장하는 학설. 부처님께서 입멸(入滅)한 이후 5백 년간은 정법(正法)이 번영하지만, 그 뒤 5백 년간은 정법이 소멸하는 시기가 되며, 그 이후에는 말법시대(末法時代)가 된다는 것이다.

그리고 좀 사소한 부분입니다만 불전문학이나 자타카가 보급되면서 석존이 깨닫기 전에는 어땠는지, 특히 전생에 어땠는지에 대한 관심이 높아진 것도 대승불교적 기운이 준비되고 있던 걸지도 모릅니다. 석존의 전생에 대한 이야기 속에 헌신을 하거나 제 몸을 버리고 타자 구제를 하는 에피소드가 많이 나오니까요.

이런 복합적인 배경 속에서 기원 1세기 전후 정도에 대승불교가 성립된 것이 아닐까 생각할 수 있습니다.

하시즈메 대승교가 일어난 배경에는 붓다를 탐색하고 싶다는 강한 생각이 있었던 것 같습니다.

불교는 붓다의 깨달음을 이어받아서 자신의 모범으로 삼고 싶다는 것이니 붓다와 직면하는 것이 필요합니다.

하지만 고타마 붓다는 죽어서 이제 없습니다. 어디서 붓다와 직면할 수 있을까요?

삼귀의三歸依는 '불법승'佛法僧에 대한 귀의일 겁니다. 붓다, 승가, 다르마를 뜻합니다. 승가에 대해 보시(기부, donation)를 하지 않으면 안 되는 셈입니다. 붓다와 다르마에게는 기부할 수 없죠. 그래서 승가에 기부를 계속하게 되는데, 승가 안에 붓다는 있는 것인가, 승가와 붓다는 같은 것인가 하는 문제가 생깁니다.

승가 쪽에서는 '승중유불'僧中有佛이라고 하며 승가 안에 붓

유쾌한 불교

다가 있다고 주장합니다. 하지만 그 붓다는 육체가 없어지고 전부 불설(수트라, 경전)[5]로 화하고 말았죠. 경전은 초기에는 구전으로 출가자들 사이에서 말로 전해졌으나 재가자들에게 친절하게 가르쳐 준 것은 아니었다고 생각합니다.

그러면 승가의 바깥쪽에 불탑이 있습니다. 불탑에는 확실히 붓다의 뼈가 묻혀 있고요. 그러니 불탑 쪽에 기부하는 것이 좋다고 여겨지게 됩니다.

하지만 스투파는 묘이기 때문에 그곳에 진짜 붓다는 없습니다. 그래서 우선 '과거불'過去佛이라는 것이 믿어져, 과거불의 스투파도 세워졌습니다. 붓다에게는 그 교화 범위가 있어서 동시에 복수의 붓다가 존재할 수 없다고 믿어져 왔습니다. 프랜차이즈 제도 같은 거죠. 과거라면 시간차가 있으니까 다른 붓다가 있어도 괜찮습니다.

그러나 이윽고 '현재타방불'現在他方佛, 즉 사방팔방에 석존과는 다른 붓다가 있는 것이 아닌가 하는 생각이 나오기 시작합니다. 교화 범위 바깥에 소우주처럼 다른 교화 범위가 있어 별도의 붓다가 있는 거죠. 부파불교에서는 원래 그런 사고방식을 인정하지 않았지만, 현재 존재하는 붓다와 교류하고 싶은 사람

---

5   수트라(sūtra[s], sutta[p]): 본래 의미는 실이나 끈. (베다 문학의) 경전, 계율집. 불교에서 붓다의 가르침을 문장으로 정리한 것이다. 한자어 '경'(經)은 직물의 날실을 뜻하며, 사물의 근본 뜻, 고대 성인의 말씀을 가리킨다.

들의 염원이 강했고 이곳저곳에서 붓다를 보는 '삼매'三昧[6] 수행법도 나타났습니다. 그리고 이에 근거를 부여하는 대승의 경전이 쓰여지지 않았을까요.

이러한 움직임은 붓다와 인도의 민중 사이를, 특히 재가자와 민중 사이를 재조직하는 운동으로 볼 수 있습니다.

오사와 일신교라면 우상숭배라는 말을 들을 법한 상황이라고 생각되네요.

하시즈메 기독교의 경우에 God은 죽지 않고 지금도 있는 것이겠죠? 예수 그리스도도 부활해서 승천하여, 신의 오른편에 있습니다. 그리고 성령이 도처에 날아다니고, 일반적인 사람들과 God의 커뮤니케이션은 끊이지 않습니다. 그래서 그것을 일부러 추구하는 운동은 생겨나지 않습니다.

교회는 승가 같은 걸까요? 교회 안에 God이 있는 걸까요? 엄밀히 따져 보면 교회 안에 God은 없습니다. 교회는 주선만 할 뿐으로, 말하자면 대리점입니다. 본점은 하늘에 있습니다. 그리고 God은 죽지 않으니까 묘(스투파)에 해당하는 것도 없

---

6 삼매(samādhi[s, p]) : 잡념을 떠나 마음이 하나의 대상에 집중해, 산란하지 않은 상태를 말한다. 이 상태에 들어서면 대상이 올바로 파악되게 된다. 대승 경전에는 여러 명칭이 있어 다양한 삼매가 언급된다. 본문에 있는 수행법은 '현재불현전삼매'(現在佛現前三昧, 반주삼매般舟三昧).

습니다. 따라서 교회를 부정하는 '대승 기독교' 같은 것은 나오지 않습니다.

하지만 불교의 경우, 승가는 대리점이 아닙니다. 그래서 승가를 뛰어넘어 붓다와 관계하려는 대승 같은 것이 나올 수 있는 것이죠.

대승이 나오면 어떻게 되냐 하면 원래 카스트제도로 되어 있는 인도 사회에서, 세속의 직업에 힘쓰는 인도 사람 전원이 불교도가 됩니다. 승가가 인도 사회 전체로 확대되는 것만으로, 오히려 불교가 힌두교에 대항해 공세를 펼치고 있다고 말할 수 있는 거죠.

다르마란 무엇인가?

오사와 하시즈메 선생님으로부터 삼귀의라는 화두가 나왔는데요. 대승에 대해서 더 깊이 들어가기 전에 '다르마'란 무엇인가부터 검토해 봅시다. 삼귀의의 대상을 삼보三寶라고 합니다. 불법승佛法僧이 바로 그것입니다. 이 세 가지가 (대승에 한정되는 게 아니라) 불교 일반에서 가장 중요한 요소라고 볼 수 있죠. 불(붓다)과 승(승가)에 대해서는 논하였으니, 법(다르마)이라는 말의 의미도 확실히 할 필요가 있겠네요.

삼보 중에 다르마는, 붓다의 가르침이라는 의미인 것 같습니다. 하지만 다르마라는 말에는 좀 더 넓은 의미, 여러 가지 용법이 있달까, 그런 넓은 의미를 반영하는 형태로 붓다의 가르침이 다르마라고 말할 수 있는 면이 있을지 모릅니다.

다르마는 불교에서 가장 중요한 말 중 하나지만, 그것은 대체 무엇을 의미하는 걸까요? 한자로는 '법'에 해당하지만 '법률'이란 뜻과는 조금 다릅니다. 불교 사전 같은 것에는 물론 해설이 실려 있지만, 거기에 있는 다수의 용법을 꿰뚫는 것, 그것들이 일률적으로 '다르마'라고 불리는 이유를 이해하는 것은 어렵습니다.

다르마의 의미 중 하나, 아마도 중심적인 의미는 영원한 법칙이라든가, 만고불변의 진리라는 의미가 아닐까 생각합니다.

단순하게 '존재하는 사물', '존재하는 대상'이라는 의미로 이 말이 사용되는 경우도 있습니다. 사법인四法印 혹은 삼법인三法印[7] 중 하나인 '제법무아'諸法無我를 말할 때의 '법'(다르마)은 존재하는 사물이라는 뜻이죠. 사물은 실체가 없다無我는 의미니까요.

혹은 일반인들이 잘 들어 본 적 없는 용어로, 유위법有爲法과 무위법無爲法이라는 표현이 있습니다. 사전에 유위법은 '만들어진 것'으로, 무위법은 '만들어진 것이 아닌 것'으로 되어 있습

---

7 [역주] 법인(法印)이란 영원불변의 진리인 교법(教法)의 표상을 말한다. 사법인은 제행무상인(諸行無常印), 제법무아인(諸法無我印), 일체개고인(一切皆苦印), 열반적정인(涅槃寂靜印). 그 원형은 삼법인인데, 남전(南傳)불교에서는 제행무상·일체개고·제법무아를, 북전(北傳)불교에서는 제행무상·제법무아·열반적정을 들고 있다.

유쾌한 불교

니다만, 이 '만들어진 것'이라는 말은 일상의 어법보다 훨씬 넓습니다. 보통 집은 만들어진 것이고 돌은 그렇지 않은 것입니다만, 불교의 관점에서는 대부분의 것은 마음이 만들어 낸 것이므로 존재하는 것 중에 99%는 유위법입니다. 무위법은 극히 예외적인 것으로 허공이나 열반 같은 영원한 실재지요.

또한 미리 예고해 두자면, 뒤에 붓다의 신체, 불신佛身에 대해서 논의하고자 하는데요, 붓다의 신체와 다르마의 관계라는 것이 중요해집니다. 다르마와의 관계에서 불신은 두 개, 혹은 세 개로 분류되거든요.

이와 같은 이유로 다르마의 의미는 아주 넓어서, 그것이 무엇인지, 그 전체를 관통하는 것이 무엇인지를 파악하기는 너무 어렵습니다. 다르마란 무엇일까요? 그걸 사전적으로 정의한다면요.

하시즈메 불교 사전에 뭐라고 쓰여 있는지는 불교 사전을 봐 주세요.

제 사전에 뭐라고 쓰여 있냐고 물으신다면, X입니다. 대문자 X라고 써 있습니다. 방정식의 미지수입니다.

X가 무엇인지는 고타마 붓다가 알고 있습니다. 고타마는 깨달았으니까요. 깨닫지 못한 사람은 X가 무엇인지 알 수 없습니다. 하지만 고타마 붓다가 깨달았다고 하는 것을 믿는 것만으로 X라는 답이 있어, 실재하는 것입니다. 거기에 다르마라

고 이름 붙인 것이지요.

그래서 내용은 알 수 없습니다. 알 수 없으니까 없습니다. 그래서 대명사로서, 변수로서 X라고 하는 것이 있는 거죠. 이렇게 생각한다면 과함이나 부족함 없이 이해할 수 있을 겁니다.

오사와 그건 너무 상급 코스에서나 나올 만한 답이네요.

하시즈메 그런가요? 한마디로 말하면, 석가가 깨달은 게 진리이고, 다르마입니다. 그럼 뭘 깨달은 걸까요? 그건 당신도 깨달으면 알 수 있어요라고 하는 겁니다.

오사와 꽤나 어렵네요. '다르마'라고 하는 것은 불교의 사상 중에서 가장 중요한 말입니다. 예를 들어 서양사상 가운데 가장 중요한 말을 하나 고르라면 '존재'라고 생각하거든요. 그리스 철학에서도 '존재란 무엇인가'가 문제 되기도 하고, 기독교가 침투해 왔을 때에는 신과 존재가 거의 같다고 해도 좋을 정도였습니다. 신학에서 해방되어 세속화된 서양철학도 존재라는 주제를 계승했습니다.

불교의 다르마도 존재에 가까운 뜻이 있지만, 대승불교에서는 법은 공한 것이라고 말해지기도 합니다. 즉 객관적인 사물이나 인간 심리작용의 모든 것을 포함하는 존재는 공空이라고 말해지는 거죠. 이 경우 다르마는 존재의 부정이지요. 그렇다고 하면 다르마가 있다든가, 다르마는 ○○라든가 하는 건 맞지 않은 것으로 다르마는 점점 더 모르는 것이 되어 버립니다.

하시즈메 그렇게 어려운 것일라나요?

왜냐하면 붓다가 세계를 어떻게 보았는가, 이게 다르마고, X입니다. 그것뿐입니다.

오사와 과연 그렇군요. 하시즈메 선생님, 이미 깨달으셨네요 (웃음).

하시즈메 중요한 것을 말하자면 다르마는 인격이 아닙니다. 그리고 다르마는 존재하지 않습니다. 그것은 지식으로 나타낼 수 있지만, 지식으로 나타내기 전부터 객관적인 것으로 있습니다(있다고 하면 존재 같고 어폐가 있지만 그렇게 생각하지 않으면 수행이 불가능합니다).

그러니까 다르마와 붓다는 별개인 것이죠. 이렇게 별개로 세워져 있다는 점이 중요합니다. 다르마를 붓다가 인식하여 깨달았다고 이해할 수 있습니다.

잘 생각해 보면, 붓다가 없다면 아무도 다르마가 있는 줄 몰랐으니까 사실은 붓다와 다르마는 하나라고 말해도 좋겠네요. 하나의 것이지만, 우리가 알고 있는 인간으로서의 석존과 그

정신활동의 내용을 나누어 각각의 이름을 붙이는 셈이죠.

오사와 그렇다면 말이 정확하지 않을지도 모르겠습니다만, 잠정적으로 다르마가 있다고 한다면, 그 있다는 것의 보증으로서 붓다가 있는 느낌입니다. 붓다 없이 다르마가 있을까 없을까에 대해서 우리는 확증할 수 없는 거죠.

하시즈메 그래요. 붓다 없이 다르마는 없습니다. 또 다르마 없이 붓다는 없습니다.

오사와 그렇군요. 그 자체로서 (an sich, 즉자적으로) 붓다와 다르마는 독립적이긴 하지만 우리에게는 (für uns, 대자적으로) 양자가 대쌍(dual)으로서 나타난다고 할까요. 이렇게 생각하면 조금 정리되는 듯하지만 여전히 난해하네요.

하시즈메 대학원 수준 정도가 되어 버렸나요?

오사와 그래도 재미있습니다.

하시즈메 하지만 이 이상 간단하게 말할 수가 없어요.

오사와 전에 기독교 이야기를 둘이서 했을 때 화제 삼았던 건데요, 유럽의 중세 신학에서는 '신의 존재증명'이라고 하는 것을 했었죠. 그런데 이것은 어떤 의미에서 이상한 거예요. 신의 경우야말로 존재 그 자체로 가장 확실한 존재이기 때문이지요. 그래도 굳이 신의 존재를 괄호에 넣고 존재증명을 해보는 것뿐이죠. 보통 증명을 요구하는 것은 확증을 가질 수 없기 때문입니다만, 신의 존재증명을 놓고 보면 가장 자명하고 확실한 것에 대해서 증명하고 있는 셈이 됩니다.

여기서 질문이 듭니다만 이 아이디어를 불교에도 전용할 수 있을까요? 즉, 다르마의 존재증명이라는 것이 불교에서도 성립할 수 있을까 하는 것입니다.

하시즈메 다르마가 없다고 한다면, 붓다는 붓다가 아닙니다. 나는 붓다를 모델로 삼을 필요가 없습니다. 나는 그저 삶을 살아갑니다. 그러면 불교도가 아니게 되고, 그냥 인도 사람이 되어서 끝나 버리는 거죠.

오사와 기독교의 경우 그래도 일단은 존재증명을 해보자라고 합니다. 물론 존재증명을 했더니, 존재하지 않았다와 같이 되는 일은 없겠지만, 그럼에도 불구하고 존재에 대해서 회의하고 있는 것처럼 굴며 존재증명을 시도하는 거죠.

다르마에 대해서 그러한 굴절은 없는 건가요? 가장 확실한 것에 대해서 일부러 회의하는 듯한 그런 굴절 말입니다. '다르마는 물론 있겠지요. 그렇지만…'이라는 식으로요.

하시즈메 왜 다르마가 이토록 의심받지 않냐면요. 인도 사회에는 브라만교, 힌두교가 주류잖아요? 그 인도 사회의 대세를 차지하고 있는 브라만들이 다르마가 있다고 말하기 때문입니다. 그래서 다르마가 없다고 하는 것은 반정부운동, 반체제운동, 아나키스트(무정부주의자)인 겁니다. 불교도 여기까지는 말하고 있지 않고요.

오사와 그저 불교에서는 다르마의 내용을 바꾼다는 느낌이네요.

하시즈메 다르마가 없다고 말해 버리면, 가령 이슬람 같은 것이 됩니다. 육사외도六師外道 같은 자들은 모두 다르마가 있다고 하지만 그 해석이나 수행법이 다른 것으로, 대체로 브라만교, 힌두교로부터 파생된 것들 안에 들어 있는 게 아닐까 합니다.

오사와 다르마까지 부정하게 된다면 파생된 것이라기보다 아예 반대 방향, 다른 곳으로 튀어 버리는 거군요.

하시즈메 예를 들어 이슬람처럼 아주 먼 곳으로 가 버리게 되는 거죠.

유쾌한 불교

오사와 다른 태양계 같은 곳에 가 버리는 거네요. 하지만 태양계에 있기 위해서는 다르마라는 태양의 중력권 안에 머물러, 태양=다르마 주변을 공전하지 않으면 안 된다는 것이죠.

하시즈메 그래서 다르마를 부정하는 것은 유럽으로 말하자면 '존재'라는 개념을 부정하는 것 정도로 아주 큰 일이라고 생각합니다.

원래 대승이란

오사와 대승 이야기로 돌아가자면, 지금 대승불교가 성립하게 된 이야기를 하고 있었습니다만, 그 전에 대승은 무엇인가요? 대승교의 정의 말입니다. 방금 전에 저는 여느 교과서에 있을 법한 정의를 잠정적으로 사용했지만, 조금 더 파고들어, 대승불교는 그 이전의 불교, 즉 부파불교와는 어떻게 근본적으로 다른가를 질문해 보고자 합니다.

부파불교는 석가모니 사후 승가가 계의 해석이나 교리의 해석 등의 차이로 분열되어 여러 부파가 되었기 때문에 그렇게 불리는 것일 겁니다. 우선 석가모니 사후 100년 정도 지나 상좌부上座部와 대중부大衆部 둘로 나뉩니다. 이것을 근본분열根本分裂이라고 하죠. 그 이후 더욱 자잘하게 분열됩니다(지말분열枝末分裂). 그렇게 해서 생겨난 각 부파는 ○○부라고 불리는데,

가장 잘 알려진 것이 설일체유부說一切有部죠.

이처럼 석존이 죽은 후 불교는 자잘하게 분열되거나 변화하였는데, 지금까지의 근본분열이나 지말분열과는 비교할 수 없는 커다란 혁신운동과 종교개혁의 결과로서 대승이 출현했다고 보통 말해지죠.

그 대승이라는 것은 무엇이며, 혹은 어디에 새로움이 있는 것일까요? 대승을 어떻게 정의하는 것이 좋을까요? 하시즈메 선생님의 사전에 따르자면요.

하시즈메 대승의 중심적인 개념은 보살(bodhisattva)입니다.

보살이란 불교의 '재가'수행자를 말하는 것입니다.

불제자들은 승가에서 계율에 따라 수행하고 있었습니다. 이 방식을 어디까지 중요시하느냐인데, 소승(부파불교)은 이를 거의 절대시하고 있었죠. 하지만 출가한다든가 계율을 따른다든가 하는 것이 불교의 본질인지 아닌지 말하자면, 본질까지는 아닙니다. 그것은 수단이며 하나의 선택지에 불과합니다. 그래서 계율을 따르지 않아도 되고, 출가하지 않아도 된다는 논리를 세우는 것이 대승교입니다.

그렇다면 우선 고타마 붓다(석존)가 왜 깨달았는가 하는 인과론을 재구성하지 않으면 안 됩니다. 결론부터 말하면, '재가 보살로서 수행해 원인을 만들고 그 결과 깨달았다. 따라서 성불의 원인으로 출가는 본질적이지 않다'는 논리를 우선 세워

보죠. 이것은 석존에게 전생이 있다면 가능합니다. 현세만으로는 29세에 출가할 때까지 왕자로 지낸 시기와 출가한 이후의 수행을 비교해 보면 출가 시기의 수행이 성불의 원인이라고 생각하게 됩니다. 그래서 윤회를 이용하여 전생이 있었다고 하여, 전생의 긴 기간에 인과가 축적되었다는 논리가 만들어집니다. 그래서 석존의 전생을 보살행으로 위치시킵니다.

이것의 효과로서 재가자들은 자신의 현세를 석존의 보살행과 동조화시켜 장래의 성불을 향해 지금 현세를 살고 있다고 이해할 수 있습니다. 재가로 지내는 그대로의 자신과 석존을 과함도 부족함도 없이 포갤 수 있는 셈입니다. 이것은 대단히 기쁜 일이죠. 그렇지만 자신의 성불이 먼 장래로 보류되어 버립니다. 이렇게 되면 다소 실망스러운 효과가 발생하기도 합니다.

먼 훗날의 성불을 향해 현세의 재가수행을, 높은 텐션을 가지면서도 도덕적 해이에 빠지지 않고 어떻게 유지할 것인가 하는 것이 대승불교의 가장 힘든 부분입니다. 그것에 대한 다양한 궁리의 변주(variation)가 여러 가지 대승교의 분기라고 생각합니다.

오사와 대승교가 나올 수밖에 없었던 하나의 배경에는 역시 하시즈메 선생님께서 시사하신 것처럼 출가중심주의라는 것의 한계가 있었던 게 아닐까 하는 생각이 드네요.

붓다로 돌아가라

오사와 여기서도 불교에서 물러나 있는 사람으로서 느끼는 의문 하나를 제기해 보겠습니다. 대승교 정도로 과감한 전개를 한다면 저는 특별히 석존의 깨달음으로 돌아가지 않아도 되지 않을까 하는 생각이 듭니다.

확실히 많은 종교개혁이나 혁신운동이 교조教祖로 돌아가라는 식의 말을 합니다. 학문적인 사상연구도 마찬가지입니다. 마르크스로 돌아가라든가, 프로이트로 돌아가라고 말하죠.

그러나 정말 원점으로 돌아가지 않으면 안 되는 것은 일신교, 계시종교의 경우입니다. 예를 들어 이슬람교라면 무함마드에게 전해진 알라의 말씀, 그리고 무함마드 자신의 언행으로 돌아갈 수밖에 없습니다. 왜냐하면 신의 말씀을 인간이 바꾸거나 부정할 수는 없기 때문입니다.

하지만 불교의 경우 아무리 석존이라도 한 인간일 뿐 신이 아닌 만큼 무리해서 석존을 치켜세우지 않아도 되지 않을까요. 대승교와 부파는 다릅니다. 예를 들어 아까 다르마가 공이라는 이야기를 했지만 사실 그런 것을 특히 강조하는 것은 대승 쪽이고, 소승의 설일체유부 등은 법이란 그 자체로 존재하고 있다는 것을 강조하고 있기 때문에 생각하기에 따라서는 정반대의 것을 말하고 있습니다. 그렇게까지 달리 말한다면 대승은 이제 불교 간판을 내려놓고 다른 종교로 전개해도 되지 않았

유쾌한 불교

을까요? 그런 생각도 드는데 어떠신가요?

하시즈메 불교와 힌두교의 성격 차이를 생각해 보겠습니다.

힌두교는 비합리주의입니다. 궁극의 깨달음을 얻는다든가 그러한 논리학, 철학 같은 활동은 브라만에게 맡기고 나머지 사람들은 인도 사회의 현상을 그대로 받아들여 신들을 모시면 됩니다. 인도 사회에는 그 숨은 연출자라고 할 수 있는 최고 신들(브라흐마라든가, 비슈누라든가, 시바 같은)이 있습니다. 신들을 모시는 일에는 사고의 프로세스가 결여되어 있죠. 그래서 현상 유지적이며 지적으로는 정체됩니다. 이것은 인도의 압도적 다수의 농민에게 어울리는 종교 형태라고 생각합니다.

그에 비해 불교는 개인주의이자 합리주의로 자신의 머리로 사물을 생각하는 데 큰 가치를 두는 셈입니다. 그것은 요즘 말로 하면 근대적이지만, 고대 인도 문명의 상업이나 공업 등 첨단적인 분야에 대응하는 자의식의 표현입니다.

대승교는 소승의 승가가 인도의 현 상태에 머물러 아무런 영향력도 주지 못하고 있다고 비판했습니다. 붓다가 갖고 있던 환기력, 폭발력, 사람들을 자극하는 각성력이 소승에는 없다는 것이죠. 붓다를 승가로부터 해방시켜 되찾고 자신들과 함께하는 인도자로서 인도 사회의 한복판에 임재하기를 바란다는 것. 이 선언이 '나는 보살이다'라는 자각이라고 생각합니다.

줄여서 말한다면, 대승교는 안티-힌두교, 안티-승가입니다.

불교의 범위에 머무르지 않으면 이 운동을 할 수 없습니다. 그래서 단순한 논리학이나 철학의 부흥운동이 되지는 않았습니다. 그것은 재가자들, 카스트의 중간쯤에서 그 이하의 대다수 인도 사람들을 각성시키려는 합리주의 운동으로서 일어났다고 생각합니다.

오사와 진리를 목적으로 하는 경우의 예로 고전물리학이 있었을 때 상대성이론을 주창한 아인슈타인이 본래 아리스토텔레스가 말하고 싶었던 것은 이런 것이구나라고 말할 필요는 없지요. 이쪽이 단적으로 진리라고 하면 되는 셈입니다. 그래서 대승이 나왔을 때 석존과 관계시키지 않아도 괜찮았다는 생각이 듭니다. 여러 가지 외도外道도 있는 거니까요. 불교의 입장에서 보면 외도로서, 즉 새로운 입장으로서 그것을 주장하는 방법도 있을 수 있었겠죠. 즉 안티-소승, 안티-부파가 아니라 안티-불교로, 그리고 안티-힌두라는 입장에서 새로운 종교 운동을 일으킬 수도 있었던 것 같습니다. 하지만 그렇게 하지 않은 것이 마음에 걸립니다. 물론 붓다는 대단한 사람일지도 모르지만요.

예수 그리스도는 십자가에 못 박혀 죽고 말았습니다. 이건 대단한 드라마예요. 석존 또한 불전에 적혀 있듯이 여러 가지 일이 있었다고 말할 수 있을지 모르죠. 하지만 그리스도와는 근본적으로 다릅니다. 복음서 쪽이 불전보다 파란만장했다고 말하고 싶은 것은 아닙니다. 적어도 복음서보다는 불전 쪽이 훨씬 긴 기간의 이야기입니다. 전생의 일도 포함하면 석존의 이야기가 복음서의 예수 그리스도의 이야기보다 훨씬 깁니다. 하지만 예수 그리스도의 드라마도 굉장하죠. 왜냐하면 그리스도는 신의 아들이기 때문입니다. 그 때문에 예수 그리스도를 둘러싼 사건은 특별한 성질을 가지고 있고, 항상 그곳으로 회귀하지만, 혁신도 할 수 없다는 것을 알 수 있습니다.

하지만 석존의 이야기는 한 인간의 이야기입니다. 아주 비상하고 우수한 사람인 것은 확실할지 몰라도 'one of them'의 사상가입니다. 굳이 몇백 년이 지난 후에 붓다로 돌아가서 붓다 사상의 한 변주곡으로서 대승교라는 것을 정의하지 않아도 되지 않았을까라고 저는 생각합니다.

대승은 뛰어나다

오사와 이번엔 반대로 다음과 같이 생각한다면 어떨까요?

첫번째로 힌두교와 불교를 대비했을 때, 하나의 대비 참조항으로 기독교와 유대교 쌍을 봤는데요. 기독교가 안티 유대교였다는 의미는 불교가 안티 힌두교였다는 의미와 달랐습니다.

지금 이 맥락에서 다시 기독교/유대교 쌍을 불러 보겠습니다. 기독교의 특징은 앞서 말했던 것을 반복하면, 성경에 구약과 신약이 있다는 것입니다. 기독교는 유대교를 그저 배제하는 것이 아니고 구약이라는 형태로 그 속에 집어넣어 2단 로켓 같은 형태가 되어 있죠. 이러한 점은 다른 종교에서는 잘 찾아볼 수 없다고 생각합니다.

그럼 그것과의 유비로 불교를 생각하는 것이 가능할까요? 예를 들어 초기불교부터 부파불교까지의 흐름은, 말하자면 구약성서 혹은 기독교의 유대교적 측면에서 이를 지양해 대승이라는 것이 나왔다고. 그렇게 생각하면 부파와 대승의 관계는 유대교와 기독교의 관계에 대응시킬 수 있습니다. 이런 유비는 어떤가요?

하시즈메 그렇게 볼 수는 없다고 생각합니다.

왜냐하면 소승과 대승은 경전의 차이이기 때문입니다.

이것은 구약성서와 신약성서의 관계가 될 수 없습니다. 왜냐하면 구약성서는 율법서로서 유대법의 법전 자체이기도 한 셈입니다. 예수는 율법을 폐기하고 수정하여 완성했다고 이야기되고 있으니, 구약을 사용했더라도 그것을 법률로서는 무효화하고 있는 것입니다.

소승/대승의 경우, 소승은 소승의 경전을 읽으며 승가에서 수행했지만, 수행의 계율은 율장이라고 해서 경장經藏[8]과 다른

---

8 경장(經藏, SūtraPiṭaka[s], suttapiṭaka[p]): 불교 문헌은 기본적으로 경經·율律·론論 세 가지로 분류된다. 그 삼장(三藏)의 하나로 경은 석존의 직설(이라고 여겨지는 것)이며, 그 전집을 경장(經藏)이라 한다. 대부분의 경우 "이와 같이 나는 들었다"(如是我聞)로 시작된다.

유쾌한 불교

텍스트의 카테고리로 독립되어 있었습니다. 대승은 재가수행이니까 소승의 계율은 채택하지 않습니다. 그러나 소승의 계율과 분리된 소승 경전을 붓다의 이야기로 읽을 수는 있습니다. 있는 그대로, 일부를 무효화하지 않고, 해석도 유지한 채 단적으로 붓다의 말로 소승의 경전을 읽는 것이 가능합니다. 더해서 대승 경전도 이렇게 읽을 수 있죠. 한 명의 고타마 붓다가 내용적으로는 다른 말을 하고 있는 겁니다만, 그것은 그때그때에 따라 다른 것을 생각하고 있었기 때문이라는 식으로 해결합니다. 요점은 경전 속의 우열이라는 차이로 대승이 자기주장을 하고 있다는 겁니다.

결론적으로 소승의 경전도 옳기는 하지만 대승 경전이 더 낫다. 이것이 대승의 태도입니다. 소승의 경전을 부정하지는 않은 거죠.

오사와 더 뛰어나고 성숙한 것과 미숙한 단계의 차이라 보는 것이군요.

하시즈메 석존은 깨닫고 난 후 모든 경전을 말하고 있으니 미숙하다고는 할 수 없습니다. 석존이 미숙한 것이 아니라, 청중이 미숙한 것입니다. 대기설법對機說法으로 청중에 맞춰 말하고 있으니까 여러 가지 경전이 있는 것이죠. 이것이 불교의 논리입니다.

오사와 신약과 구약의 경우는 신약에서 부정되어야 할 것으로서의 구약이 없으면 신약은 있을 수 없으므로 이 2단 로켓성은 필연적입니다.

그에 반해 소승과 대승은 이런 느낌인 것 같네요. 상대성이론 입문이라는 책이 있고, 그것을 제대로 공부하려면 꽤 어려운 방정식까지 이해할 수 있어야 하는데, 우선 기본적인 것을 이해하기 위해서는 어려운 부분이 상당히 생략되고 부정확하더라도 기본 형태는 설명할 수 있다는 것입니다. 상대성이론에 대한 완전한 논문이나 텍스트에 비하면 그것은 뒤떨어질지 몰라도 아직 충분한 지식이나 소양이 없는 사람들은 먼저 여기부터 들어가는 것이 좋지 않을까 하는 이미지인 거죠.

하시즈메 그런 식으로 말한다면 뉴턴역학과 상대성이론의 관계를 닮았네요.

오사와 유사하게는 뉴턴역학으로도 충분하지만, 엄밀히 말하면 상대성이론이 필요한 거죠.

대승의 논리구조

오사와 대승의 특징으로 들어가 보고자 합니다.

사회학적으로 보면 승가중심주의에 대비해, 승가와는 다른

유쾌한 불교

형태로 신자 본연의 자세를 생각하는 집단, 즉 대승이 있습니다. 그래서 신자의 방식으로서 보살이라는 것이 출현합니다. 보살과 어느 정도 관계있는 것이지만, 교과서적으로 말하자면 대승의 특징은 넓은 의미의 '이타'利他라는 것이 매우 분명하게 전면에 나섰다고 볼 수 있습니다. 이 점은 어떻습니까?

　부파까지의 불교라면 넓은 의미에서 일종의 개인주의이고, 자리自利주의입니다. 반면 대승에서는 중생을 구제한다든가, 사회 전체를 정화한다든가 하는 이타성이 중심에 놓이게 됩니다. 대체로 이런 식으로 설명됩니다만, 이 점은 어떻게 생각하시는지요?

하시즈메 대승은 그렇게 선전합니다만, 대승이라 해도 꽤 혼란스럽습니다.

　대승도 불교인 이상 자신의 깨달음을 지향하는 것이고 그 점은 소승과 완전히 같아야 합니다. 하지만 소승을 낮춰야 하기 때문에 '이타행'이라든가, '자비'를 말하는 거죠. 이타행 같은 것을 하는 것보다 수행에 집중하는 편이 낫지 않느냐는 말을 들을 수도 있어서, 그게 곤란하여 '자리이타원만'自利利他圓滿이라는 식으로 말하는 것입니다. 시험 공부와 동아리 활동을 양립한다는 말로 양쪽 다 열심히 하기 때문에 괜찮다고 말하는 겁니다. 그런 문제인 것처럼 생각해 버리는 것이죠.

오사와 그건 조금 알 것 같습니다. 제가 말한 것은 교과서적인 설명입니다. 대승의 이타행 측면에 대해서는요. 하지만 그 부분에 대해 지금 하시즈메 선생님께서 말씀하신 것을 알 것 같네요. 소승과 선을 그으려는 듯한 위화감이 아무래도 있는 겁니다. 꼭 들어맞진 않지만요. 자신들이 얼마나 소승, 부파보다 나은지를 말해야 하기 때문에 이타라고는 말하고 있지만요.

하시즈메 학문적 수준에서는, 처음에는 대승이 하는 말은 그다지 대수롭지 않았던 것 같기도 합니다. 솔직히 말해 소승에 비해 대승의 수준이 상당히 낮았죠. 그러다가 대승도 왕성해지면서 훌륭한 경전이 많아졌습니다.

대승의 재가신도는 무엇을 하나요? 비즈니스를 하고 있습니다. 결혼을 하고 있습니다. 그리고 물건을 소유하고 있죠. 승가의 반대입니다. 승가는 비즈니스 금지, 결혼 금지, 소유 금지. 이 세 가지 조건이 갖춰지니까 자신의 두뇌를 고속 입자가속기처럼 사용해서 훌륭한 결과를 낼 수 있게 되는데, 사업을 하고 결혼을 해서 물건을 소유한다면 어느 것이든 집착 덩어리이기 때문에 자신의 두뇌 성능이 나빠질 게 뻔하다는 것이죠.

이것을 어떻게든 해결해야 합니다. 비즈니스가 왜 수행인지. 그리고 결혼해서 가정을 꾸리는 것이 왜 수행인지를요. 가정을 갖는다는 것은 배우자를 선택하고, 자녀를 키우고, 그리고 가정을 책임지지만 가정 외에는 책임지지 않는다는 것입니

유쾌한 불교

다. 즉 배제하고 있는 셈이죠. 그래서 독신자로서 인류 전체를 차별하지 않는다는 식으로 생각하는 것보다는 어려움이 많습니다. 소유권도 그렇습니다. 자원 중 어떤 것을 자신의 것으로 하는 것은 배타성이 있기 때문에 다른 사람과 거래를 한다든지 하는 일이 있죠.

그래서 그 변명으로서 비즈니스는 다른 사람의 요구에 응하는 것이라고 말합니다. 가정을 꾸리는 것은 인간으로서의 의무이며, 자연이라고요. 그리고 소유권은 그것을 사용하여 다른 사람에게 부를 주는 것이 가능합니다. 즉, 이타적이기 때문에 처음에는 언뜻 보기에 이기적이어도 상관없다고 말하는 것입니다.

오사와 궁극적으로는 이타적이라는 것이군요.

하시즈메 그것이 이타적인지는 잘 모르겠지만, 이타적인 것이 수행인 것입니다. 그래서 비즈니스와 가정과 소유권, 즉 이 사회질서를 그대로 승인합니다. 이것이 불교도로서의 본연의 모습이라고 말하는 것입니다.

이타행

오사와 생각해 보면 결혼하지 않고, 일도 하지 않고, 아무것도 소유하지 않는다면 사회의 주류가 되는 일은 절대 있을 수 없습니다. 항상 필연적으로 소수파일 수밖에 없고, 그로 인해 구제받는 사람은 매우 드물 것입니다.

그것에 불만이 있다고 한다면 역시 이 사회에서 산다는 것, 사회를 영위한다는 것과 해탈하거나 구제받는 것이 양립할 수 있음을 분명히 보여 줘야 한다고 생각합니다. 그렇지 않으면 출가중심주의자에 대해 안티테제를 만들 수 없습니다. 그때 쓰이는 논리구조 중 하나가 '이타'라는 것이 아닌가 싶은데요.

이것도 제가 불교에 대한 이해가 깊지 않아서 그런지 모르겠지만, '이타' 또한 불교 전체 안에서는 꼭 들어맞지 않는 무언가라 생각합니다. 그동안의 논리와의 관계에서 보자면요. '자신이 수행한 결과로서 자신에게 포인트가 쌓이고, 이윽고 해탈한다.' 그렇다면 논리적으로 생각해서 역시 자업자득밖에 있을 수 없다는 생각이 듭니다. 물론 '나' 안에 전생의 자신도 포함해도 좋습니다. 자기 행위의 업보를 자신이 받는 식이 아니면 이상하죠.

그러면 타인에게 공덕[9]을 베푸는 것은 이상하다는 인상을 받게 됩니다. 회향廻向이라는 생각이 있죠. 자신의 선행의 결과인 공덕을 타인에게 돌리는 것입니다. 자신의 포인트를 타인에게 돌려줍니다. 아니면 빚을 갚아 주는 식입니다. 하지만 이것

---

9 공덕(guṇa, puṇya, anuśaṃsā[s]): 선행에 갖춰진 착한 성질. 그러한 선한 성질을 가진 선행

유쾌한 불교

은 본래 불교의 논리구조에서는 상당히 일탈적이죠. 다른 사람이 구제로 향하는 원인을 내가 만들어 줄 수는 없으니, 그런 의미에서 '이타'라는 논리는 본래의 논리구조로 보자면 굉장히 들어맞지 않는 요소라는 생각이 듭니다. 기독교라면 그리스도가 십자가 위에서 죽으면 인류의 원죄가 일거에 속죄되기 때문에 대덕정령大德政令[10] 같은 것이 됩니다만, 불교에는 원래 그런 논리가 없지 않나요?

하시즈메 다만 석가모니와 아직 깨닫지 못한 사람들의 관계를 생각해 보면, 석가모니가 왜 법을 설해야 하는가라는 점이 있습니다. 법을 설했기에 불교가 시작됐습니다. 법을 설해도 석가모니는 한 푼의 이득도 없는 셈입니다. 벌써 깨달아 버렸으니까요. 이것은 퇴직 후의 봉사활동(volunteer) 같은 겁니다. 이제 이타행 이외에는 아무것도 없습니다. 출발점에서부터 석가모니의 행동 속에 이타행이 내포되어 있는 셈입니다.

불경에 의하면 깨달음을 설법할까 말까 고민했던 모양인데, 결국에는 설득되어 이타행을 하기로 석가가 결단했다는 식으

(상을 세우는 것造像, 탑을 세우는 것起塔, 사경寫經 등) 그 자체, 선행을 이룬 사람에게 갖춰진 특성, 또 선행의 결과로 보답된 과보나 이익을 의미한다.

10 [역주] 덕정령(德政令)은 일본의 중세, 가마쿠라 시대에서 무로마치 시대에 걸쳐 일본의 조정·막부 등이 채권자·금융업자에 대하여 구제를 위해 채권 포기(채무면제)를 명한 법령을 말한다.

로 무수한 경전에서 이야기되고 있습니다. 적당하지 않았다면 그걸 석가에게 말할 수 있었을까요?

오사와 석가가 거기서 봉사활동을 하겠다고 결심했을 때, 별로 근거랄 게 없습니다. 잘 생각해 보면 말이죠. 석가가 우연찮게 좋은 사람이었기 때문에 봉사활동을 하기로 했는데, 이 활동에는 불교에 내재하는 근거가 없었을지도 모른다는 겁니다. 기독교의 경우 그리스도가 이 세계에 출현하는 것을 그만두거나, 십자가 위에서 죽지 않는다면 아마도 성립되지 않을 정도로 이 일련의 사건들에 기독교에 내재된 결정적 필연성이 있지만, 불교의 경우는 석존이 깨닫고 나서 아무것도 안 해도 괜찮을지도 모릅니다.

하시즈메 그렇습니다. 근거는 없죠. 그건 정말 맞는 말입니다.
　방금도 이야기했지만 자기가 없는 사람이 이타행을 할 수는 없어요. 석가모니는 자기는커녕 타자도 없다고 생각합니다. 하지만 적어도 자기가 있는 것으로 한 이상, 그 게임 속에서는 타자도 있는 셈입니다. 그래서 타자가 보기에는 자신이 실재하고 있다는 식의 미망의 상태에 있는 것이므로, 그것이 아니라고 깨닫게 해주는 것이 자비입니다.

유쾌한 불교

제4장

대승교라는 사고

석가불은 특별한가

오사와 3장에서는 대승불교의 전체적인 특징과 대승불교가 탄생한 경위에 대해서 이야기했습니다. 지금부터는 대승불교의 조금 더 깊이 있는 내용에 대해 논해 보도록 하겠습니다. 먼저 어떤 것을 화제로 삼고 싶은지 그 설계도를 '삼보'三寶와 관련해 말해 보고자 합니다.

불佛, 법法, 승僧 삼보에 대한 삼귀의가 불교의 공통된 특징이라는 점은 3장에서도 다뤘습니다. 대승불교에서도 삼보가 중요하다는 것은 틀림없겠죠. 하지만 삼보의 내용이나 서로 간의 관계 방식은 대승이 되면서 역시 달라진 것 같습니다. 그중에서 '법'法, 즉 가르침의 내용은 당연하게도 가장 복잡합니다. 여기서 간단히 요약해 미리 보여 드리기는 어렵습니다. 이 주제는 5장에서 얘기하겠습니다.

자, 그러면 우선 '불'佛입니다. 붓다의 중요성은 대승에서도 변하지 않습니다. 그러나 붓다에 대해서는 즉시 알아차릴 수 있는 현저한 변화가 있습니다. 붓다의 수가 갑자기 늘어난다는 것이죠. 이 점에 대해서는 이후에 바로 하시즈메 선생님께 여쭤볼 것입니다.

그다음은 '승'僧입니다. 승에 대한 변화가 가장 중요할지도 모릅니다. 하지만 이 점에 대해서는 3장에서의 하시즈메 선생님의 이야기에 이미 포인트들이 있었다고 생각합니다. 하시즈메 선생님의 이야기를 나름대로 해석하자면, 승가의 상대적 중요도는 대승불교가 되면서 작아졌다는 것이죠. 대승불교는 승가를 형성하는 출가자 중심의 부파불교에 대한 비판·반발로 나온 재가 불교도를 중심으로 하는 운동이기 때문입니다.

단 이것을 단순히 '출가자 중심의 불교에서 재가자 중심의 불교로, 라고 생각한다면 본질이 잘 안 보이지 않는가?'라는 것이 이미 3장의 대담에서 시사된 바 있었습니다. 즉, 이런 겁니다. 1장 대담의 첫번째 부분에서 힌두교와 불교에 대해서 논할 때, 불교는 힌두교를 지탱하고 있는 카스트제를 비판하는 것이었는데요. 그것은 힌두교에서의 브라만의 방식을 인간 전체로 보편화함으로써, 즉 누구나 깨달을 수 있다는 식으로 이야기한 것이었죠. 비슷하게 대승불교와 부파불교 시기를 말할 수 있지 않을까요.

카스트제를 비판하여 평등주의가 되었다고 하더라도 출가 자만 깨달을 수 있다면, 극히 일부의 사람들만이 구원받을 수 있을 뿐이라는 이야기가 되는 겁니다. 하지만 승가의 방식을 보편화한다면 어떨까요? 그것이 대승大乘, 즉 큰 수레가 아닐까 요? 막스 베버는 『프로테스탄티즘의 윤리와 자본주의 정신』에서 16세기 독일의 사상가 세바스찬 프랑크(Sebastian Franck)의 말을 끌어와, 종교개혁은 모든 기독교인을 평생에 걸친 수도 승으로 만들었다고 논하고 있습니다만, 비슷한 점이 대승불교에도 있는데 모든 불교도를 어떤 의미에서는 승가의 일원으로 삼은 셈입니다.

그에 따라 중요도가 커지는 것이 보살이라는 카테고리죠. 그래서 다양한 붓다에 대해서 이야기한 후 보살이란 무엇이며, 그것이 어떤 동기라고 할까, 어떤 경향을 바탕으로 전면에 나왔는가 하는 점을 질문하고자 합니다.

그래서 우선 붓다가 복수화되었다는 주제부터 이야기해 보 겠습니다. 대승불교에서는 다양한 붓다, 다양한 여래가 나옵니 다. 참고로 여래라는 것은 수행을 완성한 자, 진리를 체득한 자라는 뜻으로, 요컨대 붓다와 동일한 자를 가리킵니다.

원리로 따지면 물론 붓다, 즉 깨달은 자는 석존 외에 많이 있어도 무방합니다. 사실 초기경전에서는 복수형의 붓다라는 말이 드물지는 않습니다. 그러나 초기불교에서 부파불교로의 흐름 안에서는 사실상 석가불만이 유일한 붓다가 되고 있습니다.

유쾌한 불교

혹은, 불교 전파의 길은 앞서 말했듯이 북전과 남전이 있는데(61쪽 지도 참조), 남전불교에서는 석가만이 붓다라는 원칙이 유지됩니다. 그런데 북전불교, 즉 대승불교에서는 붓다의 다수화, 붓다의 증식이 생깁니다. 어째서 여럿의 붓다가 등장했을까요. 대승불교라는 불교의 새로운 경향에서 붓다가 늘어날 필연성은 어디에 있는 것일까요? 그 답은 무엇일까요?

하시즈메 이것은 몇 단계로 나누어 이야기하는 편이 좋을 듯하니, 단계별로 이야기를 해보죠. 그때마다 코멘트를 해주시면 될 듯합니다.

처음에는 석존이 깨달았지만 그것은 'one of them'으로 결코 특별한 것은 아니었습니다. 당신도 깨달을 수 있다는 주장, 그것이 불교의 가장 원초적인 형태라고 생각합니다. 당신도 깨달을 수 있다는 주장은 소승이든 대승이든 불교가 불교인 한 이를 근저에 두고 있으니까요.

깨달은 이후의 석존은 깨달은 뒤에도 승가에서 수행생활을 계속하며 깨닫지 못한 제자들을 가르쳤습니다. 이것은 대학 같은 것이었고, 깨달음은 학위 같은 것이었습니다. 박사학위를 받은 스승이 여전히 대학에 남아 연구를 계속하고 있는 것이죠. 학위를 갖고 있지 않은 수행자(학생)들은 학위를 따고자 노력합니다. 학위를 얻는다고 끝이 아니라 연구는 계속됩니다. 이런 식으로 석존은 승가에 남아 있었을 겁니다. 당연히 지도를 받아 학위를 얻은 사람은 많이 나옵니다. 그리고 제자들의 학위와 석존의 학위는 같은 학위라는 전제였던 것이죠.

이런 식이라면 석존은 특별하지 않게 되어 '석존보다도 내가 더 위대하다'라고 하는 분파가 일어납니다. 실제로 데바닷타提婆達多[1]처럼 석존을 제치고 승가를 차지하려는 움직임도 나타났습니다.

다음 단계는 역시 석존은 특별하다라는 생각이 나오는 것입니다. 깨달아 학위를 받은 셈인데 석존이 1호 박사인 데다 연구 내용도 훌륭합니다. 다른 수행자들은 미칠 수 없는 대학자라는 점에서 고타마 붓다(석가불)를 특별시하는 생각이 나오게 된 겁니다.

그런데 석존은 6년 정도 출가수행을 했을 뿐이잖아요.

오사와 그렇네요. 29세에 출가하여 35세에 깨달았습니다. 생각해 보면 석존의 수행 기간은 대학을 졸업한 뒤 박사학위를 취득할 때까지의 시간과 거의 비슷하네요.

하시즈메 다른 수행자들은 6년 정도가 아니라 10년이라든가 20년이라든가 그 이상 수행한 사람들이 산더미처럼 많아서 얼핏

---

1 [역주] 데바닷타(Devadatta[s])는 석가모니의 제자 가운데 한 사람이자 사촌 형제다. 석가모니를 몰아내고 교단의 지도자가 되려다 실패하자 자신을 따르는 무리를 이끌고 새로운 분파를 만들었다. 수차례 석가모니를 죽이려고 시도했지만 성공하지 못했다고 전해진다.

유쾌한 불교

보면 그쪽이 내공이 있어 훌륭한 것처럼 느껴질 수 있습니다. 겨우 6년밖에 출가수행을 하지 않은 석존이 어째서 다른 수행 자보다 훌륭하고 특별한 것인지 이유를 부여할 필요가 있습니 다. 그래서 그것은 석존이 이 세상에 태어나기 전의 전생에 훌 륭한 수행을 했기 때문이지, 이 세상에 출가한 후 6년 동안 수 행해서 그런 것은 아니라고 설명하게 되었습니다. 훌륭한 수 행이라고 하기 위해서 석존의 전생은 점점 복잡해졌습니다. 말하자면 포인트를 모으는 것처럼 전생에서 원인을 차곡차곡 쌓았다는 게 됩니다. 그렇게 많은 포인트가 쌓여 있었던 것은 석존뿐이었다는 결론이 되는 셈이죠.

이 추론의 문제는 석존을 특별 취급할 수 있는 대신에 다른 수행자들을 부쩍 격하시켜 버린다는 데 있습니다. 승가의 수행 단계는 사향사과四向四果[2]로 정리됩니다. 그리고 그 최종 단계 에 있는 아라한보다 부처는 비교도 안 될 만큼 수준이 높은 것 으로 여겨집니다. 이것이 부파불교입니다만, 이런 논리에 의해 석존과 다른 출가수행자의 구별이 생겨났다고 봅니다.

그러면 석존의 전생을 기술해야 하는데 여기서 '과거불'이 라는 생각이 나오게 됩니다. 또 다른 단계죠.

---

2   사향사과(四向四果) : 원시불교·부파불교에서 수행해 나가는 단계를 뜻하는 '향'(向)과 그에 따라 도달한 경지를 뜻하는 '과'(果)를 총칭한 것. 예류향(預流向)·예류과(預流果), 일래 향(一來向)·일래과(一來果), 불환향(不還向)·불환과(不還果), 아라한향(阿羅漢向, 응공향應供 向)·아라한과(阿羅漢果, 응공과應供果)를 가리킨다. 사쌍팔배(四雙八輩)라고도 한다.

석존의 유일성을 주장하는 것입니다. 붓다는 인도 전체에 단 한 명밖에 없을 정도로 훌륭하다는 주장입니다. 유일성을 강조해서 인도가 아니라 지구 전체, 아니, 삼천대천세계[3]에 붓다는 오직 한 사람밖에 없다는 식으로 이야기가 확대됩니다. 요약하면 붓다가 관리하는 영역은 매우 넓습니다. 이것이 '한 세계에 한 부처'一世界一佛 원칙입니다.

시간적으로도 꽤 오랜 기간에 걸쳐 있습니다. 석존이 죽어도 곧바로 다음 붓다가 나타나지 않습니다. 붓다가 죽을 때마다 후계 붓다가 나타나 혼란스러워지는 사태를 회피하고 싶은 거죠. 그래서 '다음으로 부처가 되는 것은 미륵보살彌勒菩薩이고 그것은 56억 7천만 년 뒤다'라는 식으로 정해 미래로 보내어, 붓다가 나오는 것을 지연시킵니다.

그럼 장래는 그렇다고 하고 과거는 어떠한가요? 과거도 충분히 거슬러 올라가는 옛날에 과거불이 있었던 셈입니다. 미래불이 존재하니까 과거불도 존재한다는 논리입니다. 그러면 과거불에는 또 과거불이 있어도 되는 것이고, 과거로 향하는 시간축 위에 붓다가 복수로 있을 수 있다는 생각이 되는 것이죠.

'한 세계에 한 부처'(붓다는 예외적으로 귀하다)라는 생각과 누

---

3 삼천대천세계(三千大千世界): 고대 인도인의 세계관에 의한 우주론. 불교에서는 수미산을 중심으로 주위에 4대주, 그 둘레에 아홉 개의 산과 여덟 개의 바다가 있는데 그것을 1세계로 하여 천 개를 모은 것이 천 세계로, 대중소 3개의 천 세계=1,000의 삼승, 즉 10억 개의 수미세계를 삼천대천세계라고 부르며 하나의 부처가 교화하는 범위로 삼았다.

유쾌한 불교

구나 붓다가 될 수 있다는 생각을 조화시키려고 하면 이러한 시간차를 둔 다불多佛 사상이 됩니다. 동시에 이 단계에서는 공간적으로는 붓다는 한 사람으로 한정되어 있습니다. 부파불교, 남전불교는 이러한 생각인 것 같습니다.

또 그다음 단계입니다. 이러한 생각을 타파하려는 듯이 지금 현재 붓다가 동시에 많이 있어도 되는 것이 아니냐는 주장이 나오게 됩니다. 이를 주장하는 불경이 대승교도에 의해 많이 쓰여졌습니다. 붓다가 현재에 많이 있다면 마치 힌두교의 신들과 같게 됩니다. 소승 측은 당연히 이에 반발합니다. 그것은 지금까지의 생각에 어긋나는 것이 아닌가라는 식의 논쟁이 되어 버리는 거죠.

오사와 지금 말씀하신 것처럼 불교 안에 대립하는 두 벡터가 있네요. 한편으로는 불성의 보편성을 말해야겠죠. '인간은 원리적으로는 누구든 깨달아 붓다가 될 수 있다'라는 것을 분명히 해야 합니다. 이 점에 대해서는 5장에서 불성론, 여래장의 사상에 대해 생각해 볼 때 다시 한번 되돌아보고자 합니다.

하지만 누구나 깨닫는 것이 가능하다면 깨달음이 간단한 것처럼 여겨지게 되는데 그건 곤란합니다. 그러니까 간단히 깨닫는 것이 가능하다고 생각하면 안 되는 면이 있는 것이지요. 깨달음이 얼마나 어려운 것인지를 강조하지 않으면 안 됩니다. 특히 교단이 커진다든가, 발전하게 된다면 깨달음이 얼마나 드물고 특별한 일인가를 강조하는 경향이 생겨나지 않을까요?

이처럼 붓다의 수준이 얼마나 도달하기 어려운가를 강조하는 측면과, 누구나 거기에 도달할 수 있음을 강조하는 측면 양쪽이 불교에는 있고, 그것을 양립시키지 않으면 안 됩니다. 이런 걱정은 보통 일신교에는 없습니다. 사람이 신이 될 수는 없으니까요. 즉 인간과 신 사이의 절대적인 거리만을 강조하면 되는 거죠.

그에 반해 불교에서는 붓다의 수준과 보통 인간 수준 사이의 거리가 멀면서도 가깝다는 것을 모두 말하지 않으면 안 됩니다. 앞서 말한 사향사과四向四果라는 승가의 수행 레벨은 그 거리를 정리해서 표현한 것으로 해석할 수도 있겠네요. 그리고 멀다는 것을 강조하는 벡터와 가까움을 강조하는 벡터의 균형점이라고 할까요? 그 타협의 산물이 방금 하시즈메 선생님의 말씀 중에 나왔던 미륵보살이 아닐까 생각합니다.

석가 이외에는 도를 이룰 수 없다는 것이 이상하기 때문에 "아니, 곧 도를 이룰 사람도 있거든요. 그 사람이 미륵보살입니다"라는 게 되는 거죠. 그 미륵보살이 언제 완전한 깨달음에 이를 수 있을까 물어보면 "56억 7천만 년만 기다리면 됩니다"라고 말합니다만, 그러면 "어이 잠깐 기다려 보라고!"라고 말하고 싶어집니다. 56억 7천만 년은 너무 긴 것이 아닌가요? 왜냐하면 현대의 진화론에 의하면 지구상에 최초의 생물이 태어난 후 현재까지 40억 년 정도밖에 안 됐으니까요. 56억 7천만 년은 그것보다 깁니다. 다시 지구상의 진화 과정을 전부 반복할 수 있을 정도로 긴 거죠. 이런 시간의 감각이라는 것이 정말 대단합니다.

기독교의 경우, 예수 그리스도가 '신의 나라에 가까워졌다'고 말할 때 시간적으로 매우 절박하지 않겠어요? 방금 기독교를 포함한 일신교에서는 신과 인간 사이의 거리를 강조하면 될 뿐이라고 이야기했는데, 기독교에서 말하는 신의 나라에 대해서는 가깝다는 것, 이제 눈앞에 다가왔다는 것을 말하지 않을 수 없습니다. 예수는 비유적으로 말하고 있는 것이겠지만, 잠을 자면 안 된다고까지 하니까요. 오늘 밤에 신의 나라가 도래해도 전혀 이상하지 않은 셈이죠.

한편으로는 '곧'이 56억 7천만 년 정도 되는 감각이 있고, 다른 한편으로는 어쩌면 오늘 밤중일지도 모른다는 감각이 있습니다. 둘 모두 다음의 결정적인 순간을 기다리고 있지만, 그 '기다리는 법'이 전혀 달라 완전히 대조적이라고 생각합니다.

어쨌든 대승불교의 경우 '붓다는 원리적으로 혼자가 아니다'라는 방향성을 분명하게 밝히는 쪽으로 나아가는 것입니다.

제가 생각하기에는 대승불교가 나오기 전에 불교는 이미 어떤 문제에 직면해 있었던 것 같습니다. 수행을 할 수 있거나, 심지어 깨달음까지 갈 수 있는 사람들은 아무래도 소수파일 수밖에 없죠. 깨닫기 위해서는 출가해서 승가에 들어가는 것이 원칙입니다만, 모두가 출가할 수는 없습니다. 승가만 있다면 사회도 성립할 수 없게 될 테니까요. 그래서 불교는 아무래도 소수파의 수레, '소승'小乘이 되고 마는 것입니다.

그것을 어떻게 하면 좋을까요, 어떻게 해야 불교를 큰 수레로 만들 수 있을까요? 하나는 출가중심주의를 그만두는 것입니다. 그러면 석가불 이외에도 붓다가 존재할 수 있다는 것을 확실하게 해주는 갈래가 나올 겁니다. 붓다의 복수화複數化에는 이런 요청도 있었다고 생각합니다.

다불사상多佛思想

오사와 좀 더 붓다=여래의 복수화에 대하여 여쭤보도록 하겠습니다. 저는 대승불교가 되고 붓다의 수가 늘어났을 뿐만 아니라 붓다의 질도 조금은 달라진 것이 아닐까 하는 인상을 가지고 있는데요. 그 점에 관해서 하시즈메 선생님의 의견을 들어 보고 싶습니다.

대승이 되고 나서 미래불로서의 미륵불뿐만이 아니라 다양한 여래가 나오게 됩니다. 잘 알려진 '유명'有名한 여래로는 아미타불阿彌陀佛[4]이라든가, 약사여래藥師如來[5]라든가 혹은 비로

---

4 [역주]아미타불(阿彌陀佛): 서방 극락정토의 주인이 되는 부처를 가리키는 신앙 대상이다. 중국에서는 인도의 범어 내용을 따라 무량수불(無量壽佛) 또는 무량광불(無量光佛)이라고도 한다.
5 [역주]약사여래(藥師如來): 중생의 질병을 고쳐 주는 약사 신앙의 대상이 되는 부처이다.

자나불毘盧遮那佛[6] 같은 게 있습니다. 참고로 '유명'하다는 것은 'famous'라는 의미가 아니고, 문자 그대로 '이름이 있다'는 의미입니다.

이러한 새로운 여래에서 본래의 붓다와는 다른 면이 나타나고 있다면, 제가 느끼는 것은 다음과 같습니다. 가장 알기 쉬운 예는 정토교의 아미타불 신앙입니다. 즉 여래에 의지하여, 여래의 힘에 의해 구제에 이른다는 이미지가 출현했다는 건데요. 이것은 원래 불교에는 없었던 게 아닌가요?

하시즈메 선생님이 말씀하신 것처럼, 깨닫는다는 것은 수준 높은 박사학위를 취득하는 것과 같습니다. 수행하며 선업을 쌓음으로써 포인트를 더하고 이윽고 충분히 포인트가 적립된 곳에서 '박사학위'를 취득하여 성불합니다. 여기에는 이미 박사가 된 사람에게 의지하는 것만으로 박사학위를 받게 된다는 발상은 없습니다.

자신이 학위를 취득해 '박사'가 됐다고 해서, 즉 성불했다고 해서 아직 '학점'도 따지 않고 박사논문도 쓰지 않은 사람에게 박사학위를 수여할 수는 없을 겁니다. 확실히 약간의 조언 정

동방의 정유리세계에 있으면서 모든 중생의 질병을 치료하고 재앙을 소멸시키며, 부처의 원만행을 닦는 이로 하여금 깨달음을 얻게 하는 부처이다.

6 비로자나(Vairocana[s])는 빛나는 태양에서 유래한 것, 빛나는 것의 음차. 화엄종 등의 교주로 모든 사람에게 우주의 진리를 비추는 부처이다. 나라(奈良)의 대불은 그 조형이다. 밀교에서는 대일여래(大日如來)와 같다.

도는 할 수 있을지도 모릅니다. 하지만 그 사람이 박사가 되고 싶다면 자기 스스로 열심히 해서 포인트를 얻는 수밖에 없습니다. 이미 박사가 된 여래가 마음대로 아직 포인트를 얻지 않은 사람에게 학위를 주거나 하면 부정행위인 거죠.

그러나 대승이 되면서 이 부정행위 같은 것이 때로는 인정받게 된 것처럼 보입니다. 그렇다는 것은 붓다=여래의 성격이 지금까지와는 달라졌다는 것이 아닐까요. 박사학위 취득자 이상의 것, 혹은 그것과는 조금 다른 것이 됩니다. 즉 일신교의 신이라고는 할 수 없지만, 사람을 구할 수 있는 초월적인 힘을 가진 자, 구제하는 신에 가까운 자가 되어 가고 있는 것은 아닐까요. 그런 인상을 받는데요, 이게 잘못된 건가요?

하시즈메 음, 확실히 대승의 붓다는 성격이 달라진 것 같기도 합니다. '구제자'스러운 분위기를 가지게 됐어요. 하지만 근본적으로는 지금까지 붓다 본연의 자세를 드러내지 않았다고 생각해야 할 것 같습니다.

깨달은 사람과 깨닫지 못한 사람의 관계입니다. 눈앞에 깨달은 사람이 있습니다. 그리고 그 곁에 깨닫지 못한 사람이 있습니다. 깨닫지 못한 사람을 깨닫게 할 수 있을까요?

결국 이 지점이 불교의 가장 중요한 핵심인 셈입니다.

일신교의 경우라면 신(God)과 신이 아닌 인간이 있습니다. 신이 아닌 인간을 신이 구할 수 있을까요? 구할 수 있습니다.

구할 수 없다면 이상하죠. 전지전능하니까요. 이미 답은 명확합니다. 구제할 수 있습니다.

불교의 경우, 깨달은 부처도 인간, 깨닫지 못한 인간도 인간입니다. 그리고 깨닫는 것은 자기노력(세계를 어떻게 인식하느냐 하는 문제)이기 때문에 깨닫지 못한 인간을 제3자가 깨닫게 해줄 수는 없습니다. 이건 정말 대학 학위와 같아서 학위를 가진 사람이 있고, 학위를 가지지 못한 사람이 있어 학위를 가지지 못한 사람에게 학위를 줄 수 있는 방법은 없습니다. 혹 아무런 심사도 없이 학위를 준다면 부정행위여서 준 것이 아니게 됩니다. 본인이 논문을 써서 그 정도의 업적을 올리지 않으면, 학위는 수여할 수 없는 것이죠. 제3자는 '지도'만 할 수 있을 뿐입니다.

지도란 무엇이냐면 정보 제공입니다. '가르쳐 주겠다'라는 겁니다. 배우는 쪽은 질문할 수도 있습니다. '이건 왜 그런 것이죠?' 물어본다면 대답할 수도 있습니다. 그러나 묻는 것에 대답하거나 중요한 부분을 가르쳐 주는 것과 학위를 주는 것은 다른 것입니다. 그 정보들을 힌트로 학위에 걸맞은 업적을 만들어 내는 것은 개인의 노력입니다.

석가모니 부처님이 지나갔습니다. 합장하고 머리를 숙입니다. 손을 모아 머리를 숙이는 것은 고귀한 행위이고 석가모니 부처님은 고귀한 존재입니다. 지나가던 부처님에게 합장하고 머리를 숙이는 것은 좋은 일입니다. 아무것도 안 하는 것보다 낫죠. 그러면 1포인트라는 식으로 본인의 노력 포인트가 붙는 겁니다. 식사를 만들어 드렸다면 3포인트, 그리고 좋은 질문을 해서 답을 들었다면 10포인트라는 식으로요.

이 포인트는 어떻게 발생하고 있는가 하면 석가모니 부처님이 나눠 주고 다니는 것은 아닙니다. 자연법칙 같은 법칙에 의해 '이 사람은 몇 포인트'라고 정해지는 거죠. 붓다라고 해도 이 일에 개입하지 않습니다.

나중에 '회향'이라는 생각이 나와서 자신의 포인트를 누군가에게 적립해 줄 수 있게 되는데, 이것은 조금 나중에 할 이야기이지만, '회향'을 생각하지 않는다면 자신의 행위에 자신의 포인트가 붙는 것이 불교의 기본입니다. 행위의 포인트, 즉 '공덕'이 있다고 생각합니다.

그런데 과거불, 미래불의 결점은 가르침을 받을 수 없다는 점입니다. 붓다와 커뮤니케이션을 할 수 없습니다. 지금 없으니까요. 지금 이 순간 어딘가에 붓다가 있었으면 합니다. 하지만 '한 세계에 한 부처'一世界一佛입니다. 그래서 어떻게 생각하게 되냐면, 세계가 복수로 있다고 생각하게 됩니다. 그래서 '시방세계일불다불론'十方世界一佛多佛論이라는 게 나옵니다. 이게 또 다음 단계인 거죠.

이 생각에 따르면 서쪽에 아미타阿彌陀가 있다든가, 동쪽에 아촉불阿閦佛[7]이 있다든가, 여러 방위에 여러 부처가 있다고 합니다. 현존불이기 때문에 커뮤니케이션할 수 있습니다. 친견할

　　　　　　　　　　　　　유쾌한 불교

수도 있고, 가르침을 받을 수도 있습니다. 즉, 포인트를 벌 수 있습니다. 과거불, 미래불에게는 이렇게 할 수 없죠.

붓다를 친견하는 행위는 이렇게 자리 잡지만, 이는 부처에게 구원을 받는 것과는 사뭇 다릅니다. 불교에서도 잘 찾아보면 '아미타불이 내방해서 구해 준다'라는 생각이 있지만, 이는 정토교계의 상당히 특별한 사고방식이고 불교에는 부처가 주체적으로 인간을 구원한다는 생각은 원래 없습니다.

아미타의 '본원'

오사와 지금 하시즈메 선생님의 말씀 중에도 나왔던 '회향'이라는 것을 저는 불교의 본래적 줄기에서 보면 이상한 것이 아닐까 하고 솔직히 생각합니다.

그 전에, 아미타의 문제를 먼저 정리하고 싶은데요. 아미타 신앙이라는 것은 특히 일본에서는 불교의 주류라고 해도 좋을 정도로 중심적인 것입니다. 좀 더 보자면 아미타 신앙과 정토가 결부되어 왔다고 생각합니다. 아미타의 산스크리트 원어는 '아미타바'(Amitābha, 無量光)와 '아미타유스'(Amitāyus, 無量壽)로

7　아촉/아축(Akṣobhya[s])은 움직이지 않는 것, 무동(無動)·부동(不動)·무진에(無瞋恚)의 음차. 동방의 아비라제국(阿比羅提國, 묘희국妙喜國·선쾌국善快國)에서 대일여래의 설법을 듣고 발원·수행하여 일체의 진에(분노)와 음욕을 끊는 것을 성취하여 성불했다. 현재도 그 불국토에서 설법하고 있다.

'무한한 빛＋무한한 수명'이라는 뜻이죠.

그 아미타불이 아직 성불하기 전 법장보살法藏菩薩이었던 때 중생 구제의 본원을 세웠습니다. 그리고 법장보살은 이후 실제로 성불하여 아미타불이 되었고요. 그 덕분에 약속대로랄까, 서원대로 사람들은 아미타불 덕분에 극락에 왕생할 수 있었고 구제의 길이 열렸습니다. 일반적으로는 이러한 이미지가 생겨난 것입니다.

일신교에서는 신에 의해 구제됩니다. 신에 의해서 신의 나라에 들어간다든가(기독교), 천국(낙원)으로 가기도 하죠(이슬람교). 이것은 아미타불에 의해서 극락정토에 왕생한다는 이야기의 구성과는 어떻게 다른 것일까요? 혹은 어떻게 같은 것일까요?

지금까지의 대담에서 반복해서 말했듯, 일신교와 불교는 근본적으로 다릅니다.

그래서 아미타불의 '구제'와 일신교 신의 구제는 뭔가 다를 것 같습니다. 그 차이는 어디에 있을까요?

내친김에 덧붙이자면, 이 정토신앙이 일본에서는 호넨法然[8]의 정토종淨土宗, 나아가 신란親鸞[9]의 정토진종淨土眞宗으로까지

---

8 [역주] 호넨(法然, 1133~1212)은 절대적 존재인 아미타불에 귀의하고, 오로지 염불만이 아마타불에 의해 선택된 극락왕생의 길임을 강조하는 정토종의 종조.

9 [역주] 신란(親鸞, 1173~1263)은 호넨의 제자로 호넨의 사상을 더 발전시킨 정토진종의 종조. 아미타불의 입장에서 보면 선인(善人)은 스스로 복을 짓고, 스스로 수행할 수 있기 때

유쾌한 불교

이어집니다. 정토진종과 기독교 사이에는 유사성이 있고, 병행하는 면이 있다는 것을 지적하는 사람이 많죠. 신란의 절대타력絶對他力 사상, 즉 왕생을 위해서는 인간의 주체성이 불필요하기 때문에 아미타불의 주체성에 전면적으로 맡겨 두어야 한다는 사상은 기독교의 예정설과 비슷합니다. 혹은 마찬가지로 신란의 '악인정기설'惡人正機說, 악인들이야말로 왕생해야 한다는 설은 예수의 '나는 죄인을 부르러 왔노라', '천국에서는 극히 작은 자라도 요한보다 크니라' 등의 표현과 비슷합니다.

　그렇기 때문에 아미타 신앙과 일신교가 비슷하다고 느끼는 사람들이 많았던 것이죠. 하지만 근본 설정이 다른 불교와 일신교가 거의 같다고 생각하기는 어렵습니다. 어디에서 차이점을 발견할 수 있을까요?

하시즈메 일단 한번 더 확인해 두도록 합시다. 엄밀히 말하면 방금 말씀드린 대로 불교에는 구제라는 생각이 없습니다.

　일신교에는 구원이라는 것이 있죠. 일신교에는 신(God)이 구제하는 주체입니다(구원하는 자). 인간은 구제받는 존재고요(구원받는 자). 구원할 것인지, 구원하지 않을 것인지는 신(God) 본인의 생각만으로 결정됩니다. God이 주체, 인간이 객체겠네

문에 굳이 원을 세워 구제하지 않아도 알아서 성불할 수 있는 존재이기에 아미타불이 구제하고자 하는 중생은 악인이라는 것. 즉, 철저히 범부 악인으로서의 자각과 함께 아미타 부처님께 전적으로 의지하는 절대타력의 신앙을 강조해 악인 역시 왕생할 수 있음을 주장했다.

요. 이것이 '구원한다/구원받는다'라는 구도의 기본이 아닐까요? 그렇다면 거기서 구원받기 위한 조건은 무엇일까라는 생각을 많이 하는데, 그것은 그 후의 이야기입니다.

반면 불교의 경우 종종 '구원'이라고 말하는 것은 '부처가 되는 것'입니다. 부처가 되면 자기가 부처가 아닌 상태에서 부처가 되는 것이므로 주체와 객체가 없습니다. 그것은 자신의 행위지만 자신의 행위조차도 아니고 자연현상입니다. 어느 일정한 포인트를 벌어들이고, 어느 일정한 공덕을 쌓으면, 부처가 되지 않을 수 없습니다. 부처가 된다는 것은, 스스로 제어할 수 있는 프로세스라고조차 말하기 어렵습니다. 그것은 자연적인 과정이며, 필연적이라서 자기 이외의 제3자가 거기에 개입하는 것도 불가능하죠. 다른 부처가 당신을 부처로 만들어 준다는 구조는 없습니다. 그렇다면 이것을 구원이라고 불러도 괜찮을까라는 문제가 있겠네요.

그렇다면 아미타불이 사람들을 구원하는 걸까요, 아닌 걸까요?

아미타의 본원을 보면, "○○의 조건을 충족시킨 사람은 극락으로 왕생케 한다(왕생시키고 싶다)"는 말을 하고 있습니다. 극락에 왕생하는 것이 어떤 것인가 하면, 뭐랄까, 윤회의 일종입니다. 극락에 왕생하지 않을 경우, 인도라는 사바세계娑婆世界에서 윤회를 반복할 뿐이니까 극락에는 올 수 없습니다. 이런 사람이 평범한 인도 사람이죠. 극락에 왕생하는 경우 인도 사람으로 태어나지 않고, 극락에 태어납니다. 또다시 태어날 경우 출생지가 다르게 되는 겁니다. 저는 이것을 '워프'(warp)라고 하는데, 윤회법칙의 예외 혹은 행선지를 교체하는 것입니다.

극락에 왕생하고 나면 어떻게 될까요? 아미타불의 설법(특별 강의)을 듣습니다. 극락은 기분 좋은 곳이기에 정신집중이 잘 되어 이해가 빠릅니다. 순식간에 수행의 수준이 올라가는 거죠. 수행을 하고 있으니 부처는 아니지만, 그 일보 직전, 그러니까 다음에 죽고 다시 태어날 경우 부처가 될 수 있습니다. 일생보처一生補處[10]라는 무대에 도달하는 것이 약속되어 있는 것이죠.

다시 태어나면 이번에는 부처가 됩니다. 그것은 아미타가 그렇게 만든 걸까요? 그런 게 아니고, 자연스럽게 그렇게 된 것입니다. 아미타불이 그 옛날 서원한 대로 깨달음에 안성맞춤인 극락정토라는 불국토가 출현했습니다. 그렇지만 아미타불이 무엇을 하고 있는가 하면, 설교를 하고 있는 겁니다. 거기서 극락에 왕생하는 사람들을 위해 예약을 하고 있는 거죠. 그것뿐입니다. 누군가가 항공권을 사고 호텔 예약을 했다고 해도, 그 비행기를 타고 학위를 따러 와서 수행하는 것은 역시 본인입니다.

---

10 일생보처(eka-jāti-pratibaddha[s]): 다음에 태어날 때는 성불할 수 있는 수행의 자리. 원어는 "이 일생만 혼미한 세계에 묶여 있는 자"라는 뜻인데, 다음에는 부처의 위치를 보충하는 것이기 때문에 '보처'(補處)로 의역됨.

인과론과 자유의지

오사와 그렇군요. 아미타불에 의한 '구원'이라는 것은 일신교의 구제와는 전혀 다르다는 것이군요. 아미타불이 '박사학위'를 수여해 주는 것이 아니라, 박사학위 취득을 위한 공부가 굉장히 잘 되는 환경으로 들어가게 해준다는 거네요.

아미타 신앙에 좀 더 덧붙이고 싶은 점이 있습니다만, 그 전에 정리해 두고 싶은 의문이 있어서 거기로 잠시 되돌아가도 될까요?

대승뿐만 아니라 불교라고 하는 것은 인과관계, 인과론을 전제하고 있죠. 선인善因이 되는 행위(업)를 쌓아 포인트를 벌면 어느 때에 물질이 상전이相轉移되듯이 깨달음에 도달합니다. 따라서 인과관계가 깨지는 일은 기본적으로 없는 셈이죠.

하시즈메 없습니다.

오사와 그렇다면 역시 의문을 금할 수 없습니다.

서양철학에서는 인과율과 자유의지의 관계가 문제가 됩니다. 즉, 양자가 양립 불가능한 것은 아니냐는 것이죠. 세계가 인과관계의 네트워크로 채워져 원리적으로 인과율에 의해 설명된다고 하면 자유의지가 존재할 수 없는 것이 아닌가 하는 것이 서양철학에서는 문제가 되어 왔습니다. 한편으로 우리는 실제 원리적으로는 세계를 인과관계에 의해 기술할 수 있다고 생각합니다.

그러나 다른 한편으로 우리는 자유의지가 있다는 것을 전제로 살아가고 있습니다. 예를 들어 무언가 부정적인 일이 일어났을 때 그것에 대해 '너 때문이야'라든지, '네가 잘못해서 이렇게 된 거야'라고 말하며 책임을 추궁할 때 우리는 자유의지나 자유로운 선택이라는 것을 전제하고 있습니다. 혹은 반대로 '네 덕분이야'라고 고마워하거나 칭찬할 때도 그렇습니다. 이러한 책임의 귀속은 그 사람에게 자유로운 선택의 여지가 없다면 아무런 의미도 없습니다.

전에도 다른 맥락에서 언급한 적이 있는 칸트의 이율배반 중 하나는 바로 이 인과관계와 자유의지의 관계입니다. 보통 서로 모순되는 두 명제는 어느 한쪽이 참이고, 어느 한쪽이 거짓이 됩니다. 하지만 이율배반이라는 것은 모순되는 두 명제가 양쪽 모두 거짓이 되어 버린다든지, 둘 다 참이 되어 버리는 케이스입니다. 칸트에 의하면 '세계는 기계적인 인과관계의 연쇄다'라는 명제와 '자유의지가 존재한다'라는 명제는 양쪽 다 참이 되어 버립니다. 이율배반이라는 것은 이론이성論理性으로는 풀 수 없는 문제로 여겨지고 있습니다.

이처럼 서양철학에서는 인과관계와 자유의지를 어떻게 양립시킬 것인가 하는 고민을 해왔고 지금도 고민하고 있습니다. 그럼 불교는 어떤가요? 불교는 이 문제로 고민하거나, 걸려 넘어지지 않았나요? 이것이 궁금한 점입니다.

한편으로 불교에서 인과관계의 법칙은 결정적으로 중요합니다. 기독교나 서양에 비해서도 불교에 있어 인과율은 사활을 걸고 있는 중요한 것입니다. 그러나 다른 한편으로 수행하거나 계를 지키거나 정진하는 등 포인트를 번 덕분에 당신이 마침내 성불했다고 말할 수 있으려면, 즉 당신이 선인을 쌓은 덕분에 바로 당신에게 성불이라는 선과가 나왔다는 것을 말할 수 있으려면 보통의 인과관계와는 다른 것을, 자유로운 선택이나 자유의지 등을 전제하지 않으면 안 된다고 생각합니다.

이런 식으로 생각해 보면 서양철학 이상으로 불교에서도 인과관계와 자유의지를 어떻게 양쪽 모두 확보할 것인가 하는 것은 큰 문제가 되는 것이죠. 불교는 이 문제를 신경 쓰지 않는 건가요?

하시즈메 아니요. 신경 쓰고 있는 것 같습니다.

먼저 인과론과 자유의지의 관계라는 흥미로운 논의가 있었습니다. 인과론을 철저히 하면 많은 상식적인 개념이 파괴되어 버린다는 것은 칸트도 알고 있던 바입니다.

지금 인과론을 끝까지 밀고 가 보겠습니다. 그러면 자기동일성이라는 것이 있는가, 의식이 있는가와 같은 문제가 생깁니다. 인과론적으로 말하자면 의식은 지각이나 감각과 같이 여러 신체적, 물리적 조건들이 결합됨에 따라 우연히 표출된 것일

유쾌한 불교

뿐 그것이 유지될 조건을 스스로 만들어 낼 수 없습니다.

예를 들어 분석철학류의 책을 읽다 보면 작년의 내가 지금의 나인지 아닌지와 같은 논란이 있습니다. 작년의 자신이 자신이라는 생각은 착각이라고 쓰여 있죠. 왜냐하면 확증을 할 수 있는 것은 지금 내가 여기에 있다는 자기의식뿐으로 3분 전, 5분 전의 자신도 지나가 버렸고, 그것을 자신이라고 더는 말할 수 없을지 모르기 때문이라는 식의 논의입니다. 하물며 작년의 나는 자신이 아니죠. '이런 책을 써서 작년의 인세를 받은 당신은 누구야?'라고 저는 생각하게 되는데요(웃음). 그것을 말하는 것은 철학의 룰을 위반하는 것이기 때문에, 논의만 따라가 보면 일단 이치는 성립됩니다. 일단 이치가 성립되면 평소에는 의심을 산 적 없는 '작년의 나'가 의심스러워집니다.

이게 무슨 문제냐 하면 사방팔방으로 확대되는 인과 연관 속에서 동일성을 가정하는 것의 어려움이라고 생각합니다. 인과관계는 모든 변수의 연관이기 때문에 그 변수의 결합을 두고 돌이라거나 나무라고 말해도 그것은 일시적인 형상입니다. 만약 인과론을 끝까지 밀고 간다면 돌이 존재한다는 식으로 말하는 것은 잘못입니다. 시간을 빨리 돌려 보면 돌은 순식간에 조약돌이 되고, 모래가 되고, 분해되어 보이지 않을 정도가 되어 버리기 때문입니다. 여기에 있는 딱딱한 돌이라는 건 그 변화의 단면을 순간 잘라 냈을 뿐이죠. 과거로 빨리 되돌려 보면 용암이 됐다가, 가스가 됐다가, 여러 가지 다른 것이 되어 버리는 것입니다.

인간도 마찬가지로 빨리 돌리면 수정란이 돼서 그것이 분열하고, 그로부터 도마뱀처럼 태어나 점점 자라 지금 눈앞에 있는 모습이지만, 더 시간이 지나면 노인이 되어 죽어 버리고, 부패해 가스가 되어 다른 것이 되어 갑니다.

이러한 유동상流動相하에서 사물을 보는 게 맞습니다. 그러면 일상적 상식 안에서 윤곽을 가지고 이름을 부여받고 있는 동일성은 모두 일시적인 모습이며 엄밀한 의미에서는 존재하지 않는 것이 되는 셈입니다. 자유의지나 의식이라고 해도 일시적인 존재인 거죠. 그런 게 있다고 생각할 뿐입니다. 거기서 내가 노력해서 좋은 일을 한다고 하는 것도 일시적 존재가 하는 일시적인 사건이 됩니다.

그렇다면 수행이 불가능해지는 거죠. 이것이 불교의 인과론을 끝까지 밀고 갈 경우의 아포리아라고 생각합니다.

오사와 정말로 말씀하신 대로라고 생각합니다. 하시즈메 선생님을 탓해도 어쩔 수는 없겠지만, 불교는 그 점에 관해 굉장히 어려운 아포리아를 안고 있지요.

인과론의 곤란함

오사와 제2장에서도 확실히 윤회전생과의 관계를 화제로 삼았

유쾌한 불교

는지는 모르겠지만, 윤회한다고 말할 때 윤회를 통해 동일성을 유지하는 실체는 무엇인가, 윤회하는 주체는 무엇인가 하는 문제가 있습니다. 또한 불교에서는 '제법무아'諸法無我, 즉 한 사람 한 사람의 인간은커녕 존재하는 모든 것의 실체성을 인정하지 않죠.

그렇다면 문제는 어려워집니다. 포인트를 쌓아서 점점 깨달음에 가까워지고 있다고 보기 위해서는 그 포인트를 '누군가'에게 귀속시키지 않을 수는 없습니다. 게다가 그 포인트는 윤회전생을 통해서 모아 가는 것이기 때문에 몇억 년, 몇십억 년 윤회를 해도 동일성을 유지하고 있는 주체가 없어서는 안 됩니다. "너, 전생에 꽤 열심히 살았구나, 1만 포인트 정도 있어"라고 할 때, 현재의 '너'와 전생의 '너'에게 동일성이 없다면 아무 의미도 없습니다. '너'는 전생부터 쭉 계속되고 있는 동일한 주체여야 하는 겁니다.

모든 것을 인과관계의 네트워크로 해소해 버리고, 거기에 연속되는 실체를 인정하지 않는 세계관과 여러 차례 윤회전생을 반복하며 포인트를 쌓아 깨달음의 경지에 가까워지고 있는 주체가 존재하고 있음을 전제로 하는 세계관. 이 둘 사이에는 모순이 있다고 생각합니다.

하시즈메 모순이 있네요.

오사와 이 문제는 어떤가요? 불교에서 내재적으로 해결할 수 있나요?

하시즈메 우선 동일성이 가정되지 않아 곤란하다고 할 때 어떤 일이 발생하냐 하면 말을 못 쓰게 됩니다. 말이라고 하는 것은 동일성을 가정하는 것이기 때문입니다.

예를 들어 '시계'라고 말해도 아까 말했듯이 시계는 유동적이기 때문에 금방 없어져 버립니다. 그래서 이것을 시계라고 부르는 것에는 많은 착오가 있죠. '당신'이나 '저'나 '인간'이나 하는 것도 마찬가지입니다.

말을 사용할 수 없게 되면 사고할 수 없게 됩니다. 왜냐하면 감각과 의식의 어지러운 변화에 맞서 있을 뿐이니까 이걸 '나'라든가 '시계'라고 불러도 소용없는 것이죠. 말을 사용할 수 없다면 감각이나 의식을 정리할 수가 없습니다.

이것은 불교에만 있는 고유한 곤란함이라기보다는 모든 것이 인과관계의 연쇄로 이루어져 있다고 생각하는 사고방식의 곤란함입니다. 불교는 이 곤란함을 선명한 형태로 말하고, 보여 주고 있죠. 불교가 인과론을 설명함으로써 번뇌(사회상식에 사로잡혀 막히는 것)에서 사람들을 해방시킬 수 있는 것은 이 때문입니다.

하지만 인과론은 그 자체로는 출구 없는 미로 같은 것일 뿐입니다. 거기서 불교는 출구를 어디로 생각하냐면, 예를 들어

유쾌한 불교

'계'라는 것이 있습니다. 살생계殺生戒, 투도계偸盜戒, 망어계妄語戒…. 여러 가지가 있습니다만 살생계로 얘기해 봅시다.

인간은 생명이 있습니다. 생명을 유지하기 위해 동물을 먹기 때문에, 다른 동물의 생명을 빼앗고 있죠. 살아가기 위해서는 어쩔 수가 없는 겁니다.

자, 그럼 살생계라고 하는 것이 무엇이냐면, 그것이 생명의 조건이라 할지라도 다른 생명을 함부로 빼앗아서는 안 된다는 것이죠. 선악이고, 가치관입니다. 이쪽이 더 좋습니다라고 말하고 있는 것뿐입니다.

이쪽이 더 좋다고 어떻게 말할 수 있을까라는 문제가 있습니다. 인과론을 끝까지 밀고 가면 생명 같은 것은 일시적인 기호가 되니까 사자는 사자라는 허깨비이고, 토끼는 토끼라는 허깨비이기 때문에 사자가 토끼를 먹은 것은 허깨비가 허깨비를 먹은 것이 되죠. 경전 어딘가에 그런 것이 적혀 있었을 겁니다. 이래서는 살생계라는 게 성립할 수 없습니다.

그래도 석가모니 부처님은 "인간에게는 인간으로서 올바른 삶의 방식이 있다. 살생하지 않는다는 것은 인간이 지켜야 할 규칙 중 하나다"라고 말했습니다. 인과의 소용돌이인 전체로서의 이 세계를 인식한 석가모니 부처님이 하신 말씀입니다. 불교는 상식을 전혀 인정하지 않는 니힐리즘이 아닙니다. 사회상식의 가치를 인정합니다. 인간은 일단 상식 속에 살고 있고, 일단 나한테는 고타마, 당신한테는 아난다라고 이름이 붙어 있어 동일성이 있습니다. 거기에 질서를 만들어 선악이 있고, 착한 사람이 있고 나쁜 사람이 있는 것입니다. 그 안에 인간적인 방식, 올바른 삶의 방식이 있다고 석가모니 부처님은 가르칩니다. 살생은 안 된다는 살생계는 인간만이 지킬 수 있는 규칙입니다. 사회의 근저에 있어서 인간이기 위한 조건을 지탱하는 규칙입니다.

이를 좀 더 자세히 말해 보죠. 인과론에 입각하면 자신의 자기동일성이라든가 살생하면 안 된다는 규칙 같은 것은 성립될리 없습니다. 살생을 하든 안 하든 마찬가지죠. 하지만 석가모니 부처님의 가르침에 따라 살생해서는 안 되기 때문에 살생하지 않습니다. 살생계가 있으니 살생을 하지 않겠다는 행위 (올바른 인간이라는 것)를 그때그때 가려낼 수 있습니다. 칸트의 자유의 이율배반과 같은 논리에서 살생계는 인간이 인간으로서 바르게 살아갈 가능성을 주는 것이죠. 그와 동시에 수행하는 가능성도 부여됩니다.

부파불교는 계의 이런 작용을 다시 인과론으로 설명하기 위해 계체戒體[11]라는 것을 생각했습니다. 계를 받으면 계체라는 것이 깃들어 그 사람이 악을 행하기 어렵게 하는 효과를 가져옵니다. 계체가 원인, 행위가 결과라는 인과론이죠. 하지만 이런

---

11 [역주] 계체(戒體). 계(戒)를 받음으로써 몸에 배게 되는, 허물이나 악을 방지하려는 의지력.

유쾌한 불교

생각을 하지 않아도 순순히 인간은 인과론의 세계에서 올바른 인간으로서 살아가겠다는 의지를 가질 수 있다고 생각하면 됩니다.

올바른 사람이란 물건을 훔치지 않는, 거짓말하지 않는, 사람을 죽이지 않는, 과음하지 않는, 난잡한 섹스를 하지 않는 사람입니다. 그것은 가치가 있습니다. 동시에 부처에 가까워지는 길, 혹은 부처이기 위한 조건이라고 말하는 것입니다. 그래서 동일성이나 사회상식을 일단 무화한 뒤 다시 복원하는 것이 불교의 중요한 핵심이고 그렇지 않으면 불교는 단순한 니힐리즘이 됩니다. 이율배반일지 모르지만 불교는 그것을 떠맡은 것 같습니다. 그렇지 않으면 선악은 성립되지 않으니까요.

오사와 그렇군요. 잠정적인 진리(세속제世俗諦)와 궁극의 진리(승의제勝義諦)를 구분한다는 지점이 불교에는 있지요. 그러나 최종적으로는 양자를 어떻게 매듭지을 것인지가 문제가 되겠습니다.

10년 전의 자신

오사와 분석철학을 비롯한 서양철학에서도 주체나 자아의 시간적 동일성이라는 것은 자주 문제가 되어 왔습니다. 더 깊이 논하자면 방금 하시즈메 선생님께서도 말씀하셨지만, 5분 전의 자신과 현재의 자신 사이의 동일성조차 의심한다는 입장이 있습니다. 실제로 데카르트는 5분 전의 자신과 현재의 자신 사이의 동일성을 증명하기가 불가능하다고 말하고 있습니다. 사람들은 5분 전의 기억도, 심지어 10년 전의 기억도 있다고 반박하겠지만, 그런 기억들 모두 현재 만들어진 망상일지도 모른다는 가능성을 배제할 수 없는 것입니다. 그래서 기억도 포함해서 순간순간 만들어졌을지도 모르는 것이고, 실제로 일본에서는 오모리 쇼조 씨[12]가 그런 주장을 했습니다. 사실 불교의 '찰나멸'刹那滅이라는 생각은 바로 이런 사고죠. 오모리 씨는 자주 찰나멸을 언급했었습니다.

하지만 이렇게까지 해버리면 너무 파괴적이어서 좀 더 직극적으로 인격의 동일성의 근거를 찾으려 한 철학자도 많이 있습니다. 분석철학 중에 그런 것을 가장 끝까지 밀고 나간 것은 데릭 파핏(Derek Parfit)이라는 사람입니다. 그는 『이유와 인격: 비인격성의 윤리로』理由と人格: 非人格性の倫理へ, 勁草書房, 1998[13]라는 두꺼운 책에서 이 문제를 논하고 있습니다. 파핏의 주장은 존 로크(John Locke)의 아이디어의 개정판, 버전업입니다.

로크가 어떤 말을 했냐면 인격 동일성의 근거는 기억의 연

---

12   [역주] 오모리 쇼조(大森莊藏, 1921~1997)는 일본의 철학자. 도쿄대학 명예교수를 지냈으며, 저서로 『언어·지각·세계』(言語·知覚·世界, 1971), 『시간과 존재』(時間と存在, 1994) 등이 있다.

13   [역주] 원제는 *Reasons and Persons*, Clarendon Press, 1984.

속성에 있다고 했습니다. 그러나 이러면 곤란한 문제가 생깁니다. 어떤 사람이 예를 들어 10년 전에 어떤 범죄적인 일을 저질렀다고 하죠. 하지만 그 사람이 10년 후에는 그 사실을 까맣게 잊어버렸다고 한다면 어떻게 되는 걸까요. 로크의 설이라면 기억의 연속성이 없기 때문에 10년 전의 그 인물과 현재의 인물은 동일하지 않다는 것이 됩니다. 그러면 망각한 범죄에 대해 책임을 물을 수 없게 되어 버리겠죠.

이에 파핏은 로크의 조건을 완화해서 심리적 연속성(psychological continuity)에 더해 심리적 연결됨(psychological connectedness)이라는 것을 고려하기로 했습니다. 연속성이라는 것은 직접 이어져 있는 것이고, 연결됨이라는 것은 간접적으로 이어져 있는 것입니다. A라는 심리현상과 B라는 심리현상 사이에 연속성이 있고, B와 C의 사이에도 연속성이 있을 때 A와 C의 사이에는 심리적인 연결됨이 있다고 생각하는 것입니다. 인격의 동일성이란, 이 심리적 연속성과 심리적 연결됨이라는 것이 파핏의 주장입니다.

이렇게 하면 아까 로크설의 난점을 극복할 수 있습니다. 예를 들어 10년 전의 일은 잊었지만 5년 전의 자신을 기억하고 있다고 하죠. 그리고 그 5년 전의 자신이라면 또 5년 전의 일도 기억하고 있었다고 해보죠. 이때 10년 전의 나와 현재의 나 사이에는 연속성이 아니라, 연결됨이 있다고 생각할 수 있습니다. 심리적 연결됨이 있다면 동일한 인격으로 인정할 수 있습니다. 이렇게 10년 전의 범죄에 대해 현재의 그 사람에게 벌을 주는 것이 정당화됩니다.

하지만 이 파핏의 설을 따르더라도 윤회 환생하는 주체의 동일성을 근거 지을 수 없습니다. 가끔 전생을 기억한다는 사람이 있기는 합니다만, 보통은 전혀 기억이 없죠. 전생과의 사이에는 심리적 연속성은 물론이고, 심리적 연결됨조차 없는 것이 보통입니다.

그렇다면 승의제(궁극의 진리)로서는 찰나멸 쪽을 취하고, 세속제(잠정적 진리)로서는 윤회 환생하는 실체나 주체를 인정하더라도 그 세속제의 차원을 지탱하는 '잠정적 근거'가 무엇인지 알 수 없게 됩니다. 적어도 파핏의 설을 포함한 서양철학이나 분석철학은 도움이 되지 않습니다.

극락은 예비학교다

오사와 그럼 문제를 확인했으니, 다시 아미타불 이야기로 돌아가겠습니다.

앞서 아미타불이 하는 일과 일신교의 신이 하는 것이 어떻게 다른가라는 점을 설명해 주셨습니다. 다시 확인하자면 아미타불은 성불시켜 줄 수는 없지만 극락에 왕생시켜 주는 것까지는 가능한 것이겠네요.

유쾌한 불교

하시즈메 거기가 약간 의문이네요.

오사와 그렇죠? 좀 의문스럽습니다. '아미타불 당신은 어떤 권한이 있길래 극락에 왕생시켜 줄 수 있는 거냐'라고 말하고 싶어집니다.

어쨌든 설령 극락에 왕생했다 하더라도 깨달았다는 것은 아니지요. 극락과 니르바나(열반)는 다르니까요.

그러면 이렇게 이해를 해도 될까요? 예를 들어 니르바나 대학이라는 곳에 들어가고 싶은데 상당히 어렵습니다. 그 대학은 50억 년에 한 명 정도의 비율로밖에 들어갈 수 없는 대단히 어려운 대학입니다. 아미타불이라고 해도 학력이 없는 사람을 그 니르바나 대학에 들여보내 줄 수는 없습니다. 그것은 부정입학 같은 것이므로 그런 부정은 불가능합니다.

하지만 그 어려운 대학의 입시에 합격하기 위해 가장 유리하다고 알려져 있는 도신학원東進豫備校이라는 데가 있어서 거기에 다니면 입학시켜 줄 것이라는 게 아미타불이라는 것일까요? 그 도신학원에서 공부하면 상당한 비율로 니르바나 대학에 들어갈 수 있다는 느낌일까요?

하시즈메 저는 도신학원이 아니고 순다이학원駿台豫備校이었습니다만, 같은 걸까요?

오사와 왜 도신학원이냐면 "(언제 할 건데?) 지금이죠!"라고 말했던 사람이 도신학원의 강사였기 때문입니다.[14] "56억 7천만 년 후에 오겠죠?"라고 물어보면 "아니, 지금이죠!"라고 말한 것이 됩니다. 이것이 불교입니다. 대단한 이야기라고 할 수 있습니다만. 어쨌든 아미타불은 도신학원의 학비를 매우 싸게 해줄 수 있다는 이야기입니까?

하시즈메 음. 학원입니다만, 말을 바꿔 보면 '가이드' 같은 것으로, 문제를 해결하는 사람은 아니고, 그 문제가 해결될 수 있도록 가르쳐 주는 사람입니다.

오사와 아, 그렇군요!

붓다와 불국토

오사와 조금 더 여러 부처님의 이야기를 확인해 두고 싶습니다.
지금까지는 아미타불 이야기를 중심으로 살펴보았는데요, 그것과 조금 비슷한 것이 있습니다. 잘 알려져 있는 부처인 약사여래藥師如來죠. 약사여래도 역시 보살이었을 때 열두 가지의

---

14 [역주] 도신학원 국어강사 하야시 오사무(林修) 이야기. 국어를 이해하려면 한자 공부가 중요한데도 실제로 한자 공부를 하는 학생이 적기 때문에 '(그럼 한자 공부는) 언제 할까? 지금이죠(今でしょ)!'란 말을 했는데, 이 수업 장면이 도신학원 TV 광고에 나오면서 유명해졌다.

유쾌한 불교

대원大願을 일으켜 중생제도의 행을 쌓았습니다. 약사여래의 경우 중생을 구제하는 것이 깨달음에 대해 운운하는 것보다도 더 현세 이익적이라고 봅니다. 병을 고쳐 주는 것이 약사여래가 중생구제를 하는 것의 중심이니까요.

그렇다면 약사여래는 거의 주술적인 신처럼 보입니다. 베버가 말하는 주술의 정원(Zaubergarten)[15] 같은 느낌도 드는 거죠. 물론 그리스도도 병을 치료해 주었다고 반박하는 사람이 있을지도 모릅니다만 그리스도의 일은 차치하고, 약사여래는 아미타불보다 더 직접적으로 중생을 구제하고 있는 셈인 겁니다. 그런데 이것은 불교적으로 보면 상당한 반칙이 아닐까 하는 생각이 드는데 어떠신가요?

하시즈메 약사여래는 손에 약병을 들고 있죠. 병을 고치는 데 약리藥理(인과율)를 사용합니다. 이것이 일신교로 치면 "나으리라"고 하니 "네, 나았습니다" 하는 것입니다. 병을 고칠 의사(명령)만으로 충분한 겁니다. 그것에 비하면 약사여래는 행동이 신출귀몰할 뿐이지 God과 다르게 이 세계에 대한 주권(지배권)을 가지고 있지 않습니다.

붓다와 세계(불국토)의 관계에 대한 이야기는 이런 식으로

---

15 [역주] 주술의 정원은 주술의 지배하에 있는 권역을 뜻한다. 베버는 탈주술화(Disenchantment, 독일어: Entzauberung)라는 용어로 근대 서구 사회를 설명하며 세계가 하나의 거대한 주술적인 정원에서 반대인 이성적 목표를 향해 가고 있다고 보았다.

정리됩니다. '한 세계 한 부처'로서, 붓다는 좀처럼 나타나지 않는 현상이므로 세계 속에 한 사람밖에 없는 것이죠. 살아 있는 붓다 이외에 또 살아 있는 부처는 없습니다. 그래서 이 세계는 석가모니 부처님의 영토입니다. 석가모니 부처님은 돌아가셨지만 이 영토는 아직 계속되고 있습니다. 그리고 그 영토를 먼 장래에는 미륵보살이 잇기로 되어 있습니다.

자, 그런데 여기서 어떤 이유로 우연히 오사와 선생님이 깨달아 버리면 어떻게 되는 걸까요? 석가모니 부처님의 영토인데, 오사와가 붓다가 되어 버렸다니. 그렇다면 석가 붓다와 오사와 붓다 사이에는 거대한 척력(인력의 반대, 반발력)이 작동하고, 오사와 붓다는 이 세계 바깥, 아득히 먼 곳으로 튕겨져 나가게 될 겁니다. 하지만 오사와 붓다와 석가 붓다는 완전히 동등한 존재이기에 이 세계와 똑 닮은 불국토가 오사와 붓다 덕분에 태어납니다. 오사와 붓다는 그 한복판에 진중히 앉아 있는 것이죠.

오사와 과연 그렇군요. 그렇다면 SF 같은 곳에서 자주 나오는 평행세계론 같은 느낌으로 누군가가 깨달아 새로운 붓다가 등장할 때마다 세계가 분기한다는 말인가요?

하시즈메 그렇습니다. 다른 우주가 생겨 버리죠. 그래서 약사여래도 그런 느낌으로 다른 곳(세계 바깥의 또 다른 세계)에 있습니

유쾌한 불교

다. 아촉불도 그렇고요. 아미타불도 그렇습니다. 그런 의미에서 현재 존재하고 있는 붓다는 이 세계의 안에 있으면 안 되므로 이 세계 밖에 있어야 합니다. 그들의 불국토 한가운데 앉아 있죠. 한가운데 앉아 있기 때문에 이 세계에 선뜻 찾아와 사람들을 도울 수 없습니다. 옛날에는 천황이 외유를 별로 하지 않았는데요. 그와 같은 것이죠.

그렇다면 부하가 대신하는 것이죠. 부하라고는 해도 역량이 부족하면 안 되기 때문에 대보살처럼 훌륭함이 있어 대리인으로서 세계(인도)로 옵니다. 그리고 힘껏 봉사활동을 하고 돌아가지요.

오사와 『화엄경』은 그런 느낌이겠네요. 우선 비로자나불毘盧遮那佛이 있고, 그 앞에 보현보살普賢菩薩이라든지 문수보살文殊菩薩이라든지 하는 여러 보살들이 가르침을 주는 것이 『화엄경』의 구성이지요. 그러면서 장엄하고 화려한 세계가 드러나게 됩니다.

하시즈메 『화엄경』은 이들 불국토를 전부 합친 'Σ(시그마)세계' 같은 느낌입니다.

오사와 아 그런가요? 세계에다 덧셈하는 것 같은 거군요.

하시즈메 네 맞습니다. 그 Σ세계에 대응하는 메타 레벨의 붓다(이른바 Σ붓다)가 또 있다고 생각하기 때문에 지금 말했던 방식 그대로는 아니고, 그것을 한 단계 더 진행한 것이죠.

오사와 아 그렇군요.

하지만 비로자나불은 정말 깨달았다거나 깨닫지 못한 것과는 별개로, 역시 세계를 지배하는 초월자 같은 느낌이 아닐까 하는 인상이 들긴 합니다만.

하시즈메 초월자도 아니고, 지배도 하지 않습니다. Σ붓다입니다.

오사와 Σ붓다. 붓다들의 총 책임자, 붓다들의 리더, 간사 역할의 붓다 같은 느낌일까요?

하시즈메 리더가 아닙니다. 애초에 비로자나불이 실체로서 존재하는 것이라고 간단히 생각해서는 안 됩니다. 실체가 있냐 없냐로 말하자면, Σ이니까요. 조작으로, 실체는 없습니다.

『화엄경』과 비로자나불에 대해서는 언젠가 기회를 봐서 다시 한번 확실하게 논할 만할 내용이 있다고 생각합니다.

보살의 작용

오사와 마침 보살에 대한 이야기도 나왔으니, 다음 주제인 보살로 들어갈까요?

보살이 매우 중요한 역할을 하는 것은 역시 대승불교의 중요한 특징이라고 생각합니다. 본격적인 이야기로 들어가기 전에 교과서적인 것을 확인해 두지요. 보살의 산스크리트 원어는 보디사트바(bodhisattva)입니다. 보디는 '깨달음', 사트바는 '생명이 있는 것'(유정有情)을 의미합니다.

보살은 깨달음을 구하고 있는 생물, 부처가 될 후보자라고 해서 수행자라고 볼 수 있습니다. '보살'이라는 말이 '미래의 성불은 확정적이다'라는 뜻으로 쓰이는 경우도 있고(아까 이야기했던 미륵보살의 경우가 전형적입니다), 단순히 성불할 잠재적인 가능성이 있는 정도를 가리키는 경우도 있습니다.

그리고 하나 더 제가 흥미롭다고 생각하고 있는 것은 다음과 같은 것입니다. 지금 말한 것처럼 보살의 기본은 자기 자신이 깨달음을 구하면서 수행하고 있다는 점에 있습니다만, 나아가 타자가 깨달음을 얻도록 도와주는 것, 즉 타자를 구제하는 자라는 점도 중요시된다는 것입니다(자각각타自覺覺他).

이미 법장法藏이나, 문수文殊나, 보현普賢이나 몇몇 이름 있는 대보살의 예를 들었습니다. 그 밖의 유명한 보살은 뭐니뭐니해도 관음보살觀音菩薩(관세음보살觀世音菩薩·관자재보살觀自在菩薩·

구세보살救世菩薩)이 있죠. 지장보살地藏菩薩, 세지보살勢至菩薩 등
도 있습니다.

이렇게 유명한 대보살들은 이미 붓다의 경지에 올라 있는데
도 니르바나에 들어가지 않고 중생제도(인민구제) 활동에 힘쓰
고 있다고 말합니다. 지금까지 나온 비유를 사용하자면 니르바
나 대학 입시에 합격해 입학 허가를 얻었는데도, 일부러 입학
절차를 밟지 않고 학원에서 아르바이트를 하거나 가정교사를
하거나 하며 후배들의 수험공부를 봐주고 있다는 느낌일까요?

저의 관점에서는 중생을 제도하는 보살이라는 이미지가 대
승불교에서 중요한 것이 되어 가는 점이 흥미롭습니다. 이런
보살의 측면이 중시되어 왔다는 것은 아까부터 화제로 삼아
온 아미타여래 등 새로운 붓다에 대해서, 역시 모종의 구제활
동─그것은 일신교에서 말하는 구제와는 근본적으로 의미가
다르다는 것을 이미 확인했습니다만─이 강조되어 왔다는 점
이랑 병행하고 있다고 생각되기 때문입니다. 보살의 이런 측
면, 중생 제도적인 측면에 대해서는 나중에 여러 가지 여쭤보
게 될 것 같습니다.

보살이라는 말이 언제 발명되어 도입되었는지에 대해서는
문헌학적인 연구가 이루어지고 있습니다. 불교 초기경전 중에
서도 이미 이 말은 쓰고 있었다고 합니다. 그러나 보살이라고
하는 아이디어가 불교에서 핵심적인 의미를 갖게 된 것은 대
승불교가 되고 나서입니다. 그러니까 보살을 대승의 본질적인

특징의 하나로 간주해도 무방하다고 생각합니다.

자, 이상은 교과서적인 지식의 확인입니다. 이를 바탕으로 순서대로 보살에 대해 여쭤보도록 하겠습니다. 우선 보살이라는 카테고리가 유용한 것은 전생까지 포함해서 석존에 대해 이야기할 때가 아닌가 싶습니다. '아직 붓다는 아니지만 장래에 붓다가 될 사람'이라는 것을 말해야만 합니다. 그러니까 자타카를 정합적으로 말하기 위해서는 보살이라는 카테고리로 설명하는 것이 편리합니다.

이것이 보살이라는 카테고리의 중요성이 급속히 증가하게 된 하나의 원인, 보살이라는 카테고리가 전면에 나오는 동기 중 하나라고 생각하는데 어떻습니까? 붓다 이전의 붓다, 아직 붓다는 아니지만 곧 붓다가 될 사람, 이런 사람을 가리킬 필요성이 생깁니다. 항상 모의고사에서 맹렬히 성적을 내고 있어서 시험을 보게 되면 십중팔구 합격할 사람에 대해서요. 하지만 '이미 합격한 사람'이라고 부를 수는 없습니다. '합격 가능성이 거의 100%이지만 아직 합격하지 않은 사람'이라는 걸 설명할 때 보살이라는 카테고리가 굉장히 적합했을 것 같습니다. 이런 견해에 대해서는 어떻게 생각하시나요? 이렇게 생각해도 괜찮을까요?

하시즈메 보살은 출가제도를 전제로 한 개념입니다.

불교는 인도에서 태어났습니다. 인도에는 보통의 세속적인 직업을 가진 사람과 출가자가 있습니다. 출가자는 존귀합니다. 재가자는 출가자에 비해 그다지 가치 있는 것은 아닙니다. 출가한 경우에만 붓다에 다가간다는 생각이었습니다.

그런데 지금 이야기된 것처럼 석존의 전생담(석가모니 부처님의 재가자 시절 이야기)에 초점이 맞춰졌습니다. 장래 붓다가 될 석존의, 윤회를 거듭하는 재가수행 시절을 보살이라고 불렀던 것입니다. 보살의 수행은 윤회하면서 행하는 것이므로 일종의 나선처럼 되어 있습니다. 이것은 석가모니 부처님이 얼마나 훌륭한지 설명하기 위한 논리인데, 나선은 빙글빙글 돌며 한없이 뻗어 나갈 수 있잖아요. 처음에는 출가에 나름대로 역점이 있었는데, 그것이 아니라 윤회하면서 수행을 이어 가는 재가 시절이 보살이고, 이 시절이 가치 있는 중요한 이야기가 되면서 점점 이야기가 불어났습니다.

석가모니 부처님은 재가 시절에 무엇을 했냐면 인도 사람이었기 때문에 여러 카스트에서 태어나거나, 동물로 태어나 수행에 힘썼습니다. 보통의 인도 사람이었죠. 보통의 인도 사람으로서 성실하게 활동한 것이 원인이 되어 붓다가 되었다는 생각이므로, 별의별 인도 사람들의 직업생활을 그대로 가치 있는 것으로 겪은 것이겠죠. 인도에 신발가게가 있었다면 석가모니 부처님은 까마득할 만큼 오랫동안 윤회하셨으니 신발가게를 할 때도 있었을 겁니다. 인도에 농민이 있었다면 농사를 지을 때도 있었을 거고요. 토끼였던 때도 있고, 멧돼지였던 때도 있었을 겁니다. 즉, 모든 인도 사람의 운명을 거쳐 그 속에서 깨달음의 원인을 축적해 나갔을 겁니다. 그러면 지금 빵집, 신발가게를 하는 인도 사람도 석가모니 부처님이 되기 위한 수행을 하고 있다고 생각하게 됩니다. 나는 보살이라고 자기주장을 할 수 있는 효과가 있고요. 이것이 대승교입니다.

현기증 효과의 매혹

하시즈메 어떤 직업을 가진 사람도, 어떤 카스트의 사람도 그 장소에서 붓다가 되기 위한 수행을 할 수 있습니다. 아니 해야만 하죠. 재가자여도 괜찮습니다. 승가의 출가수행은 마지막의 마지막 토핑이니 이것은 무시해도 된다는 것이죠.

오사와 마치 베버가 말하는 '세속적 금욕주의'[16] 같네요.

하시즈메 아주 좋은 생각입니다만, 문제는 이 기간이 길다는 겁니다. 꽤 길어요. 왜 긴가 하면 인도의 모든 카스트를 윤회를 통해 전부 거치려면 시간이 많이 걸리기 때문입니다.

　　조금만 더 관련해서 보충하겠습니다.

16　세속적 금욕(innerweltliche Askese): 독일의 사회학자·경제학자 막스 베버의 용어. 이때 '금욕'이란 욕망을 참는다는 뜻이 아니라 자신의 행동 전부를 일정한 목적을 위해 조직한다는 의미. 세속적 직업에 전심전력을 다해 매진하는 것.

56억 7천만 년 전이라고 하면 그걸 듣고는 기가 죽죠. 생각조차 할 수 없습니다. 셀 수조차 없다면 기가 죽는 건 당연합니다. 예를 들어 물방울무늬 옷이 있다고 할 때 그것을 보면 물방울무늬가 많이 붙어 있구나, 예쁘다고 생각하지만, 도대체 물방울이 몇 개 붙어 있는지 보통 세어 보거나 하진 않습니다. 물방울은 많이 있어서 헤아려 보려 하면 기가 죽으니까요. '기는 죽지만 그런 것이 있기 때문에 좋지 않은가'라는 것이 인도 사람의 상상력의 특징인 것 같습니다. 기가 죽을 정도의 눈 돌아가는 현기증 효과에 매혹되는 것이죠, 인도 사람은.

유대인(일신교인들)에게는 이런 요소가 거의 없습니다. 신이 절대이고 인간은 왜소한 존재죠. 신이 절대라고 납득하기에 우상도 필요 없습니다. 어떤 이야기가 있다면 '56억 년 살았다' 같은 말 대신, '리바이어던을 해치웠다'라고 말합니다. 리바이어던이라고 해도 악어 크기 정도의 괴물로 쉽게 해치울 수 있는 정도의 이야기입니다. 절대는 단적으로 절대적인 것이지 눈 돌아가는 효과에 의해 상상력으로 지탱되거나 하는 것은 아니죠.

불교도든 힌두교도든 천문학적으로 큰 수, 현기증 효과를 수반하는 열거, 콜리플라워처럼 부분과 전체가 상동적인 조작의 반복 같은 수식이 많이 사용되는데요. 그것은 절대라는 개념이 없기 때문인 것 같습니다.

오사와 그렇군요. 재미있네요. 잡담스러운 코멘트와 학문적인 코멘트를 해도 될까요? 우선 잡담스러운 화제부터 해보겠습니다. 말씀을 듣다 보니 대학생 때 가정교사를 했던 학생이 생각났는데요. 중학교 3학년인 여학생으로, 모든 과목에서 비교적 공부를 잘했습니다. 어떤 과목이든 잘했습니다만, 무슨 이유에서인지 이과에서 지구과학과 관련된 부분만은 굉장히 서툴렀습니다. 수학도 그런대로 잘하고, 이과에서도 생물이나 다른 부분은 문제없이 할 수 있는데, 지구과학만은 안 됐습니다. 이상해서 본인의 이야기를 잘 들어 보니 결국 '현기증'이 원인임을 알게 됐습니다. 지구과학이라고 하는 것은 예를 들어 '수십억 광년'이라고 하는 숫자가 나오죠. 인간의 범위를 훨씬 초과하여 감당하지 못할 만큼 크기 때문에 현기증이 나고, 사고 정지 상태가 되어 버리는 겁니다. 수학에서 추상적으로 나오는 어떤 숫자라도 아무렇지 않은데, 지구과학에서 엄청난 숫자라고 하면 어지러워지는 것이죠. 불교를 포함한 인도 사상은 이러한 유형의 현기증 효과를 이용하고 있는 게 아닐까요.

다른 하나는 좀 더 아카데믹한 분위기의 코멘트입니다. 하시즈메 선생님의 말씀을 듣고, 불교와 유대-기독교에 관해 개념과 이미지 사이에 빗나간 대응 같은 것이 있다는 것을 깨달았습니다. 우선 개념에 관해서 유대-기독교의 신과 붓다를 비교해 보겠습니다. 이 점에 관해서는 이미 이 대담 중에서도 거듭 강조해 온 것이지만, 유대-기독교의 신은 절대적으로 초월적인 존재로, 인간과의 거리는 무한합니다. 이에 비하면 붓다는 별것 아닙니다. 붓다라고 해도 결국은 인간이기 때문에 아무리 뛰어나도 보통의 인간과의 사이에 유한한 거리밖에 없죠.

하지만 이미지의 수준에서 양자를 비교한다면 일신교와 불교의 관계가 역전됩니다. 유대교와 기독교의 신은 우상숭배가 되어 버리니까 사실 이미지 따위는 없을 것 같습니다만, 실제로는 성경 곳곳에 신의 이미지를 환기시키는 서술이 있습니다. 예를 들어 지금 하시즈메 선생님이 지적하셨듯이 「욥기」에는 신이 얼마나 대단한가 하는 것을 이미지화하기 위해 '리바이어던을 해치웠다' 같은 이야기가 나옵니다. 그러나 이런 일은 붓다나 대보살이 수십억 년이라는 시간 속에서 해온 위업에 비하면 스케일이 너무도 작죠. 즉 이미지에 관해서 말하자면 일신교의 신보다도 붓다나 대보살 쪽이 훨씬 대단한 것입니다.

원래 「창세기」에 의하면 신은 자신의 형상을 따라 인간을 만들었습니다. 이 말을 거꾸로 말해 보면 신의 이미지, 신의 모습은 인간과 비슷하다는 것입니다. 본래 인간과 절대적으로 거리가 멀어야 할 신의 상에서 인간과의 유사성이 강조되고 있는 것은 흥미로운 지점입니다. 그에 반해 불교는 붓다나 대보살의 신체상이 보통의 인간과는 동떨어져 있다고 강조하고 있죠. 예를 들어 비로자나불이 있습니다. 이른바 대불입니다. '거인'으로서의 상을 가지고 있습니다. 혹은 천수관음千手觀音을 생각해도 좋을지 모릅니다. 천수관음은 관음보살의 한 모습인데요, 손이 많이 있어서 보기에 따라서는 괴물 같기도 하죠. 관음보살이 얼마나 큰 힘을 가지고 있는지 나타내기 위해서 그런 모습으로 묘사한 겁니다.

혹은 그리스도와 붓다를 비교해 보면, 그리스도의 이른바 기적이라고 하는 것은 여러 붓다들의 초인적인 업적과 비교하면 사실 별거 없죠. 기독교에 대해서 하시즈메 선생님과 대담했을 때 선생님도 말씀하셨습니다만, 최후의 '부활'을 제외하고 그리스도의 기적은 대부분 충분히 있을 법한 일의 범위를 넘지 않습니다.

따라서 정리해서 개념으로 비교하자면 일신교의 신은 붓다보다도 훨씬 대단하고 인간을 초월해 있습니다. 하지만 이미지로 비교하자면 신은 별것 아니고 오히려 붓다 쪽에 현기증나는 일이 훨씬 많이 있죠. 이런 개념상에서의 대비와 이미지상에서의 대비가 엇갈려 있는 것이 재밌다고 생각합니다.

보살은 세속적 금욕일까?

오사와 보살의 이야기, 대승의 이야기를 심화시키기 위한 전제로 한 가지 확인해 두고 싶은 게 있습니다.

불교도들에게는 출가와 재가의 구별이 있어 출가라는 것에 중요한 의미가 있었죠. 불교가 갖는 이러한 특징은 불교에만 한정되는 것이 아니라 고대 인도적인 에토스를 철저하게 한 것이랄까, 순수화시킨 것이 아닐까요?

보통은 경제활동을 한다거나 섹스를 해서 아이를 낳아 키우며 삽니다. 이런 세속의 일에서 벗어나는 것이 출가인데 세속 바깥으로 관심을 돌리려는 벡터가 고대 인도의 에토스에서는 원래 상당히 강했던 것이 아닐까요?

힌두교계의 법률서랄까, 행위규범 체계에 『마누 법전』이라는 것이 있습니다. 오랜 시간에 걸쳐 완성된 것이라고 생각됩니다만, 어쨌든 마누(Manu)라는 신이 말한 것으로 전해지기 때문에 『마누 법전』으로 부르고 있죠. 거기에는 한 사람 혹은 남자로서 어떻게 인생을 살아가야 할지가 적혀 있습니다. 인생은 네 가지 단계를 밟는 것이 옳다고 하면서요.

우선 젊은 시절에는 '학생기'라는 게 있습니다. '학생기'에는 무엇을 하냐면, 베다를 연구하는 뛰어난 스승을 찾아내는 것이 첫번째입니다. 하시즈메 선생님과 같은 사람을 만날 수 있다면 학생기로서는 정답이 되는 셈이죠. 스승을 찾아 그 아래에서 베다, 즉 종교서 학습에 힘을 쏟는 게 학생기입니다.

그렇게 베다 공부만 해서 되냐면, 그런 건 아니고 성인이 되어 '가장기'라는 것을 거치지 않으면 안 됩니다. 즉 가족을 갖고, 가장으로서 일을 하거나 가족을 부양해야 하는 거죠. 말하자면 카스트에 정해진 일을 하는 것이 이 시기라고 볼 수 있겠네요.

그다음 '임주기'林住期라는 게 있고, 또 '편력기'遍歷期라는 게 있습니다. '임주기'에는 숲에서 거처하고 베다를 복창하며 고행에 전념합니다. 고행의 중심에는 채식주의 식사가 있죠. 그 이후 '편력기'가 되면 정주할 집도 없이 편력을 합니다. 이 시기에는 필요한 최소한의 음식만을 마을에서 구걸하고, 베다의 복창을 제외하고는 침묵을 지켜야 합니다.

이런 식으로 남자의 인생은 네 가지 단계를 밟는 셈입니다. 그중 마지막 두 단계, 특히 편력기는 출가한 것과 같은 상태인 것이 포인트입니다.

이 힌두적 인생의 네 단계로부터, 저는 두 가지 점을 생각합니다. 첫째 인생의 궁극적인 목적이 보통 비즈니스로 성공하거나, 사회에 공헌하거나 하는, 즉 가장기의 활동에 있지 않고 임주기나 편력기에 있다는 것입니다. 최초의 학생기는 뒤이을 임주기나 편력기의 준비 단계죠. 그 사이에 있는 가장기는 필요악과 같은 것입니다. 그러나 둘째로 저는 이 인생의 네 단계라는 것이 상당히 교묘하다고 생각합니다. 왜냐하면 필요악이면서도 인간이 가장 정신적으로나 육체적으로 충실한 시기가 사실 가장기이기 때문입니다. 당시에는 그렇게 수명이 긴 것이 아니니까 보통 남자의 인생을 살아가다 '가장기'가 끝날 때쯤이면 대개 수명이 남아 있어도, 어쩌면 심한 말일 수도 있지만, '임종'에 가깝다고 느끼는 사람이 많았던 것 같습니다. 따라서 정리하자면 공식적으로는 임주기나 편력기가 본래의 목적이지만, 실제로는 가장기의 세속적 일이 대부분의 인생이 되는 거죠. 인생의 이론적 목적과 현실의 중심이 어긋나 있는 것입니다.

즉 힌두교에서는 이미 세속의 활동, 즉 비즈니스나 가족생활에서 벗어나는 것이 인간이 본래적으로 지향해야 할 바라는 감각이 농후했던 셈입니다. 그 본래의 목적 부분만을 순수하게 떼어 내면 '출가'가 되는 것입니다. 불교의 출가, 혹은 불교가 아니더라도 자이나교 등에도 있었겠지만 출가해서 수행하거나 금욕하는 것을 좋은 것으로 여기는 감각은 힌두교 속에 이미 있었던 경향성을 강화시키고, 순화시킨 것이라고 볼 수 있습니다.

그렇다면 여기서도 불교와 기독교—기독교 중에서도 특히 프로테스탄트—의 대비가 또다시 확인됩니다. 막스 베버가 특히 중요시했던 것입니다만 프로테스탄트의 특징은 세속적 금욕이었죠. 세속의 일에 적극적으로 관여하면서 금욕합니다. 그에 반해 불교는 세속 밖의 금욕, 즉 세속으로부터 이탈하는 가운데 금욕합니다. 이러한 대립을 살펴볼 수 있죠.

나아가 불교가 세속의 삶에서 벗어나려는 경향을 관념적으로 연장해 보면 어떨까요? 그 관념적인 연장선에서 발견되는 것이 윤회로부터 해탈한 니르바나의 경지라는 것이 됩니다.

자, 이런 것들을 확인한 후에 생각하는 것은 다음과 같은 것입니다. 먼저 이미 몇 번이고 이야기되었던 것입니다만 출가라든가 승가를 강조하고 세속 밖의 금욕을 중요시했을 경우에는 구제되는 자가 극히 일부뿐이겠죠. 이른바 '소승'小乘(작은 수레)이 되고 만다는 문제가 등장합니다. 이것을 극복하기 위해 재가라든가 보살승을 중시하는 대승의 이념이 나왔던 건 아닐까요?

또 하나 덧붙이고 싶은 것은 현실의 사회생활이나 인생에서 발생하는 이 문제와 똑같은 구조의 문제가 관념의 차원에서 재현되는 것은 아닌가 하는 것입니다. 무슨 말이냐 하면 지금 출가와 재가가 괴리되고 출가를 우위에 놓는 것이 문제로 의식되어 대승이라는 사고방식이 전면에 나서면서 이 괴리가 메워진다는 말을 했는데, 사실 비슷한 괴리는 관념의 차원에서도 생긴다는 거죠. 그것은 니르바나와 윤회전생의 괴리입니다. 불교의 이념을 순화할수록 니르바나는 너무도 멀리 있어 도달하기 어려운 곳처럼 느껴집니다. 그렇다면 이 괴리를 메운다고 할까, 매개할 요소가 필요해지는 거죠. 그것이 중생제도에 힘쓰는 대보살의 이미지가 아닐까 하는 것이 저의 가설입니다. '부주열반'不住涅槃, 즉 니르바나로 가는 것을 굳이 중단하고 다른 사람들도 니르바나에 갈 수 있도록 노력하는 대보살은 너무 멀리 떨어진 이 세계와 니르바나를 가깝게 만들어 주는 기능을 하는 것이 아닌가 하는 생각이 듭니다.

하시즈메 세속적 금욕주의 이야기가 나왔으므로, 보살이라는 방식과 루터파 등 프로테스탄트의 세속적 금욕주의라는 방식이 같은지 다른지를 생각해 봅시다.

일신교의 경우 신이 있기 때문에 신이 명령한 것이 옳다는 사고방식입니다. 농업이나 목축이나 그 밖의 노동은 에덴동산에서 추방되었을 때 스스로 땀을 흘려 식량을 손에 넣으라고 명령받았기 때문에 그것에 종사하는 정당성이 있는 것이죠.

다음으로 종교를 전담하는 사제가 등장했는데 그들의 생활은 십일조로 유지됩니다. 10분의 1의 세금을 내라는 것도 신의 명령입니다. 십일조는 유대교의 제사를 위한 세금이지만, 기독교의 성직자도 십일조를 거둬들이고 있으므로, 이것은 교회와 세속인들의 관계이기도 합니다. 신이 있으면 세속인들과 교회 사이의 관계가 매우 안정됩니다. 안정되기 때문에 소승과 대승 같은 분리가 생기지 않습니다.

불교의 경우에는 신이 없기 때문에 출가하는(재가가 아닌 집단이 생기는) 것은 수행의 편의를 위한 것입니다. 수행이란 본인의 창의성 발굴이거든요. 이때 출가하는 것은 깨닫기 위한 필요조건이 아닙니다. 단지 깨달을 가능성이 높아지고 편리해질 뿐입니다.

오사와 그렇네요. 입학시험을 위해 혼자서 공부할 것인지, 학원을 다닐 것인지 같은 거네요.

유쾌한 불교

하시즈메 그런 느낌이에요. 출가하는 것을 정당화하는 논리가 신으로부터 주어지지 않습니다. 붓다도 줄 수 없고요.

언뜻 보면 붓다가 주는 것이 아닌가 하는 생각이 듭니다. 하지만 소승의 율장에 쓰여 있는 것은 '승가를 조직할 경우에는 이렇게 하세요'라는 것뿐입니다. 반드시 승가에 들어가라, 그렇지 않으면 깨달을 수 없다는 것은 아닙니다. 출가는 관습이거든요.

그러면 재가와 승가의 관계는 세금으로 맺어질 수 없습니다. 탁발과 보시(기부)의 관계가 됩니다. 명령이 아닌 자발성에 기초하기 때문입니다.

이는 어떤 의미에서 재가에게 폐를 끼치는 것입니다.

이 사실을 석가모니 부처님도 알고 있었을 겁니다. 율장에는 '한 집에 연이어 며칠씩 탁발하러 가면 안 된다. 장소를 옮겨라' 같은 말이 적혀 있습니다. 그것은 탁발이 재가에게 폐(착취)이기 때문입니다. 식사 때가 되면 와서 식사를 나눠 받을 때까지 돌아가지 않고 처마 아래 서 있다니 실례 아닌가요?

식사를 주면 공덕이 된다는 논리로 넘어가지만 이 관계는 불안정합니다. 더구나 재가는 명예를 얻을 수 없죠. 재가의 불교도는 명예도 얻지 못하고 착취당해서 '뭐야, 이거' 하게 되니까 자주성을 되찾자는 운동이 일어나겠죠. 자주성을 되찾기 위해서는 어떻게 해야 하냐면 승가의 가치를 떨어뜨리는 겁니다. 출가는 부처가 되기 위한 필요조건이 아니지 않은가라는 식으로요. 그리고 나에게도 부처가 될 권리를 확실히 인정하라고 하는 것이죠.

재가의 복권운동(대승)은 이렇게 불교 안에서 자연스럽게 일어나지만 일신교에서는 이와 똑같이 일치하는 운동은 일어나지 않습니다. 루터파가 말하는 세속적 금욕주의라는 것은 '승가는 자기 것만 챙기니 우리에게도 같은 것을 하게 해 달라'가 아니라 '애초에 가톨릭교회 같은 건 성경에 쓰여 있지 않으니 그만두자'라는 것입니다. 그런데 승가는 제대로 성전에 쓰여 있으니까요.

오사와 승가가 교회보다 훨씬 더 종교적 근거는 강하네요.

하시즈메 종교적 근거는 강하지만 불안정합니다.

오사와 그렇군요. 지금 부처님의 가르침을 들으니 생각났습니다. 아이가 어렸을 때 자주 읽어 주던 동화 이야기인데요. 아이가 이 동화를 좋아하여 밤마다 졸라 대서 매일 밤 읽어 주었습니다.

이 동화의 주인공은 길고양이입니다. 얼마 전까지 좋은 곳에서 길러지고 있었는데 한순간에 갑자기 길고양이가 되어 버렸습니다. 어떻게 해야 길고양이로서 살아갈 수 있을지 전혀 모르는 셈이죠. 그랬는데 우연히 엄청 센 선배 길고양이의 눈에 들어 여러 가지를 배우게 됩니다. 그 선배 길고양이의 가르침 중 하나가 얻어먹는 법인데요. 선배 고양이는 한 번 어떤 집에서 먹이를 받아먹었다고 해서 같은 집에 자꾸 가면 안 된다고 말합니다. 그런 짓을 하면 이 녀석은 뻔뻔한 고양이라고 생각되어 반대로 다시는 먹이를 받을 수 없게 되어 버리기 때문입니다. 그래서 몇 가지 '구걸'의 루트를 두어 어느 정도 간격을 두지 않으면 안 된다고, 같은 집에 찾아가서는 안 된다고 선배 고양이는 주인공에게 가르칩니다. 부처의 지혜와 같다고 생각하면서 하시즈메 선생님의 말씀을 들었습니다. 뭐, 잡담입니다만.

수기란 무엇인가

오사와 보살에 대해 좀 더 파고들어 가 보고 싶은데요.

'수기'授記[17]라는 게 있죠. 수기는 부처가 수행자에게 당신은 미래에 반드시 성불할 것이라고 말하는 겁니다.

이것은 아직 합격하지 않았는데 니르바나 대학의 합격은 확실하다는 보증을 받은 것과 같습니다. 비유적으로 말하자면, 졸업보다도 훨씬 전 단계에서 합격 내정을 받은 추천입학자

---

17 수기(vyākaraṇa[s], veyyākaraṇa[p]): 산스크리트어의 'vyākaraṇa'는 동사 'vyākaroti'(나누다)에서 유래. 구별·설명·해설·분석·발전을 의미한다. 부처가 제자에게 미래의 불성을 예언하고 증언하는 것.

같은 느낌이 듭니다. 적절한 때가 되면 합격시켜 준다고 내정한 상태와 같죠. 이런 수기를 받은 보살과 받지 않은 보살이 있습니다. 물론 전자가 압도적으로 적습니다.

하지만 저는 수기라는 것이 조금 이상하다고 생각합니다. 불교의 논리상 규칙 위반이 아닌가요? '당신이 이 정도 노력하면 곧 프로가 되는 것이 확실하다'와 같은 말을 듣는 겁니다. 수기라고 하는 것은 시험을 보기 전부터 합격증을 내주는 것 같은 느낌이지 않나요?

하시즈메 그것은 예상이니까 괜찮습니다.

오사와 수기는 단순한 예상이로군요.

하시즈메 예상이기 때문에 약속은 아닙니다. 부처가 될 수 있다고 말했다고 해서 말한 쪽에 책임은 없습니다.

오사와 그렇군요. 예를 들어 모의고사를 보면 자주 합격률 같은 걸 제공해 주죠. 과거 데이터로부터의 추정으로요.

하시즈메 거기서 합격률이 100%라고 나온 것이죠.

오사와 거기서 합격률이 100%라고 나왔다는 것이 바로 수기인

유쾌한 불교

거군요.

하시즈메 맞습니다. 하지만 경마에서의 예상과 마찬가지로 배당 확률이 1위라고 해서 실제로 그 말이 1위가 될지는 알 수 없죠.

오사와 그렇군요. 예를 들어 석존의 경우 과거세에 연등불[18]이라는 부처로부터 수기를 받았다고 하죠. 그럼 수기를 할 권한은 누구에게 있나요?

하시즈메 부처입니다.

오사와 그럼 니르바나 대학에 이미 합격한 선배가 수험공부를 하고 있는 후배를 보고 '너는 굉장히 잘하니까 거의 될 것 같아. 확실히 합격할 거야'와 같은 말을 해준다는 것이군요.

하시즈메 장래는 문제없을 거라고요. 일체지一切智이니 알 수 있는 셈이죠.

---

18 [역주] 연등불(燃燈佛, Dipankara): 과거불로 석가모니에게 장차 부처가 될 것이라고 수기를 해준 부처로서, 『금강경』에 나온다. 과거불은 연등불, 현재불은 석가모니, 미래불은 미륵불이다.

오사와 과연 그렇군요. 일체지를 가진 부처의 예상이기 때문에 예상이라고 해도 사실상 '보증'에 가까운 것으로 받아들일 수 있는 셈이네요. 알겠습니다.

보살의 자비

오사와 그럼 좀 더, 보살이라는 카테고리에 집중해 보고 싶은데요. 불교의 역사, 대승불교의 역사를 보면 보살이라는 카테고리의 의미 중심이 도중에 이동하고 있다는 생각이 듭니다.

먼저 보살의 본래 의미는 아직 붓다가 되지 못한 사람이란 뜻이죠. 아직 수행 중인 후보에 불과한 셈입니다. 방금 '수기'에 대해 조금 살펴보았던 것은 수기를 받았다 하더라도 그것은 결국 예상일 뿐 아직 붓다가 아니고, 성불하지 않았다는 부정적인 함의가 중심에 있다는 것을 확인하기 위해서였습니다.

그런데 마침내 이 '붓다가 아니다'라는 지점에 적극적인 의미를 부여하게 되고, 이와 함께 대승불교 속 보살이라는 카테고리의 중요도가 더욱 커졌다는 생각이 듭니다. '아직 붓다가 될 수 없다'가 아니라 굳이 '붓다가 되지 않겠다', '붓다가 되는 것을 일단 거부한다'라는 형태로 붓다가 아니라는 것에 긍정적·능동적인 의미가 들어오게 되는 거죠. 붓다가 되지 않고 무엇을 하냐면 중생제도에 힘씁니다. '붓다가 아니다'라는 부분에 능동적·적극적인 의미가 들어가는 것과 정확히 병행하여, 중심이 자리自利(자신이 수행하고 있다)에서 이타利他나 각타覺他(다른 사람을 깨우치게 하다) 쪽으로 옮겨 가게 됩니다. 즉 [보살의 의미 이동과] 병행해서 시선이 수행자 자신을 향하던 것에서 타자로 향하게 된 것으로 보입니다.

이 점이 가장 뚜렷하게 드러난 것이 보살 중에서도 압도적으로 많이 알려진 관음보살입니다. 조금 교과서적으로 정리해 두면, '관음'觀音이라는 것은 아발로키테슈바라(Avalokiteśvara)의 번역으로, '아발'은 '넓다', '로키테'는 '보다', '슈바라'는 '소리'입니다. 즉 '널리 소리를 보다'라는 뜻이 되는데, 이 '소리'라는 것은 중생의 목소리입니다. 즉 일반 사람들이 이 보살의 이름을 부르면 관음보살은 그것을 보고(알아듣고) 그 사람의 소원을 성취시켜 준다는 신앙이 있었던 것이죠. 관음보살의 이타성이 잘 나타나 있습니다.

관음보살은 정말 많이 변신합니다. 육관음六觀音이나, 칠관음七觀音, 삼십삼관음三十三觀音이라고 불리기도 합니다. 유명한 관음으로는 성관음聖觀音, 천수관음千手觀音, 십일면관음十一面觀音, 마두관음馬頭觀音, 불공나색관음不空羅索觀音 등이 있습니다. 예컨대 관음보살이라는 것은 모든 방향으로 고개가 향해 있고, 다양한 모습으로 중생 속에 나타나 구제활동을 하고 있는 셈입니다. 관음보살은 힌두교의 신이 불교 내부에 도입되면서 생겨났다는 실증 연구도 있는 것 같습니다.

덧붙여서 티베트 불교에서는 달라이 라마도 관음보살의 화신이라고 상정하고 있습니다. 『화엄경』에 따르면 관음보살은 보타락(Potalaka)산에 살고 있는 것으로 되어 있으며, 티베트의 라싸에는 포탈라(Potala)궁이라는 게 있죠.

하여튼 보살이라는 카테고리에서 의미의 중심이 옮겨 가고 있고, 그렇다는 것은 불교 자체의 역점이라고 할까, 기본적인 성격이 이동하고 있는 것이 아닐까 합니다. 이 점은 어떻게 생각하시나요?

하시즈메 '부처가 되는 게 당연한데도 굳이 보살로 계속 남아 있다', 이러면 억울하지 않을까요? 말해 보자면요. 보살일 수밖에 없는 재가 사람들이 자부심을 가지고 재가생활을 계속해 나간다는 것. 역시 승가에 대한 콤플렉스가 있고, 그걸 메우고 싶은 마음이 있는 거죠.

보살의 위치를 수행과의 관계에서 말하면, 재가는 매우 역설적입니다. 재가는 비즈니스를 계속하겠다는 것입니다. 비즈니스란 농업, 공업, 상업, 그 이외의 서비스업을 포함합니다. 비즈니스의 특징은 '인간 생존의 조건을 만들어 낸다'라는 거죠. 승가는 반대입니다.

승가는 구족계具足戒라고 해서 비구(남성)는 250계, 비구니(여성)는 350계 등과 같이 수행의 규칙이 아주 많습니다(계의 숫자는 여러 가지로 전해집니다). 그중 주목해야 할 것이 네다섯 개 정도 있다고 저는 생각하는데요, 먼저 굴지계掘地戒가 있습

유쾌한 불교

니다. 땅을 파서는 안 된다. 그리고 물을 뿌려서는 안 된다는 거죠. 이 두 가지 계율을 지키면 농사를 짓지 못하게 됩니다. 그리고 돈을 만지면 안 된다, 즉 상업을 할 수 없다. 이런 규칙이 있습니다. 또 장례식을 치르는 것도 안 됩니다. 경전에서 석가모니가 그렇게 지시하고 있죠.

이상을 정리하면, 승가는 비즈니스를 하면 안 된다는 규칙을 따르고 있는 겁니다. 비즈니스를 하면 안 되는 승가와 비즈니스를 하지 않고는 살아갈 수 없는 재가, 즉 보살이 있습니다. 승가는 어떻게 보면 이상적인 면학 환경에 있지만, 자신의 생존조건을 재생산하지 못하고 있습니다. 그래서 어떻게 해서든 재가에 의존할 수밖에 없죠. 이것이 승가의 약점입니다.

재가의 우위는 인간의 생존조건을 만들어 내고 있다는 것입니다만 석존은 그것을 멈추고 승가에서 수행했죠. 재가가 아닌 승가에서 일종의 이상을 보고 있습니다. 그 전통을 바탕으로 하는 불교에는 승중유불僧中有佛, 즉 부처는 승가 안에 있다는 생각이 있습니다.

이런 식으로 출가와 재가 어느 쪽도 완벽한 자기주장을 할 수 없다는 것이 됩니다만, 거기에서 지금 나온 대보살이라는 생각이 있는 겁니다.

승가 사람들은 비즈니스를 할 수 없으니까 재가 사람들에게 직접적으로 이익을 줄 수 없어요. 기껏해야 법을 설하거나, 재가에 오계[19]를 수여할 뿐이지, 기본적으로는 자신들의 수행에 집중하고 있죠.

재가 사람들의 생활 실정을 이해하고 비즈니스를 통해 필요한 서비스를 제공하는 것은 생활을 위해서이기도 하지만, 중생 제도 때문이라고도 할 수 있습니다. 왜냐하면 사람들이 고통스러워하고 있고, 그들에게 필요한 것을 모두 각자 분담하고 있기 때문입니다. 그걸 누가 하고 있냐면 재가 사람들과(보살) 상호작용으로(서로 도와주기) 하고 있습니다. 대보살은 무엇을 하는 거냐면 인도 사회 바깥에서 들어와 재가 자격으로, 인도 재가 사람들이 충분히 손을 쓸 수 없는 사회 인프라의 정비나 공중위생, 약자 돌봄을 중점적으로 하는 것입니다.

조금 더 이야기해 보면, 재가 사람들은 그 사회의 제도나 가치관에 속해 있지 않으면 비즈니스를 할 수 없습니다. 예를 들어 모두가 빵을 먹고 싶으니까 빵을 만든다, 정치가 필요하니까 정치를 한다는 식이지요. 하지만 식욕이나 법률 등 사회적 가치는 사실 실체가 없는 미혹이며 번뇌인 것이죠. 그런 미혹, 번뇌에 봉사하지 않으면 재가 활동(보살행)이 불가능하겠죠. 이래서는 오히려 깨달음과 멀어지는 것이 아닐까요?

---

19 [역주] 오계(五戒): 불교에서 가장 근본이 되는 다섯 가지 계율. 불살생(不殺生), 불투도(不偸盜), 불사음(不邪淫), 불망어(不妄語), 불음주(不飮酒)로 처음 출가해 승려가 된 사미와 재가신도들이 지켜야 할 것이라 하여 사미오계(沙彌五戒)·신도오계(信徒五戒) 등으로 불리기도 한다.

유쾌한 불교

하지만 자비라는 것이 있어서 그런 번뇌에 사로잡혀 있는 재가 사람들이 안쓰럽기 때문에 여러 가지 서비스를 하며 그런 사람들을 구해 주는 것 같은 메타 차원의 재가 활동이 있습니다. 자신을 위해서가 아니라 상대를 위해서 행동하는 것입니다. 비즈니스를 비즈니스 그 자체로서가 아니라 메타 차원의 자비로서 실천하겠다고 생각하면 되는 겁니다.

오사와 그렇다면 비즈니스에도 종교적인 의미가 만들어지겠군요.

하시즈메 맞습니다. 그러니까 빵을 만들어 모두에게 먹입니다. 자기가 이렇게 하지 않으면 살아갈 수 없기 때문에 빵을 굽는 게 아닙니다. 모두가 빵을 먹고 싶은 번뇌에 사로잡혀 있습니다. 번뇌로부터 그 자신을 구할 수는 없지만, 번뇌에 사로잡혀 있는 그들이 불쌍하기 때문에 자비심으로 빵을 구워 모두에게 나눠 주고 있달까요.

마르크스주의와 불교

오사와 그렇군요. 제가 아까 말하고 싶었던 것도 그것과 관계가 있습니다. 불교나 그 밖의 다른 인도 사상이나 종교에는 인간의 생존조건에서 이탈하려는 벡터가 매우 강하게 작동하고 있는 것 같습니다.

사실 제가 보기에는 힌두교에도 이러한 벡터는 작용하고 있습니다. 그러나 불교 쪽이 훨씬 강하게 그런 벡터가 작동하고 있습니다. 힌두교의 경우에는 생존의 조건에서 이탈하려는 힘과 비즈니스 등 생존조건을 확보하려는 벡터가 함께 있어 양자의 균형이랄까 타협 위에 성립되어 있다고 생각하고요.

구체적으로 말하자면, 예를 들어 앞서 언급한 인생의 네 가지 단계입니다. 마을에서 떨어진 곳에서 명상을 하거나 종교적인 텍스트를 공부하는 단계가 있다면, 비즈니스를 하는 단계도 있다는 식이지요. 어쩌면 카스트도 그렇죠. 정점에는 종교와 의례 전문가인 브라만이 있습니다만, 그 아래에는 정치를 하거나, 전쟁을 하거나, 장사를 하거나, 농업을 하기 위한 카스트가 있습니다.

그러나 불교는 생존의 조건에서 벗어나고자 하는 힘이 훨씬 강하고 순수합니다. 그러니까 모든 사람이 불교적으로 이상적인 삶을 살고자 한다면 하나의 사회시스템이 유지되지 않겠죠. 뭐, 엄밀히 말하자면 재가의 불교도도 있기 때문에 그렇게까지 단언하는 것은 좀 지나칠지도 모르지만, 적어도 승가만의 사회시스템이라는 것은 인간이 살아가기 위해 필요한 것을 확보할 수 없기 때문에 자율이 불가능합니다. 모든 사람이 출가해 버리면 사회시스템은 존속될 수 없습니다.

그래서 자율적인 사회시스템이 되기 위해서 불교는 힌두교와 하나의 세트가 될 수밖에 없는 겁니다. 모두가 힌두교도인 사회시스템이라면 자율이 가능하지만, 불교도만으로 구성된 사회시스템은 자율이 불가능합니다. 적어도 극도의 자율은 어렵게 되죠. 그래서 힌두교와 같은 보완물을 필요로 하는 점이 불교의 특징입니다. 이슬람교나 유대교나 기독교, 혹은 유교도 그렇지만 모든 사람이 그 종교의 신자라고 해도 포괄적이고 자율적인 사회시스템이 성립되어, 그로 인해 아무도 전혀 곤란해지지 않습니다. 하지만 불교는 그렇게 되지는 않죠. 불교적으로 완전히 이상화된 삶을 사는 사람만의 사회시스템이라는 것은 매우 어렵습니다.

이러한 사실과의 관계에서, 파생적으로 생각되는 것은 이런 점입니다. 불교는 마르크스주의, 특히 교과서적인 마르크스주의에게는 매우 성가신 종교라고요. 마르크스주의에 따르면 종교와 이데올로기는 계급지배의 도구이며 계급지배를 정당화하기 위해 있습니다. 그러나 불교는 이 설명에는 전혀 들어맞지 않습니다. 불교는 인간의 경제활동 자체를 낮게 평가하고 있기 때문에 어떤 계급지배도, 어떤 생산관계도 정당화하지 않습니다. 그래서 불교는 적어도 교과서적이고 전형적인 마르크스주의의 설명의 한계를 증명하는 사례가 됩니다.

하시즈메 불교는 힌두교와 조합해서 생각해 보는 게 좋다는 건 말씀하신 대로입니다.

힌두교는 카스트제도를 기반으로 하고 있습니다. 카스트제도는 불합리하기 때문에 그것을 납득하기 위해 윤회나 전생의 인과라는 사고가 있겠지요. 카스트제도와 힌두교의 관계는 하부구조/상부구조와 같은, 마르크스주의적으로 설명하기 쉬운 것 중 하나라고 생각합니다.

불교는 그러한 힌두교에 반대하고 있고요. 브라만만이 깨달음을 얻을 수 있다는 생각에 반대하고 있습니다. 즉, 카스트제도에 이의를 제기하고 있는 것이죠. 그래서 마르크스주의가 그리는 종교와 다르게 보이는 것이 아닌가요?

오사와 그렇군요. 다만 제 생각에는 힌두교만으로도 마르크스주의에 불리한 소재입니다. 마르크스주의가 말하는 계급이라는 것은 생산관계죠. 인도의 카스트제도에서 최상위에 있는 것은 생산관계상에서는 거의 의미가 없는 사람들입니다. 물리적 폭력을 쥐고 있는 크샤트리아라든가 아니면 경제의 중심이 되고 있는 바이샤가 상위라면 마르크스주의의 논리를 따르기가 쉽겠습니다만, 브라만이 최상위라는 것은 마르크스주의적으로는 경우에 맞지 않습니다.

생산관계가 토대에 있고 이에 규정되는 형태로 종교를 포함한 의식의 모든 형태가 있다는 것이 사적 유물론의 공식입니다. 하지만 실제로는 브라만이 위에 있고, 그들에게 지배당하는 형태로 크샤트리아나 바이샤가 있기 때문에 생산관계나 물질적인 지배와는 독립적으로 힌두교라는 이데올로기가 작용하고 있는 셈입니다.

회향이란 무엇인가

오사와 조금 전까지의 하시즈메 선생님의 말씀을 정리하자면, 재가에서 비즈니스를 하고 있지만 뭔가 좀 더 출가 수준의 좋은 일을 해서 성불에 다가가고 싶다고 하는 겁니다. 이때 대보살을 롤모델 같은 것으로 하고요. 무슨 말이냐면 객관적으로 밖에서 보면 그냥 비즈니스를 하는 것이지만 거기에 "자비로써 하고 있다"라는 식의 메타적인 해석을 넣는 겁니다. 그러면 비즈니스도 불교적으로 가치 있는 행동이 되죠. 이것이 지금까지의 이야기입니다.

그 논의 위에서 약간의 의문을 제기하겠습니다. '자비'라는 것은 2장에서 화제로 삼았습니다. 자비는 확실히 불교적인 개념이지만 불교의 중심이라고 해야 할까, 근본과의 관계에서 보면 비교적 파생적, 주변적인 것이 아닌가요. 그런 이야기가 앞에서도 나왔던 것 같습니다. 적어도 기독교의 이웃사랑과 비교해 보면 불교에서의 자비의 주변성은 분명합니다. 이웃사랑은 기독교에 있어서는 핵심 중에서도 핵심이죠. 그런 강한 필연성이 자비에는 없습니다.

그렇다면 비즈니스를 '자비로써 하고 있다'고 해석할 수 있다 해도 그것으로 그렇게까지 포인트를 벌 수 있을지 궁금합니다. 게다가 자비로 뭔가를 해준다고 할 때에는 타인이 성불에 가까워지는 일을 하는 것이 아닐까 생각합니다. 이는 '회향'廻向[20] 문제와도 관련이 있는데, 타인을 위해 공덕을 쌓아 주는 그런 것은 본래 불교의 논리로 보면 이상하지 않나 하는 생각이 드는데요. 어떤가요? 자력구제라면 전혀 문제가 없습니다만, 타인의 구제를 위한 원인을 내가 쌓는 것이 가능할까요? 불교의 중심적인 논리와의 관계에서 그런 것이 정당화될 수 있는지 의문이 듭니다.

하시즈메 그것은 여러 가지로 생각할 수 있습니다.

공덕을 쌓든지 해서 성불의 원인을 지을 때, 자신과 타자의 관계겠네요.

우선 관계없다기보다는 관계가 있다고 봐야 하지 않을까요? 예를 들어 오사와 선생님과 제가 불교도라고 해보죠. 배가 고프니 닭을 먹읍시다. 닭이 마당에서 꼬꼬댁 하며 뱅글뱅글 돌아다니고 있다면 둘 중 한 사람이 닭의 목을 베어야 합니다. 오사와 선생님이 목을 베면, 저는 베지 않아도 됩니다. 제가 목을 베면, 오사와 선생님이 베지 않아도 되고요. 목을 벤 사람

---

20 회향(pariṇāma, pariṇāmana, pariṇāmanā(s)): 원어는 변화·변경·성숙·발전의 뜻. 불교에서는 자신이 행한 선근공덕을 '돌리고', 일체중생의 깨달음이나 이익으로 '돌려보내는' 것을 의미한다.

쪽이 살생계 관계로 포인트가 삭감되는 것이 아닙니까? 그래서 생각하죠. 나는 오사와 선생님에게 여러 가지 신세를 지고 있으니 오사와 선생님에게 살생계를 범하게 하는 것은 용납할 수 없다고요. 여기서 제가 살생계를 어겨서 두 사람 몫의 마이너스 포인트를 제 것에서 삭감해 보죠. 제가 닭의 목을 베었다고 합시다. 그러면 오사와 선생님의 포인트는 인과관계 속에서 자신의 행위 책임에 관련되어 계산됩니다. 저도 마찬가지고요. 하지만 사회적인 장면 속에서는 제가 오사와 선생님의 떨어질 포인트만큼을 저에게 마이너스로 줬다는 얘기가 되니까 서로의 포인트는 관계가 있겠죠? 이런 일은 사회생활 속에서 부단히 일어날 수 있다고 생각합니다.

다양한 직업 중에, 예를 들어 닭뿐만 아니라 동물을 죽이는 전문가나 전쟁을 하는 사람처럼 포인트가 쌓이기 어려운 직업을 가진 사람이 있습니다. 왜 이렇게 되어 있는가 하면, 비즈니스는 네트워크이기 때문에 전체가 지탱하고 있기 때문입니다.

그렇게 그 네트워크를 조정해 버리면 누군가는 포인트가 쌓이기 쉽고, 다른 사람은 포인트가 쌓이기 어렵게 됩니다. 즉 그 네트워크 안에는 언제라도 자비가 작용한다고 말할 수 있죠. 그런 논리가 일단 있는 것 같습니다.

오사와 그렇군요. 생각해 보면 실제로 카스트 시스템 안에서 낮은 계층이 된 사람들은 포인트가 쌓이기 어려운 일, 이를테면 동물의 사체를 직접 다루지 않으면 안 되는 사람들이 많지요. 요컨대 닭의 목을 자르는 유형의 일을 하는 사람은 포인트가 쌓이기 어려워 하위 카스트가 됩니다.

지금 이야기가 재미있어서 거기에 더해 질문을 하고 싶어졌습니다.

우리들의 보통 도덕 감각과 불교 논리의 어긋남 같은 것에 또 하나 납득할 수 없는 것을 느끼게 됩니다. 지금 이야기는 예를 들어 하시즈메 선생님이 저에게 '닭을 죽이는 것은 어려운 일이니, 싫으시죠. 제가 하지요'라고 말씀해 주셨다는 거죠. 그리고 하시즈메 선생님이 닭의 목을 잘라 주었기 때문에 저는 아무것도 하지 않고 끝났습니다. 이렇게 하시즈메 선생님이 나쁜 포인트를 조금 넉넉하게 벌어 준 덕분에 저는 '나한테 실점이 없어서 다행이다'와 같이 생각하는 겁니다. 불교의 논리로는 이걸로 된다고 생각합니다. 과연 그렇게 하면 불교의 논리를 유지하면서 하시즈메 선생님이 타인, 즉 오사와의 구제를 위한 원인을 만들어 준 것이 되겠다고 생각했습니다.

하지만 잘 생각하면 조금 이상하다는 느낌도 듭니다. 보통의 도덕 감각으로 보면 이 경우 위대한 것은 하시즈메 선생님 쪽이잖아요? 그러니까 하시즈메 선생님이 마이너스 10점이고, 오사와 쪽에는 마이너스 점수가 없다는 것은 이치에 맞지 않는다는 느낌이 듭니다. 오히려 대신 살생까지 해준 하시즈메 선생님이 훌륭하기 때문에 포인트가 늘어야 하고, 오사와는 하

유쾌한 불교

시즈메 선생님에게 강요했기 때문에 포인트를 잃어야 하는 것은 아닐까… 그런 느낌이 드는데요.

하시즈메 그것은 뭐, 하나의 견해겠죠.

대보살은 그렇게 해서 마이너스 포인트를 떠안는 것을 두려워하지 않고, 자비에 근거해 척척 행동합니다. 조금의 마이너스를 두려워하지 않아도 될 만큼 플러스 포인트를 이미 충분히 쌓아 두었기 때문에 괜찮을지도 모르지만 그런 일을 하기 때문에 좀처럼 붓다가 될 수 없다고도 말할 수 있습니다.

오사와 그래서 보통의 도덕이라면 여기서 대보살은 계속해서 닭의 목을 잘라 줌으로써 대보살 자신이 득점할 수 있어야 한다는 것입니다만, 불교의 논리에서는 반대로 점점 실점을 거듭하게 되어 축구로 치면 자책골 같은 것이 됩니다. 그렇다는 것은 불교의 전제 부분에 일반 사회의 도덕과는 전혀 다른 전제가 있는 게 아닌가 싶습니다.

깨달음은 극한이다

오사와 보살의 수행에 대해서 여쭤보고자 합니다. 어떻게 하면 성불할 수 있을까, 붓다가 될 수 있을까, 깨달을 수 있을까 하는 것들의 관계에 대해서요.

출가자의 경우 계율戒律을 지키는 셈이죠. 수행이라는 것과의 관계에서는 승가의 운영을 위한 내규 같은 율律보다 계戒 쪽이 중요한 느낌이 듭니다. 음행淫, 도둑질盜, 살생殺, 거짓말妄[21]의 사계四戒, 즉 바라이죄波羅夷[22]罪라고 불리는 불교의 중요한 네가지 계를 포함한 수많은 계를 출가자들은 준수합니다.

하지만 계를 지킨다고 해서 깨달을 수 있는 것은 아닙니다. 예를 들어 유대교에서는 율법을 지키는 것이 구제를 위한 조건이지만, 불교에서는 깨달음과 계 사이의 관계가 그렇게 강하지는 않습니다. 나아가 출가자 중심주의에 대한 반발로서 보살을 중요시하는 대승불교가 나왔다고 했습니다. 그런 반발이나 출가의 상대화가 가능한 것도 승가의 '계'가 깨달음, 성불과 필연적인 관계가 없기 때문이죠.

자, 그렇다면 보살은 무엇을 하면 좋을까요? 어떻게 해야 깨달음에 가까이 갈 수 있을까요? 예를 들어 이슬람교도라면 무엇을 해야 할지가 확실합니다. 신앙 고백, 예배, 희사, 단식, 순례 등 다섯 가지(활동)를 하고 알라, 천사, 경전(코란), 예언자(무함마드), 내세, 천명 등 여섯 가지를 믿습니다(오행육신五行六信). 이슬람교도면서 그것들을 빠뜨리면 이슬람교도가 아니라는

---

21   망(妄): 거짓말하는 것. 깨달음에 대해서 거짓말하고, 사실은 깨닫지 못했음에도 깨달았다고 말하는 것.

22   바라이(pārājika[s]): 원래 뜻은 '다른 것에 의해 진 것'으로 추정된다. 번뇌에 져서 자신의 수행이 깨지는 것. 바라이죄는 계율 중 가장 무거운 죄로 이를 범할 경우 교단에서 추방된다.

말이죠. 이슬람교도로서 올바른 일을 하고 있는지 아닌지에 대한 구별은 명쾌합니다. 기독교의 경우 내면의 문제이고 구체적으로 무엇을 하면 좋을지를 조금 알기 어려운 부분이 있습니다만, 이슬람교의 경우는 어쨌든 분명합니다.

이슬람교의 오행육신과 조금 비슷한 것으로 보살을 위한 육바라밀이라는 것이 있습니다. '바라밀'波羅蜜은 산스크리트어의 음차이기 때문에 한자로 보면 무슨 의미인지 전혀 알 수가 없습니다만, 산스크리트어의 '파라미타'(pāramitā)라는 것은 '완성'이나 '극치'와 같은 의미라고 할 수 있죠. 육바라밀이라는 것은 여섯 가지의 실천입니다. 보시布施, 지계持戒, 인욕忍辱(인내忍耐), 정진精進, 선정禪定, 반야般若까지 여섯 가지죠. 가장 어려워 보이는 말은 여섯번째인 반야바라밀인데요, 말하자면 '최고의 지혜'라는 뜻입니다. 육바라밀이라는 것이 이야기되고, 특히 반야바라밀이 중시되는 것이 바로 대승불교의 특징이기도 하죠.

조금 각주적으로 정리해 두면, 육바라밀에는 자기 자신을 향한 것과 타자를 향한 것이 있다고 생각합니다. 자기 자신과 관련된 실천이 지계, 정진, 선정, 반야입니다. 타자와의 관계가 들어오는 것에는 우선 보시가 있고, 거기에 더해 인욕이 있습니다. 타자에게 적극적인 관계가 보시라면 부정적인 타자와의 관계가 인욕이 아닌가 하는 느낌입니다.

어쨌든 이야기를 본론으로 되돌리면 육바라밀로부터 이슬

람교의 오행육신이 연상되지 말라는 법은 없습니다. 하지만 육바라밀과 오행육신은 역시 근본적으로 성격이 다르죠. 육바라밀로 인해 100% 깨달음에 다다른다, 확실히 구제에 이른다와 같은 것이 아니기 때문입니다. 혹은 각각의 바라밀의 내용이 이슬람의 오행처럼 분명하지 않고 막연하기 때문입니다.

그렇다면 결국 불교도로서는 무심결에 포인트를 얻을 수밖에 없다는 것이 됩니다. 무엇이 포인트가 될까, 무엇이 안 되는 걸까도 명쾌하게 알 수가 없죠. 이렇게 하고 있으면 확실히 깨달음에 도달할 수 있다, 이것을 하면 절대 깨달음에 이를 수 없다 같은 것이 분명하지 않습니다. 깨달음을 위해 대체 무엇을 하면 좋을까요?

반대로 이런 식으로 질문을 바꿔 보시죠. 깨달음을 얻은 상태가 있다고 했을 때 그 사람은 무엇을 하는 걸까요? 거기서부터 거꾸로 계산해 가다 보면 깨달음으로의 길이 보일지도 모르니까요. 깨달은 사람은 무엇을 해야 하는 걸까요?

하시즈메 무엇을 해도 괜찮습니다.

깨달은 상태라는 것이 있어, 거기서부터 더는 전진할 수가 없습니다.

오사와 결승점에 도착해 버렸기 때문이겠네요.

하시즈메 이미 궁극의 상태입니다.

깨달음이 어떠한 상태인지를 기술할 수 없다는 점이 이해의 급소입니다. 앞에서 말씀드렸지만 집합론으로 개를 정의하는 것에 두 가지 방법이 있죠.

개 = {포치, 검둥이, 흰둥이, 얼룩이……}

이렇게 온 세상의 모든 개를 나열해 가면 개의 정의가 됩니다. 자 그럼, 깨달음의 구체적인 사실을 전부 열거할 수 있을까요? 이것은 깨닫지 않은 사람에게는 할 수 없는 것입니다. 깨달은 사람이라고 해서 할 수 있을지 어떨지 모르고요.

그리고 하나 더 있었죠. 정의를 하는 방식이요.

깨달음 = {X| X는 깨달음이다}

이런 식으로 깨달음의 본질을 과함도 부족함도 없이 늘어놓습니다. 개의 경우는 '멍멍 짖는다', '네 발 짐승'…과 같이 필요충분조건을 써 나가는 것이었죠. 깨달음은 이 방법으로 정의할 수 있을 것 같지만, 오사와 선생님의 책에 나오는 '리엔트리'(re-entry, 재기입)처럼 되어 버려 깨달음의 정의 안에 '깨달음'이라는 말이 들어가 있습니다. 즉 이 정의도 깨달은 사람만이 이해할 수 있죠.

이상의 정의에서 알 수 있듯이, 깨달음은 정신상태의 극한입니다. 무언가를 집어넣는다 해도 변화하지 않으니까요. 깨달은 자라면 '아, 이런 것은 아직 생각하지 않았었구나'와 같은 일 따위는 결코 일어나지 않습니다. 세상 누가 생각한 어떤 훌륭한 일도 붓다는 다 생각해 본 적이 있다고 여기는 것이죠. '일체지'一切智라는 것은 아마 그러한 것으로, 모든 사람이 과거·현재·미래에 있어 대략 생각하거나 느낀 모든 것을 생각하고 느끼는 것이라고 정의할 수 있지 않을까요.

오사와 깨달음의 상태라는 결승점은 그런 것이군요. 깨달음의 상태라는 것은 정신의 보편성이랄까, 임의의 좋은 정신상태의 집합이라는 느낌이네요. '임의의 좋은 정신상태의 집합' 또한 좋은 정신상태이기 때문에 자기언급이라고 할까, 자기 자신을 요소로 포함하는 집합이 되어 버려 패러독스가 생깁니다.

하시즈메 그렇습니다.

그러면 지금, 여기에 시간적으로나 공간적으로나 극한에 이른 한 사람의 인간이 시간적으로나 공간적으로나 극한에 이르지 못한 정신상태와 그 성과를 포섭할 수 있는가 하는 문제가 됩니다. 뭐 거의 불가능하겠지만요. 왜 불가능할 것 같으냐면 자신의 정신상태를 자신의 안쪽에서 보고 있기 때문입니다. 이를 바깥에서 볼 수 있다면 지금·여기라는 제약은 없어지는 셈이니 부처의 경지에 도달할 가능성이 있습니다.

그러면 깨닫기 위해 좋은 원인을 쌓아 올린다고 하지만, 그런 것은 아마 별로 관계없죠. 별로 관계없으니 발상을 전환하여 자신이 제약된 그 조건을 바깥에서 보는 것이 훨씬 빠르지 않을까요?

오사와 그렇군요. 깨달음의 상태에 대한 새로운 정의이네요. 그 전에 좀 더 기초적인 것을 여쭤보고 싶습니다만, 혼자서 깨달아 버려도 혹은 누군가에게 귀의하여 깨달아도 괜찮은 것이군요? 어느 쪽으로 했다고 해도요.

하시즈메 결과는 같습니다.

오사와 원래 석존은 스스로 알아서 깨달은 셈이니, 혼자서도 깨닫는 것이 가능한 것이겠죠. '독각'獨覺, '성문'聲聞이라는 구분이 있습니다. 독각은 스승 없이 혼자 깨닫는 것이고, 성문이라는 것은 누군가의 가르침을 듣는다는 것입니다. 이 구별은 주로 출가수행자에게 적용되는 것 같습니다만, 어쨌든 깨달음에 있어서 독각이든 성문이든 본질적인 차이는 없고 둘 다 같다는 것이네요.

하시즈메 완전히 같습니다.

오사와 학원에 다니면 조금 합격률이 높아지거나 그런 일은 없습니까?

하시즈메 뭐, 그 정도는 있을지도 모릅니다.

깨달음이라는 것은 자신을 바깥에서 보는 것이므로 깨달음의 결과는 자신이 최대의 타자가 되는 것입니다. 세계 속에 자신이라든가 인간이라든가 하는 구분이 있는 것이 부자연스럽고 부당하다는 것을 품은 생각이기 때문입니다. 결국 나는 내가 아니고, 인간이 아니며, 생명도 아니고, 기묘하고 기괴한 우주의 메커니즘 그 자체라는 결론이 날 것입니다.

그러면 이것은 정말로 걱정스러운 정신상태로 윤리도, 도덕도, 살생계라든가, 재산이라든가, 인간은 가치가 있다든가 하는 것이 전부 허물어져 버린 황량한 곳으로 나아가게 됩니다. 그리고 가 버린 이상 돌아올 수 없죠.

오사와 그렇군요. 별로 깨닫고 싶지 않은 기분도 드네요(웃음).

하시즈메 그래도 다시 원래의 인간으로 스윽 돌아올 거라고 생각합니다. 그러면 인간이라는 것에 감사하다는 기분이 들죠. 이런 느낌이라고나 할까요?

예를 들어 복권에 당첨되고 싶지만 항상 빗나가기만 하는 사람이 어느 날 아차상前後賞 육십억 원을 맞췄습니다. '됐다!', 그런데 복권을 잘 보니 번호가 틀렸습니다. 그 순간 육십억 원의 당첨 복권은 그냥 휴지 조각이 되는 것이죠. 모든 가치 있는 것은 가치가 없는 것처럼 되지만, 다시 한번 자세히 보니 숫자

유쾌한 불교

위에 부스러기가 묻어 있었을 뿐 역시 당첨된 게 맞았습니다.

그러면 최초에 그냥 당첨된 것과 다르게 한 번 한낱 휴지 조각이 됐던 셈이니 이번에 더 '감사'한 마음이 듭니다. 그 기분을 안다면 육십억 원이기 때문에 기쁘지만, 천 원이라 해도 기쁜 겁니다. 그렇듯 인간으로 돌아와서 만족하고 감사하게 살아가자라는 것과 같은 거죠.

오사와 그렇군요. 조금 알 것 같기도 하고 모를 것 같기도 합니다(웃음). 하지만 그 비유는 굉장히 재미있네요. 육십억 원 당첨된 복권이 일단 휴지가 되어 버린다는 점이 관건이겠지요. 그 경지로부터 돌아오면 육십억 원도, 천 원도, 아니 휴지도 모두 마찬가지라고 생각할 수 있습니다.

하시즈메 깨닫고 싶지 않다는 지점에 대해 좀 더 설명해 주실 수 있나요?

오사와 깨닫고 싶다는 기분이 일어나지 않을 것 같아요…. 어려운 것은 깨달음이라는 것에 내재적인 매력이 없다는 거죠. 하시즈메 선생님의 비유가 너무 훌륭하기 때문에 그것을 빌려 설명하면 이런 느낌입니다.

예를 들어 육십억 원에 매력이 있다는 것을 납득시키고, 그것을 얻기 위해 여러 가지로 노력하게 하는 것은 간단하죠. 육십억 원이 있다면 호화로운 저택을 지을 수 있다든지, 사치스런 여행을 할 수 있다든지, 맛있는 것을 많이 먹을 수 있다든지, 여러 가지 가능한 일이 있기 때문에 육십억 원의 매력을 설명하는 것은 간단합니다.

육십억 원이 당첨되기를 꿈꾸며 돈을 모두 복권 구입에 쏟아붓고, 복권을 사기 위해 추운 날에도 줄을 서는 등 여러 가지로 노력합니다. 하지만 당첨되지 않는 것이죠. 원하는 것을 얻을 수 없습니다. 이것이 '고'苦입니다.

어째서 '고'가 있는가 하면 여러 가지 욕망이 있기 때문입니다. 육십억 원을 바란다든지, 호화롭게 살고 싶다든지, 맛있는 것을 여러 가지 먹고 싶다든지 하는 욕망이 있어 그것이 충족되지 않기 때문입니다. 그래서 그 욕망을 꺼뜨립니다. 번뇌를 꺼뜨리고요. '깨달음'의 경지에 다다르다 보면 그런 것들이 전부 꺼지는 것이라고 생각합니다. 이때 육십억 원의 당첨 복권도 휴지와 등가라는 기분이 드는 것이죠.

그렇다면 깨달음을 목표로 한다는 것은 모든 것이 휴지 조각으로 보이는 것 같은 경지를 목표로 한다고 말하는 셈입니다. 하지만 그런 상태를 보고 '그거 정말 대단하네'라는 기분은 좀처럼 들지 않죠. 육십억 원을 요구했던 사람 입장에서는 오히려 최악의 상태이기 때문입니다. 이것이 깨달음의 내재적인 매력이 떨어진다는 것입니다.

하시즈메 선생님의 비유에 입각해서 조금 더 구체적으로 말을 바꿔 보겠습니다. 과장해서 말하면, '육십억 원에 당첨되었다고 생각했다' → '하지만 실제로는 빗나갔다' → '그래도 조금은 맞았다'라는 변증법적인 전개 속에서 체험을 하는 것은 분명 정말 대단한 일일 거라고 생각합니다. 하지만 사람들에게 '육십억 원에 당첨되었다고 생각했지만 실제로는 빗나가 버려 좋다 말았다'라는 심정으로는 말할 수 없는 훌륭함이 있어, 그것을 목표로 힘내자고 이야기해 봐도 절대 따라오지 않을 겁니다. 그런 상황을 만들기 위해 노력하고 싶다고는 아무도 생각하지 않죠.

'실은 빗나갔다'는 것이 극적인 효과를 내는 것은 그 사람이 육십억 원을 노렸기 때문이라고 생각합니다. 육십억 원을 포기하지 않고 계속 노렸던 사람만이 '실은 빗나갔다' → '그래도 조금은 맞았다'의 전개가 대단한 것이 되는 셈이죠. 처음부터 '실은 빗나갔다'라는 상태를 노린다 해도 그것으로는 조금도 깨달을 수 없는 겁니다. '실은 빗나갔다'…라는 체험의 대단함은 육십억 원 당첨을 목표로 했던 사람만이 맛볼 수 있는 부산물로, 그 빗나감을 처음부터 노린 사람은 얻을 수 없는 것이 아닐까요?

하시즈메 복권은 사려고 하면 누구나 살 수 있다는 점에서 평등합니다. 누구에게나 기회가 있죠. 인생도 마찬가지로 누구나 행복하기를 바랍니다. 행복의 내용은 복권에 당첨되면 하고 싶은 것과 많이 닮아 있습니다. 그런데 대부분의 경우 생각한 만큼의 행복에 다다르는 것은 불가능해서 좌절이나 고뇌를 맛보게 됩니다. 다른 사람이 가르쳐 주지 않으면 자신의 인생은 '빗나간 게 아닐까' 하는 기분이 드는 겁니다. 그런 밑바닥의 상태에서도 누구나 희망과 감사를 가지고 올바르고 긍정적으로 살 수 있다는 희망이 깨달음이라는 이름으로 불리고 있는 것은 아닐까요?

깨달음이 있는 것과 깨달음이 없는 것은 어떻게 다를까요? 깨달음은 자신의 인생을 다시 측정할 수 있는 '자'와 같은 것으로, 가치 없는 것, 고통스러운 것으로 이루어진 자신의 인생이 가치를 가진 깨달음과의 관계에서 의미가 생겨납니다. 그런 체험이라고 생각합니다.

오사와 깨달음이 혹시 있는 거라면, 그것은 원리적으로는 부산물로 얻어지는 게 아닐까 하는 생각이 듭니다. 처음부터 목표로 삼을 수 없는 것이죠. '깨달음은 이러이러한 것이다'라고 분명하게 목표를 정해 버리면 깨달음이라는 것은 참 하찮은 것으로 보일 겁니다. 그래서 깨달음에 내재적인 매력이 없어 좀처럼 깨닫고 싶지 않다고 말한 거지요. 하시즈메 선생님의 비유에 촉발돼서 제가 느꼈던 것을 말해 보자면 이런 느낌인데요. 깨달음이라는 것은 그것을 적극적인 목적으로 삼지 않을 때에만 도달할 수 있는 역설적인 목표일지도 모르겠습니다.

유쾌한 불교

그렇다고는 해도 불교는 결국 거대한 운동이 되어 역사를 움직여 온 셈이고, 붓다 이외에는 누구도 잘 알지 못하는 '깨달음'이라는 것이 많은 사람을 끌어당긴 게 틀림없습니다. 그런 의미에서는 '깨달음'에도 매력이 있다고 할 수 있는데요. 굉장히 불가사의한 느낌이 듭니다.

공空이란 무엇인가

오사와 깨달은 상태라는 것은 우주의 '공'空[23]을 인식해 체득하고 있는 것과 같은 상태가 아닐까 합니다. '공', 즉 '실체는 존재하지 않는다'라고요. 앞의 예를 들면 '육십억 원도 천 원도 모두 휴지 조각이다'라고 하는 것은 '공'적인 인식에 가까울지도 모른다는 예감이 듭니다.

어쨌든 불교 하면 '공'을 떠올릴 만큼 불교와 '공'의 결합은 강합니다. 불교에 대한 지식이 거의 없는 사람도 '색즉시공, 공즉시색'色即是空, 空即是色이라는 『반야심경』의 구절을 알고 있을 정도니까요. '공'이라는 것은 불교의 매우 중요한 카테고리라고 생각합니다.

조금 기초적인 지식을 덧붙이자면 '공'에 대한 지향은 불교

---

23 공(śūnya[s], suñña[p]): śūnya는 śū(=śvā, śvi 팽창하다)로부터 만들어진 śūna에 기초하여 공허, 결여, 부풀어 올라 내부가 비었다 등의 뜻. 초기 불경 『숫타니파타』 1119절에도 '실체를 고집하는 편견을 버리고, 세상을 공(空)으로 관찰하십시오'라고 나온다.

초기부터 있었다고 생각합니다만, 예를 들어 '제법무아'諸法無我라는 것은 '공'으로 통하지만 그래도 부파불교의 단계에서는 '유'有라는 것을 중시하는 흐름도 있었던 것 같습니다. 그러나 대승불교에 이르러 '공'으로의 기울어짐이 훨씬 심해지죠. '공'의 중시라는 것 또한 대승불교의 특징입니다. 대승의 '반야'般若, 즉 지혜라고 하면 '공'에 대한 앎입니다.

그렇다고 하지만 '공'이라는 것도 매우 알기 어렵습니다. 일단 '공'에 비교적 가까운 함의를 띠고 있는 것으로 '무'無라는 말도 있습니다. 지극히 교과서적으로 말해 서양 혹은 일신교의 영향 아래 있는 종교나 철학에 있어 주요한 주제, 가장 중요한 개념이라고 하는 것은 '존재'죠. 그 존재의 부정이 '무'입니다. 반면 불교의 경우는 가장 중요한 개념이 '공'입니다. 그 '공'이란 도대체 무엇일까요? 특히 '무'와 어떻게 다른 것일까요? 이 단계에서 그 지점을 생각해 두고 싶은데, 어떻습니까? '무'와 '공', 혹은 '공'이란 도대체 무엇인가에 대해서요.

하시즈메 '유'와 '무'라는 것이 있고, '유'와 '무'로는 표현할 수 없는 것이 '공' 같은 것인데요. 먼저 '유'와 '무'를 생각하게 되는 것은 일신교적인 사고방식, 서양철학의 습관이기 때문에 이 기회에 잠시 괄호를 치는 것이 좋을 것 같습니다.

'공'이라는 것은 『반야경』 외에도 대승불교의 기초가 되는 경전에서 거듭 강조되고 있습니다. 소승 단계에 '공'의 사고방식이 있었는가는 논란의 지점이 있습니다만, 그것을 제대로 써 놓은 경전은 소승에는 없었던 것 같습니다. 반야교 계통의 사람들에 의하면 '공'은 불교의 가장 근본적인 사고방식으로 석존도 그것을 확실히 일러두었을 터입니다. 그런데 그게 잘 전달되지 않은 것이죠. 그 진의를 내세우는 것이 『반야경』의 입장으로 '공'은 석존이 설한 깨달음의 본질이라고 주장합니다. 일단은 그걸 전제로 생각하죠.

'공'을 생각하기 어려운 이유는 이중어법, 다중어법으로 되어 있기 때문입니다. 공이라는 것은 존재하는 것이 아닙니다. 존재하지 않는 것도 아니죠. 존재하면서 존재하지 않는 것도 아닙니다. 존재하지 않으면서 존재하지 않는 것이 아닌 것도 아닙니다…라는 말을 끝없이 거듭해 가는 것입니다. 에둘러 말하는 식입니다.

가치가 있는 것이 있다고 해보죠. 이를테면 미인이라든지 재산이라든지 권력이라든지 뭐든 좋습니다. 이게 실재하는가 생각해 보면 인과관계 속에서 인과적으로 구성된 것이기 때문에 요소로 분해되어 버리는 겁니다. 상상의 카메라를 사용해서 예를 들어 아름다운 여성의 시간을 빨리 돌리면 순식간에 할머니가 되고, 더 돌리면 해골이 되는 것처럼요. 상상 속에서는 그리고 아마 실제로도 그렇게 변화해 갈 것입니다. 그것이 진실임을 부정할 수 없죠. 혹은 시점을 줌업해 봐도 좋습니다. 미인의 피부를 줌업해서 확대해 보면 모공이 분화구처럼 거대하게 울퉁불퉁해지고, 더 확대해 보면 세포와 박테리아의 꿈틀거림이 되고 맙니다. 미인은 어디로 간 것인가 싶어지죠.

미인뿐만 아니라 권력도, 부도, 대체로 이 세계에서 가치 있는 실체로 여겨지는 것들은 모두 그런 성질을 가지고 있습니다. 그 본질에 있어서 실체가 없다고도 할 수 있습니다. 그렇다면 부니 권력이니 감성적인 존재니 하는 것이 실재하지 않느냐 하면 그렇지도 않습니다. 영원한 것이 아니라 일시적인 것으로 착각·확신과 같은 형태로 그 나름대로 생생하게 존재하고 있습니다.

그래서 이것을 어떻게 표현해도 좀처럼 명확해지지 않지요. 그러한 세계가 실재하지 않는 형태로 실재하고 있음을 아는 것이 '공'이 아닐까 합니다.

오사와 어렵네요.

하시즈메 이 인식은 이 세계의 구조를 특별히 바꾸는 것은 아닙니다. 이 세계는 이 세계가 있는 그대로 존재하고 있기 때문에 그것은 비교적 상식적인 것이지만, 이 세계가 성립하고 있는 메커니즘의 모든 것을 끝까지 파고들어 이 세계가 성립하는 조건을 모두 이해한 것 위에서 이 세계를 봅니다. 기적적인 우연이나 여러 가지 요인의 조합에 의해 간신히 이뤄지고 있는 이른바 허깨비 같은 것이 이 세계라는 것을 알 수 있습니다.

유쾌한 불교

자신도 마찬가지죠. 자신이 처음부터 무조건 존재한다고 생각하면 내가 배가 고프다거나, 내가 뭔가를 얻고 싶다고 생각해서 그것에 얽매이게 됩니다. 하지만 일단 나라는 존재가 성립하고 있는 조건을 남김없이 끝까지 파고들어 가 본다면 '자신이 있다'고 하는 것은 자신이 없는 것은 아니라서 있게 되는 것이고, 그것은 기적적인 조건에 의한 것이기 때문에 그런 것에 집착하는 것은 잘못된 것이 됩니다.

그럼 오늘 저녁 반찬은 먹지 않아도 되겠네라고 물어본다면, 아니요, 감사히 먹어야지요.

오사와 그렇군요. 먹을 수 없는 경우도 가끔은 있지만 주면 감사히 먹어야죠(웃음).

진리의 상기설

(카메라맨의 카메라 렌즈캡이 떨어짐)

오사와 지금 카메라 렌즈캡을 찾고 있어서 생각난 이야기입니다만. '카메라 렌즈캡을 찾자'라고 할 때 우리는 렌즈캡이 뭔지 알잖아요. 그렇기 때문에 찾을 수 있는 것입니다. 그래서 뭔가 발견됐을 때 그것이 찾고 있던 것인지 아닌지 금방 알 수 있죠. 예를 들어 책상 밑에 볼펜이 있다 하더라도 그것은 자신이 찾던 것이 아님을 알 수 있는 겁니다.

그런데 철학적인 물음의 특징은 '○○이란 무엇인가'라는 형식을 취한다는 겁니다 '렌즈캡이란 무엇인가', '선善이란 무엇인가' 등등. 그러나 이러한 물음에서 시작되는 탐구는 이상한 것입니다. 그것이 무엇인지 모르는데 어떻게 탐구할 수 있을까요? 보통 탐구는 '그것'이 무엇인지는 알고 있지만 그 성질의 일부, 예를 들어 위치를 모를 뿐이어서 발견한 답이 정답인지 알 수 있습니다. 하지만 철학적 탐구의 경우에는 그렇지 않죠.

이 철학적 탐구의 모순은 고대 그리스 때부터 알려져 왔습니다. 소크라테스가 이에 대해 말하고 있다고 합니다. 플라톤이 소크라테스를 소개했기 때문에 정말 소크라테스가 생각한 것인지, 아니면 플라톤의 생각인지는 모르겠지만 어쨌든 플라톤을 경유한 소크라테스는 이 모순에 대해 다음과 같이 생각한 거죠. '○○이란 무엇인가'라고 물을 때 사실 우리는 그 '○○'을 알고 있다고요. 단지 영혼은 그것을 잊어버리고 있는 것뿐입니다. 그러므로 우리는 '○○이란 이러이러한 것이다'라고 결론을 내릴 때 사실은 잊고 있었던 걸 떠올리는 것일 뿐입니다. 이게 '진리의 상기설'이죠.

이것을 근거로 해서 상황이 한층 더 복잡해지는 케이스가 있지 않을까요? 저는 그렇게 생각되는데요. 예를 들어 '선이란 무엇인가'라고 묻는 것으로 결국 우리가 상기했는지 아닌지 모르지만 어쨌든 '선이란 이러이러한 것이다'라는 결론에 이르게 됩니다. 그러나 어떻게 해도 이런 결론에 이르지 못하는 케이스가 있죠. 게다가 그런 케이스에는 두 가지 유형이 있습니다.

'X란 무엇인가'라고 묻고 'X는 A다', 'X는 B다'라고 해도 그어느 쪽도 아닌 케이스가 있는 것이죠. 'X'에 대해서 어떤 술어 A, B, C…를 가져와도 '그것은 아니다'가 되어 버립니다.

게다가 'X는 A도 B도 C도 아니다'는 X가 그것들 중 어느쪽이라도 될 수 있기 때문이라는 유형이 있습니다. 그 경우의 X야말로 '존재'가 아닌가요?

반면 '~이 아니다'가 완고하게 이어지는 유형이 있습니다. 'X는 A도 B도 C도 될 수 없다', 'X는 A가 아닌 것도 아니다' 등등 언제까지나 '~이 아니다'라는 것밖에 될 수 없는 유형이 있습니다. 그때의 X가 '공'쪽 아닐까요?

언어와 공

오사와 공이란 무엇인지를 언어로 정의할 수 있는가 하는 것이 화제가 됐으므로 불교에서의 언어라는 문제에 대해 여기서 생각해 보고 싶습니다. 하시즈메 선생님은 『상가 재팬』 13호(サンガ, 2013, p.6)에 「언어의 관점에서 본 불교」에 대해 쓰셨습니다만, 재차 의견을 듣고 싶습니다.

예를 들어 지금의 '공'도 결국 무엇인지는 확실히 말할 수 없는 것이 포인트라고 생각합니다. 혹은 깨달은 상태에 대해서도 그것을 명시적인 말로 할 수 없죠.

이처럼 '궁극적인 것은 이름 짓기 어렵다. 말로 할 수 없다'라는 것은 불교에서 흔한 일입니다. 그래서 언어라는 것이 가장 중요한 곳에서 무력하다는 것, 최종적인 진리는 언어로는 도달할 수 없다는 것, 궁극의 진리와의 관계에서 언어는 무력하다는 것이 불교의 기본적인 입장이 아닐까 생각하는데요. 그렇게 이해해도 될까요?

하시즈메 우선 '공', 그리고 '언어' 순서로 말씀드리겠습니다.

'공'을 '공'으로만 이해할 수는 없을 것 같습니다. '공' 앞에 '법'(다르마)이라는 것이 있는데요. 다르마가 뭐냐 하면 이 세계의 법칙성, 이 세계의 운행을 지탱하고 있는 메커니즘 같은 것이라고 할 수 있습니다. 나도, 사회도, 모든 것이 그러한 메커니즘으로 지탱되고 있습니다. 인과관계이기 때문에 메커니즘인 겁니다.

법유法有라는 입장과 법공法空이라는 입장이 있었죠? 이 세계 모든 것은 실체가 없고 변화해 갑니다. 그렇다면 '이 세계의 모든 것은 실체가 없고 변화해 간다'는 법칙성 자체는 실체가 있는 것일까요, 없는 것일까요? 이와 관련해 논쟁이 있었습니다. 법유의 입장은 이 법칙성 자체는 변화하지 않으므로 확실하며 실체가 있다고 봅니다. 반면 법공의 입장은 이 세계의 모든 것은 실체가 없고 변화해 가는 것이므로 법(다르마)도 예외

276   유쾌한 불교

가 아니며 실체가 없다고 봅니다. 이런 논쟁입니다. 왠지 머리가 어지럽군요.

'공'은 이 후자(법공)의 입장이라고 생각합니다.

그럼 '공'의 입장에 서면 가치 있는 게 아무것도 없을까요?

'공'이라는 사고방식은 무엇인가 확실히 정말로 있는가 하는 것이 실로 의심스러워지지만 그래도 그것(진리)을 알고 있는 상태(지혜)는 분명히 있습니다. 그래서 붓다도 확실히 있을 거라 여겨지는 것이죠. 그리고 그것만이 가치가 있습니다. 그런 의미에서는 '공'과 붓다는 표리관계에 있습니다.

불교의 특징은 단순한 인과적 결정론이 아니라 그것을 조건으로 보고 있다는 점이 아닌가 합니다. 숙명론과는 좀 다른 것이죠. 특정한 조건하에 내가 존재합니다. 특정한 조건하에 사회가 존재합니다. 그 조건을 바꾸어 보면 어떻게 될까 하는 상상력이 작용하고 있다고 생각합니다. 그러면 조건이 반드시 충족되는 것은 아니기 때문에 세계는 우연한 것이 됩니다. 또는 공이 되죠.

일단은 이것이 '공'에 대한 이해입니다.

오사와 그렇군요.

하시즈메 다음으로 언어에 대해 생각해 보겠습니다.

언어라는 것은 인간에게 보통의 사회 속에서 의미 있게 사용되고 있습니다. 언어와 지금 말한 궁극의 진리는 직접적인 관계가 없습니다. 언어는 좀 더 실용적인 목적을 위한 것으로서 이것은 '개'라든지, 이것은 '닭'이라든지, 이것은 '밀'이라든지, '나'라든지, '너'라든지, 여러가지 사람들의 실용적인 지식이나 태도를 표현하기 위한 것입니다.

'공'의 입장에서 볼 때 언어의 문제점은 언어가 대상의 동일성, 실체성을 상정해 버린다는 점입니다. 그것은 지혜와는 거리가 멀죠.

그래서 붓다의 지혜를 언어로 표현하기가 어려워집니다.

석가모니 부처님도 인도 사람으로서 말을 한 셈이죠. 석가모니 부처님 한 사람이 세계를 궁극적으로 인식하고 깨달음에 이르렀습니다. 깨달음에 이른다는 사건도 이 다르마의 법칙성 내부에서 설명할 수 있는 것, 설명해야 할 것입니다.

그런데 '깨달음'은 말하자면 이 세계의 '특이점'처럼 되어 있어서 고밀도인지 고에너지인지 잘 모르겠지만 특별한 것입니다. 특별한 것이라는 건 그 깨달음이 이 사회의 통상적인 가치관이나 이 사회의 통상적인 사건의 인과관계 정반대에 있고, 거기서는 통상 상상할 수 없는 일이 여러 가지 일어납니다. 말하자면 중력으로 공간이 뒤틀려 있는 것 같은 느낌으로 거기에 여러 가지 말이나 사건이 빨려 들어가 더 이상 나오지 않는다는 특이점인 겁니다. 그 특이점에서 충분히 거리를 두면 말은 보통 쓸 수 있지만, 그 특이점에 가까워지면 말이 말로 성

유쾌한 불교

립하기 위한 조건이 상실되기 때문에 깨달음을 언어로 표현할 수 없습니다. 이런 근본적인 문제가 있죠.

이것이 일신교와 다른 점입니다. 일신교의 경우 절대자인 신(God)이 최초에 말씀을 하셨고, 말은 신 아래에서도 변형되지 않거든요. 오히려 말은 신으로부터 인간에게 주어졌고, 말을 변형시키고 있는 것은 인간입니다. 인간의 말은 불완전하고, 신의 말은 완전하다는 발상으로 이루어져 있습니다만, 불교는 그 정반대여서 부처의 깨달음과 말은 접속이 잘 되지 않습니다.

그럼 석가모니 부처님은 어떻게 했냐면 깨달은 후 말을 하지 않는 옵션을 제시했습니다. 즉, 침묵했습니다. 그러다 범천(힌두교의 브라흐마 신)이 찾아와 "애써 도달하셨는데 깨달음을 말로써도 전해 주십시오"라며 간청했습니다. 석가모니 부처님은 거기에 응해 설법을 했죠(범천권청梵天勸請).

따라서 설법의 역설은 말할 수 없는 것을 말해야 하고, 이야기할 수 없는 것을 이야기하고 있다는 것입니다. 왠지 비트겐슈타인[24] 같네요. 말을 해도 제대로 전달될 수 없는 구조를 가지고 있고, 말을 해도 정확히 이야기할 수 없지만 그래도 말해야

---

24 [역주] 비트겐슈타인(Ludwig Josef Johann Wittgenstein): 오스트리아 태생의 철학자 (1889~1951). 여기서 설법의 역설이 비트겐슈타인 같다는 말은 그가 『논리-철학 논고』에서 말한 "말할 수 없는 것에 대해서는 침묵해야 한다"는 논리구조와 유사하기 때문으로 보인다.

합니다. 여기에 '공'이 나타나고 있다고 말할 수 있지 않을까요.

'공'은 언어와 타협이 안 되고 언어의 정반대에 있지만, 말의 혼란한 용법의, 비논리적인 방식의, 통상적인 언어의 용법을 일탈하고 있는 그 초상식적인 용법 속에서 우선은 겨우 제 모습을 보여 주는 성질을 가지고 있습니다.

오사와 그렇군요. 사실 현실의 우주에서도 블랙홀 속의 특이점에는 상대성이론이 성립되지 않게 됩니다. 깨달음은 이와 비슷합니다. 보통의 언어를 지배하는 법칙이 성립되지 않게 되는 특이점이죠.

그렇지만 석가모니 부처님이 범천에게 부탁받았다고 해도 말하지 않는 방법도 있었을 텐데라고 생각할 수도 있지만, 말하지 않을 수는 없었을 겁니다. 어쩌면 거기가 중요했을지도 모릅니다. 말하게 되면 거짓말이 되어 버리는 부정적인 방식으로 언어에 의존하지 않고서는, 불교가 말하는 의미에서의 진리라든지 공이란 불가능했었을지 모릅니다.

일신교에서 진리는 말에 긍정적으로 의존하고 있습니다. 즉 신의 말씀이라든지 궁극의 텍스트라는 식으로 진리는 나타납니다. 반면 불교의 진리는 말에 부정적으로 의존하고 있는지도 모릅니다. 말에 배반당할 때만 진리가 있다고 말하는 것일지도 모르죠.

내친김에 말해 두면 이 말 사이의 꼬인 관계를 굳이 적극적으로 활용한 것이 '선종'禪宗이라는 것일 수 있겠네요. 선종의 '불립문자'不立文字라는 것은 그런 생각이 아닌가요? 이 대담에서는 중국불교까지 논할 수 없기 때문에 선종에 대해서까지는 주제로 삼을 생각은 없지만 말이죠.

하시즈메 깨달음과 깨달음에 이르는 프로세스의 관계를 (저는 이공계 대학에서 가르치고 있으므로) 극한값과 수렴점열의 관계로서 설명할 수 있습니다. 해석학의 기본정리로 '유계有界이고 단조單調인 점열點列은 수렴한다'라는 게 있잖아요. 제로를 모르는 사람에게 제로를 설명하고자 합니다. $1, \frac{1}{2}, \frac{1}{4}, \frac{1}{8}\cdots$이라는 수열을 생각하게 합니다. 점점 작아지지만 마이너스는 되지 않죠. 단조(점점 작아짐)에 유계(경계가 있음)입니다. 숫자의 크기가 사라지는 곳을 향해 점점 가까워집니다. 그건 이해할 수 있죠. 그래서 이렇게 말합니다. '제로(극한값)는 볼 수 없을지도 모르지만, 수렴점열은 보일 겁니다. 제로란 이 수렴점열을 말하는 것입니다.'

제로를 '깨달음', 수렴점열을 무한히 이어지는 보살의 수행이라고 생각하면 여기에 평행관계가 있다고 생각되지 않나요?

극한값이 실재하고 거기에 수렴점열이 이후에 쓰여진 것 같기도 하지만, 다른 사고방식으로 보면 수렴점열이 실재하고 극한값이라는 것은 허구라고 할 수도 있죠. 뭐, 둘 다 맞습니다.

그래서 깨달음과 깨닫기 위한 프로세스, 조건, 수행은 같은 관계입니다. 수행은 그것을 계속해 가면 머지않아 성불하는 것이기 때문에 수렴점열인 것이죠. 수렴하지 않고 발산해 버리면 무엇을 하고 있는지 모릅니다. 수행자가 수행을 계속하기 때문에 수렴값(즉, 부처)이 실재하게 되는 것이죠. 그런데 본인들은 부처가 되려고 수행하고 있는 것이므로 그렇게 생각하지 않고 우선 부처가 있고, 그곳을 향해 수행하는 것이라고 생각합니다. 둘 다 맞는 것이죠.

오사와 지금의 비유는 또 이해하기 쉽고 좋군요. 수렴점열이 수행으로, 이 세계에서의 실천. 그 극한이 깨달음. 극히 평범한 일상의 감각으로는 확실히 실재하고 있는 것은 개개의 수렴점열 쪽이고 극한이라는 것은 그 점열이 향하는 곳으로서 임시로 구성된 것처럼 보입니다.

그러나 극한이야말로 진짜 실재이고 점열이 환상이라는 식으로 반전시켜 파악할 수도 있습니다. 극한이 있기 때문에 거기로 무한히 다가가는 점열이 있는 셈이니까요. 이렇게 보면 '법'(다르마)을 규정하고 있는 것은 극한이므로, 이것이 더 중요한 실재라고 볼 수도 있습니다. 그러면 불교적인 시각이 될지도 모릅니다.

유쾌한 불교

제5장

대승교에서 밀교까지

나가르주나

오사와 '공'空에 대해 가장 보기 좋게 이론적으로 설명해 준 것은 나가르주나(용수龍樹)입니다. 이 나가르주나로 시작해, 지금부터 대승의 여러 교의에 대해 검토해 보고자 합니다. 되풀이하지만 대승불교계 이론 중에서 철학적으로 가장 세련되고, 여러 사람에게 인용되거나 화제가 되는 것이 나가르주나죠. 그는 2세기 후반에서부터 3세기 전반에 걸쳐 살았던 사람입니다. 여러 저작이 있습니다만, 가장 유명한 것은 『중론』中論입니다. 대학생 때였던 것 같은데요, 나카무라 하지메 씨[1]의 『중

---

1   [역주] 나카무라 하지메(中村元, 1912~1999)는 일본의 인도 철학자, 불교학자다. 도쿄대학 명예교수를 지냈으며 저서로는 『초기베단타 철학』, 『인도사상사』 등이 있고, 국내에 번역된 관련 저서로 『용수의 중관사상』(남수영 옮김, 여래, 2010)이 있다.

론』 해설을 읽고 감동했었습니다. 『중론』의 주제는 '공' 또는 '연기'죠.

하시즈메 선생님은 나가르주나의 이론을 어떻게 평가하고 있으신가요? 어느 부분이 훌륭하다고 생각하시나요?

하시즈메 역시 논법이 아닐까요.

논리적이에요. 철저하게 논리적이죠. 하지만 모순에 빠질 겁니다. 왜 논의가 모순에 빠질까요? 시간에 대해서 논하는 부분을 봅시다. 우리는 과거, 현재, 미래가 있는 것처럼 생각합니다. 하지만 과거는 지나가 버렸으니까 없습니다. 미래는 아직 오지 않았으니까 없죠. 과거와 미래를 빼앗겨 버린 현재는 현재일 수 없습니다. 그러니까 시간은 없다, 라고 하는 거죠.

오사와 그렇군요. '삼시문파'三時門破라 불리는 유명한 논의죠?

하시즈메 그런 말을 들으면 여우한테 홀린 것 같지만, 일면 맞는 말입니다. 그런 치밀한 논의를 순서대로 따라가다 보면, 시간이 있다는 식으로 우리가 무심코 생각하는 것이 착각이고, 그가 따르고 있는 논리 쪽이 훨씬 신뢰할 수 있다는 생각이 들죠. 그렇게 생각하는 순간, 시간은 사라집니다. 혹은 시간이 성립하는 조건이 명시된 상태가 아니면, 시간은 존재하지 않게 되죠. 시간이 없어지면 의식도 없어집니다. 의식이 없어지면

나도 없어지고, 존재도 사라집니다. 그러면 무엇이 남느냐면 '현상의 소용돌이'現象の渦만이 남아 정리도 수습도 안 되는 것입니다.

이런 식의 철저한 논법이 그야말로 철저하게 전개되고 있기에, 매력이 있다면 바로 그 지점이겠지요.

오사와 나가르주나라는 사람의 논의는 정말 현대식으로 보아도 충분히 납득됩니다. 현대의 최첨단이라고 해도 좋은 사상가나 철학자가 하는 말을 실제로 하고 있다고도 생각됩니다. 그런 의미에서 그의 철학은 2천 년 가까이를 선취했다고 해도 과언이 아닐 겁니다.

보통 우리가 과거의 철학자나 신학자들이 말하는 것을 읽으며, 거기서 일정한 진리나 의미 있는 것을 끄집어내려 할 때는, 말하고 있는 것을 완전히 액면 그대로 받아들이려 하지 않고, 가치절하하거나 변형·변환해서 읽곤 하죠. 그렇게 하지 않으면 그 텍스트 안에 있는 진리가 보이지 않습니다. 그 텍스트가 전제하고 있는 세계관과 우리의 세계관, 그들이 사실이라고 생각하고 있는 것들과 우리가 알고 있는 것들 사이에는 굉장한 차이가 있기에, 그런 종류의 변환 작업은 꼭 필요하죠.

그런데 나가르주나에 대해서는 그런 변환 작업조차 거의 필요 없다는 느낌이 들어요. 간단히 말해 현대의 책을 읽듯이 거의 그대로 읽을 수 있는 게 나가르주나라는 거죠. 그것은 그가

유쾌한 불교

말하는 것이 전적으로 논리에 관련된 것이기 때문이라고 생각합니다. 그는 철저하게 논리의 형식을 고집하고 있습니다.

나가르주나는 근현대의 다양한 철학자와 대응시켜 이해할수 있습니다. 예를 들어 20세기 전반의 독일 철학자 중에 에른스트 카시러(Ernst Cassirer)라는 사람이 있습니다. 그의 『실체 개념과 함수 개념』(実体概念と関数概念, 山本義隆 訳, みすず書房, 1979)[2]이라는 유명한 책이 있는데요. 거기서 따와서 말해보면 나가르주나가 말하는 '연기'라는 것은 '실체'에 대한 '함수'에 가깝습니다. 혹은 조금 더 단적으로 보면 '연기'는 '관계'라고 생각하면 좋을 것 같습니다.

나가르주나는 '연기'라는 개념을 이전까지의 불교의 이야기보다 일반화해서 파악하고 있다는 느낌이 듭니다. 연기라고 하면 보통 인과관계를 말합니다. 하지만 나가르주나의 '연기'는 인과관계도 포함하지만, 그뿐 아니라 논리적인 의존관계의 모든 것으로 확장됩니다.

그런 의미에서의 '연기', 즉 관계로서의 연기를 바탕으로 세계를 바라본다면, 결국 그 자체로 실재하고 있는 것처럼 보였던 실체(불교적으로 말하면 '자성'自性)는 연기=관계 쪽으로 해소되는 것을 알 수 있습니다. 예를 들어 '아버지'라는 실체가 존재하고 '자식'이라는 것이 존재한다, 라고 생각하지만 사실 아

---

2 [역주] 원저명은 *Substanzbegriff und Funktionsbegriff*, 1910.

버지는 자식과의 관계 없이 그 자체로는 존재할 수 없죠. 자식
도 마찬가지로 아버지와의 관계 없이는 실재하지 않습니다. 그
러면 관계=연기로부터 독립한 아버지라는 실체, 자식이라는
실체는 없다는 것이 됩니다.

방금 전 하시즈메 선생님이 소개해 주신 삼시문파도 그렇습
니다. 과거는 이제 없다. 미래는 아직 없다. 그런데 현재는 과
거와 미래와의 관계를 빼놓을 수 없으니 역시 없다. 그래서 시
간의 세 가지 양식은 모두 없다. 따라서 시간이라는 것도 존재
하지 않는다.

그러면 연기로 환원할 수 없는 실체 등은 아무것도 없는 것
이 되는 거죠. 자성(실체)은 모두 무자성으로 진환되고 맙니다.
그렇다면 '공'만 남습니다. 결국 연기는 '공'입니다.

이런 식으로 '공'을 끌어내는 논리 솜씨가 아주 훌륭합니다.
그래서 딱히 불교에 관심이 없더라도 나가르주나의 논의 자체
가 하나의 철학으로 검토할 가치가 있는 거죠.

부정신학인가?

오사와 나가르주나의 논법이라는 것은 부정을 거듭해 나간다
는 데 특징이 있었죠. 방금 '공'에 대해 '~이라고 할 수도 없고,
~이 아니라고 할 수도 없다'는 형태처럼, 부정적으로밖에 표
현할 수 없다는 이야기가 있었습니다만, 나가르주나는 바로

유쾌한 불교

이를 보여 주는 예가 됩니다.

특히 8개의 부정, 2개의 항씩 4개의 쌍으로 총 8개의 부정으로 되어 있는 것인데요. 이 팔불八不의 논리는 유명합니다. 그중 한 쌍이 방금 시간에 대해 말했던 '불래불거'不來不去죠. 그밖에 '불생불멸不生不滅, 불상불단不常不斷, 불일불이不一不異'가 있어 모두 8개의 부정입니다.

'불일불이'不一不異만 어떤 논법인지 소개해 드리자면 이런 느낌입니다. 이는 작용과 작용의 주체가 동일한 하나인지 아니면 다른 것인지를 논하고 있습니다. 우선 동일하다는 것은 있을 수 없습니다. 예를 들어 떠나는 작용과 떠나는 자가 같다는 것은 이상합니다. 하지만 떠나는 주체는 떠나는 작용에서 독립하면 떠나는 주체가 아니게 되고, 떠나는 주체가 없이 떠나는 작용이라는 것도 이상하죠. 그러므로 떠나는 작용과 떠나는 주체는 다르다고도 할 수 없습니다. 이리하여 양자는 하나의 동일한 것도 아니고 다른 것도 아니라는 것이 됩니다. 이런 식으로 다른 세 쌍의 '불'不이 설파됩니다.

여기서 잠시 여쭤보고 싶습니다만, 부정만으로 이루어진 논리로 서양 중세의 '부정신학'이라는 것이 있죠. 신이란 무엇인가 하는 것을 규정한다고 할 때 '신은 위대하다'든가, '신은 무한하다'든가, '신은 전지하다'든가 여러 가지 포지티브하게 단정할 수 있다면 긍정신학이라는 것이 됩니다. 그러나 아무리 거창한 술어라도 그렇게 단정짓자마자 신을 상대화한 것이 되기 때문에, 결국 신에 대해서는 무엇이다라고 긍정적으로 말할 수 없습니다. 즉, 신에 대해서는 '~이 아니다'라고 부정적으로 규정할 수밖에 없는 셈이죠. 이것이 부정신학입니다.

최종적으로는 신에 대해 '존재하고 있다'라고 말할 수 있느냐 없느냐조차 문제가 됩니다. 이 볼펜이 있다는 것과 같은 의미로 신이 있다고 말할 수 있을까요? 같을 수 없다는 이야기죠. 그러나 그렇게 되면 이번에는 '신이 존재한다'는 명제는 무엇을 의미하는지 전혀 알 수 없게 됩니다. 이런 식으로 논의는 번잡해집니다.

이 부정신학과 나가르주나의 논법 모두 부정만으로 구성되어 있어 형식적으로는 비슷하죠. 양자를 비교하면 어떤가요?

하시즈메 비슷하지만, 다르지 않을까요.

'부정신학'이든 '긍정신학'이든 신학인 이상 신의 존재를 절대적으로 증명하고 있으며 그것이 흔들리는 일은 없습니다.

그런데 나가르주나의 경우 논법 안에서 무엇이 마지막까지 실재하게 될까 생각해 보면, 논법의 형식만이 남습니다. 논법 바깥에 무언가 실재한다는 식으로 상정되지 않았으므로 논법만이 남죠. 요컨대 '부정신학'과 매우 다르지 않나요?

오사와 '부정신학'은 나가르주나와 반대이기 때문이네요. 부정신학의 논법 안에서는 부정밖에 말하지 않지만, 그것은 통상의 논법 안에서의 긍정을 초월한, 더욱 강한 긍정을 위한 것이기 때문입니다. 예를 들어 이 볼펜의 존재라든가, 카메라의 존재보다 훨씬 강한 존재를 말하기 위해서는 '존재한다' 정도로는 말할 수 없다는 거죠.

하시즈메 맞습니다. '부정신학'은 '긍정신학'을 부정하고, '긍정신학'의 모순을 들추어내어, 더욱더 신의 절대성이라는 성질이 분명해지는 효과를 낳게 되니까 그렇게 하는 것 같네요.

오사와 분명하게 말하자면 나가르주나가 목표로 하는 것과 '부정신학'이 목표로 하는 것은 정반대조. 나가르주나는 긍정할 만한 것이 아무것도 없음을 보여 주기 위해 팔불의 논리를 전개했습니다. 부정신학은 반대로 일반적인 긍정을 넘어서 예외적인 강한 긍정을 끌어내기 위해 부정을 거듭해 갑니다. 나가르주나는 '공'을 목표로 하지만, 부정신학은 '존재', 신이라는 존재 그 자체를 목표로 하고 있습니다.

그래서 완전히 정반대입니다만, 두 논법이 아주 비슷한 외관을 띠고 있는 것도 재미있는 지점입니다. 정반대의 성격인데 외관만은 쌍둥이 같은 느낌입니다.

『반야심경』에 대해

하시즈메 『반야심경』이라는 게 있죠. 『반야경』의 정수라고 합니다. 『반야심경』은 '공'을 계속 말하고 있지만, 읽다 보면 '깨달음이 있다고 생각하는 것은 틀렸다'라고 쓰여 있습니다. 깨달음이 있다고 생각하는 것도 틀렸다네요. 깨닫고 싶다든가, 깨달음을 지향하는 것이 전부 틀린 것이 된다면 깨달음과 부처는 동전의 양면이므로 부처가 있다고 생각하는 것도 틀린 게되지 않을까요. 그렇다면 불교를 부정하는 게 아닐까요?

그런데 그런 '공'의 진리에 도달하는 것이 지혜라고 쓰여 있으므로 결국 부처를 긍정했는지 부정했는지는 정말 미묘해서 그것마저도 양의적이지 않나요?

오사와 굉장히 철저하네요. "부처가 있다"고 말해 버리면 그건 그것대로 실체화되어 버리기 때문에 부처가 없다고 말해야 합니다. '공 역시 공하다'라는 논리죠. '공'이 실재한다고 말해 버리면 '공'이 실체화되므로 '공역부공'空亦復空, 즉 '공 역시 공하다'와 같은 말을 하기도 합니다.

그 지점이 기독교랄까, 일신교와 불교의 크나큰 차이점이죠. 예를 들어 기독교 신학의 '신의 존재증명'론에서 논리적으로 추궁하다 보니 신이 존재하지 않는다는 결론이 나왔다, 이런 건 절대 허용할 수 없습니다.

유쾌한 불교

하지만 불교의 경우 궁극적으로는 붓다조차 없게 됩니다. 이 지점은 일신교와 결정적으로 다르다는 것을 알 수 있죠.

하시즈메 그렇습니다. 붓다도 깨달음도 없다고 해도 별로 상관이 없습니다. 그 논법이 남아 있다면요.

오사와 '가장 중요한 것은 없다'는 것을 마침내 깨닫는 것이 목표라는 느낌이네요.

하시즈메 결국 '공'을 둘러싼 논의의 구조라는 것을 생각해 보면 보통의 언어 사용을 뒤집은 것입니다. 뒤집기에는 옆으로 뒤집기나, 앞뒤로 뒤집기나, 안팎으로 뒤집기 등 여러 가지 방식이 있습니다. 하지만 뒤집기라는 건 틀림없으니 보통의 언어를 사용하는 사람은 놀랍니다. 동시에 끌리게도 되지요.

'공'이라는 것에 대해서처럼, 왜 보통의 언어 사용을 뒤집은 언어 사용에 그렇게 끌리는지를 생각해 보면 그것은 보통의 언어 사용으로는 자신의 존재나 경험을 전부 이해할 수 없기 때문입니다.

예를 들어, 자신은 무엇을 위해 살아가고 있는가 생각해 보죠. 학생 시절 열심히 공부했습니다. 그것은 수험을 위해, 장래에 도움이 되기 위해서입니다. 대학에서는 공인회계사 공부를 했습니다. 공인회계사가 돼서 뭘 하려는 걸까요? 그것은 돈을 벌기 위해섭니다. 가족을 부양하기 위해서죠. 돈을 벌어서 가족을 부양하면 뭘 하려는 걸까요? … 이런 식으로 계속 생각해 볼 때 인생의 결말을 모른다면 무엇을 위하는 것인지를 사실 판단할 수 없습니다. 예를 들어 저 또한 교통사고로 내년쯤 생각지 못하게 죽을 수도 있습니다. 그렇다면 생각에 따라서는 교통사고로 죽기 위한 인생이었다고도 말할 수 있죠. 교통사고라면 그다지 변변치 않지만, 전쟁에서의 명예로운 전사라든가, 인생의 목적이 될 만한 것을 생각한 경우 그것이 무엇을 위한 인생이었는지는 비교적 알기 쉬울 겁니다. 예를 들어 훌륭한 소설을 쓰기 시작해 이를 완성한 뒤 죽은 사람의 경우 훌륭한 소설을 쓰는 것이 인생의 목적입니다. 하지만 보통 사람에게 가장 곤란한 점은 자신이 어떻게 죽을지 예측할 수 없고 자신도 모른다는 거잖아요.

인생이라는 것에 의미를 부여하는 것이 종점부터 역으로 계산해 나가서 지금까지의 삶의 과정을 전부 밝히는 것이라면, 누구나 인생의 의미는 모른 채 자신의 인생을 살고 있는 것입니다.

언어란 전부 그 안에서 사용되고 있으니까 말이죠. "역시 무지방 우유는 몸에 좋아요"와 같은 말을 하면서 하루하루를 보내고 있다고 해도, 무지방이라 몸에 좋아서 결국 어떻게 되는가라는 인과관계 같은 것은 결코 끝까지 파악하지 못하는 것입니다. 하지만 뭔가 파악해 보고픈 희망은 있는 것이죠.

유쾌한 불교

그것은 어떤 경우에서 가능해지는가 하면, 자신이 자신이 아니게 되는 때겠죠. 자신을 밖에서 볼 때입니다. 보통 사람은 그런 특권적인 경우로 나갈 수 없습니다. '공'이라는 것은 말을 뒤집는 것이기 때문에 "무지방 우유는 어디가 좋습니까?"라고 말하는 방식입니다.

거기에 일종의 진리가 있지 않을까요?

오사와 그렇군요. 재미있네요.

앞에서도 말했던 것처럼, 나가르주나의 논의는 현대철학과 통합니다. 특별히 1970년 즈음부터 시대의 사조를 석권한 구조주의와 포스트 구조주의의 사상·철학은 나가르주나의 논리와 공진하는 바가 있다고 생각합니다. 구조주의 이전의, 예를 들어 실존주의에서 구조주의를 거쳐 포스트 구조주의로 향하는 철학·사상의 흐름을 대략 특징지으면 '실체에서 차이로', '실체에서 관계로'라는 것이었다고 생각합니다.

구조주의의 '구조'라는 것은 우선 차이의 체계죠. 이를 받아들여 데리다라든지 들뢰즈와 같은 철학자가 실체에 대해 차이의 선행성이라는 것을 더욱 철저하게 추구해 나갔습니다. 데리다와 들뢰즈는 같은 프랑스 철학자지만, 분위기가 아주 다릅니다. 하지만 둘 다 '차이', 혹은 그와 유사한 개념을 중심으로 사고했다는 점에서는 공통적입니다. 예컨대 데리다의 '차연'(différance)[3]이라는 조어는 차이에 시간성을 더한 것입니다.

같은 시기 일본의 사상·철학에도 비슷한 움직임이 있었습니다. 그 움직임을 대표하는 것이 역시 히로마쓰 와타루[4]의 철학이죠. 히로마쓰는 '관계주의'라든가, ('물적 세계관'=실체주의를 부정하는) '사적事的 세계관'을 주장했습니다.

이렇듯 20세기 말 철학이나 사상은 실체에 대해 차이·관계의 논리적인 선행성이라는 것을 여러 형태로 내세우고 있었습니다. 이 '차이'라든가 '관계'라는 것은 나가르주나의 용어에 대응시켜 보면 '연기'라는 것입니다. 나가르주나는 20세기에 이르러서야 할 수 있는 말을 2천 년 전에 썼다는 게 되죠. 게다가 나가르주나가 보다 명쾌하다고까지 말할 수 있습니다.

하시즈메 보통의 언어를 사용하고, 돈이나 권력 따위가 중요하다고 생각하고, 삶과 죽음이 있다고 생각해도 나가르주나 같은 사람이 볼 때는 모두 상식이나 말의 덫(트랩)에 빠진 겁니다. 그 사람은 자신의 인생을 주체적으로 사는 것인지, 아니면

---

3 [역주] 데리다의 '차연'(différance)은 프랑스어 'difference'(차이)의 어미 '-ence'를 '-ance'로 바꾸어서 만든 것으로 '다르다'(differ)라는 의미와 '연기하다·지연시키다'(defer)라는 의미를 모두 가지고 있다. 텍스트의 의미는 궁극적으로 결정되어 있거나 확정할 수 있는 것이 아니라 언어의 의미작용의 연쇄 속에서 하나의 대체 가능한 언어해석으로부터 다른 해석으로 지연된다는 의미다.

4 [역주] 히로마쓰 와타루(廣松渉, 1933~1994)는 일본의 마르크스주의 철학자로, 도쿄대학 교양학부 교수를 역임했으며, 『마르크스주의의 지평』, 『존재와 의미』 등 다수의 저서를 남겼다.

유쾌한 불교

상식이나 말의 덫에 걸려 상식이나 말의 순열과 조합에 의해 인생을 보내고 있는 것인지, 본인 자신도 잘 모릅니다.

그래서 그런 사람들을 구제하자는 것이므로 '공'은 어떤 의미에서 보면 두려운 것이지만, 상식을 초월한 비상식의 장소로 점차 나아가는 것뿐입니다.

확실히 그것은 깨달음에 가까운 것일지도 모릅니다. 하지만 코뮌운동과 달리 ― 코뮌운동이라고 하면 '이 세계는 잘못됐다. 더 새로운 우애의 세계를 산속과 같은 다른 곳에 만들어 보자. 정부를 만들어서, 법을 만들고, 새로운 인간으로 거듭나자' 이런 얘기인데 ― 대승이라든지 '공' 사상은 그런 게 아니라, '상식과 언어의 덫에서 당신을 해방해 드리겠습니다'입니다. 해방 후에도 겉으로 봤을 때 그 사람은 같은 말을 하고, 비슷하게 상식적으로 살고 있는 셈이죠. 다른 사회를 어딘가에 만들겠다는 생각은 아닙니다.

그럼 그게 해방인가? 싶을 수 있지만 그건 '나가르주나처럼 생각할 수 있게 됐다'는 거잖아요.

오사와 그 경우 깨달은 쪽으로서는 하는 일은 같을지 몰라도 어제와 오늘의 기분이 상당히 다르게 느껴지는 것과 같은 걸까요?

하시즈메 이중의 인생이 되는 겁니다. 이를테면 아까 빵집의 예를 들어 그냥 '부모님도 빵집을 했으니, 나도 빵집을 하고 빵을 굽는데 뭐 별거 있나' 하는 사람과 지금부터 '대자비를 위해 빵을 굽는 것이다. 이것은 불도佛道다. 부처의 자비다'라고 생각하며 빵을 굽고 있는 사람은 어디가 다르냐고 한다면 외견상으로는 어느 곳도 다르지 않을 겁니다. 하지만 본인에게는 이중적인 의미를 지닌 셈이죠.

의미가 이중으로 되어 있다는 건 중요하지 않을까요? 그냥 빵을 굽고 있다는 것은 상식이나 언어의 트랩일 수도 있으니 죽기 직전에 '나의 인생은 뭐였을까'라고 생각할 수도 있겠지만, 이중으로 살고 있다면 의미 부여가 되기 때문에 '나는 나름대로 불자로서 자비의 입장에서 맡은 바 빵집을 해왔다'라고 납득 가능합니다.

오사와 그렇군요. 그것은 나가르주나가 『중론』에서 쓰고 있는 '이중의 진리'설 즉, '이제설'二諦說과 통하네요. 하시즈메 선생님께서 설명해 주신 것처럼, 진리를 이중화하는 것도 불교의 특징입니다.

한쪽에는 궁극의 진리로서의 제일의제第一義諦(승의제勝義諦, 진제眞諦)가 있습니다. 이것은 요컨대 '공'의 입장, 실체는 어디에도 없고 모든 것은 '공'이라는 진리죠.

하지만 그 입장으로 일관해 버리면 이 세계에서는 살 수 없습니다. 그래서 다른 한편으로 상대적인 의미에서의 진리, 세속제를 인정합니다. 세속제는 언어적인 분절을 받아들여 그에 대응한 실체가 존재하는 것처럼 행동한다는 것입니다.

이런 식으로 진리의 이중성이 있으면, 어떤 사물을 실체처럼 다루면서 '이것은 사실 잠정적으로 만들어진 것, 가상의 세계다. 가설의 세계다'와 같은 의식이 동반됩니다. 그렇게 되면 확실히 세속제가 그대로 궁극의 진리라고 믿는 사람에 비해 정신의 자유가 생기고 인생에 대해 적극적으로 될 수 있겠죠.

하시즈메 그러한 삶의 방식은 브라만교나 힌두교에 대해 첨예하게 대항하고 있는 게 아닐까요? 왜냐하면 브라만교나 힌두교라면 빵 같은 걸 굽고 있을 때가 아니라 사실은 브라만이 되어 산속으로 가야 하기 때문입니다. 그런 것은 아무나 할 수 있을 리 없죠. 딱 보기에도 분명 평범하지 않은 생활로 들어가야 하지 않겠어요? 그런 일은 한정된 사람밖에 할 수 없어요. 엘리트주의죠.

보살이라는 생각은 '최고의 수행을 당신도 당장 할 수 있다. 비즈니스를 하면서도 가능하다', 그러므로 보통 인도 사람의, 보통의 삶의 방식을 버리지 않고 높은 정신성을 가진 활동을 할 수 있다고 제안합니다. 굉장히 혁명적인 제안이라고 생각할 수밖에 없죠.

부처님도 혁명적인 제안을 했지만, 부처님의 말씀대로 하면 아무래도 빵집을 그만두고 출가해야 할 것 같습니다. 그건 역시 조건이 갖춰진 사람이 아니면 할 수 없는 것이므로 사람들 대부분은 할 수 없습니다. 하지만 재가주의의 보살과 같은 식으로 주장하면, 그 괴로운 선택이 없어지고, 인도 사람으로서 비즈니스를 하며 부처의 길에 접근하는 것이니, 이렇게 용기를 주는 생각은 없는 거죠. 이는 약간의 말바꿈으로써 상식의 함정, 말의 함정에서 벗어나 '이것은 공이다'라고 나가르주나의 언어를 사용하는 것만으로 가능한 것입니다.

오사와 그렇네요. 이것은 대승불교가 가져온 커다란 성과로군요.

하시즈메 깨닫는 것이 기쁘다기보다는 재가의 비즈니스를 하면서 그것이 부처의 가르침에 부합한다는 것이 기쁜 셈입니다. 그렇다면 깨달음이 시간상으로 훨씬 멀리 떨어져 있다고 해도 참을 수 있지 않을까요? 그도 그럴 게 빵집은 이번 생에는 평생 하는 거니까요. 그 후 윤회하여 정육점을 하는 등 여러 직업을 거쳐 천천히 부처가 되는 겁니다.

오사와 그렇군요. 그렇게 생각하면 산다는 것이 즐거워진다고 해야 할까. 사는 일에 더 적극적이게 되겠네요.

유쾌한 불교

프로세스를 소중히 여기다

오사와 조금 전 인생의 의미라는 화두에서 생각난 것이 있습니다.

이솝 우화 중에 이런 이야기가 있어요. 게으름뱅이 삼형제가 있었는데, 그들은 아버지에게 경제적으로 기생하며 살고 있었습니다. 아버지가 벌어 온 돈으로 살고 있었던 셈이죠. 그 형제들은 일할 마음이 전혀 없었습니다. 그런데 그 아버지가 죽게 됩니다. "이런, 큰일 났다!"라고 할 수 있는 부분인데요. 아버지가 죽기 직전, 아들들에게 유언을 하죠. "뜰에 보물을 묻어 두었다. 그것을 찾아서 파내기만 하면 된다. 그곳에 한평생 쓸 수 있는 재산이 있다"라고요.

"다행이다, 살았어!"라고 하며 세 명은 뜰 곳곳을 파서 보물을 찾습니다. 하지만 아무리 파내도 보물은 나오지 않죠.

그러나 마침내 뜰에서 포도나무가 자라 풍부한 열매를 맺게 되었습니다. 사실 아버지는 뜰에 포도씨를 뿌려 놓았던 거죠. 보물찾기로 뜰을 파헤쳐 놓은 것이 결과적으로 밭을 간 것과 같게 된 겁니다. 그 보물이란 결국 금은보화가 아니라 포도였다는 것이 이 이야기의 결말입니다.

보물이란 원래 금은보화다라는 관점에서 보자면 이 이야기에서 보물은 공空과 같은 것입니다. 금은보화로서의 실체는 없죠. 보물이라는 것이 공이라는 것을 알았을 때, 그것이 실망으로 이어지는 것이 아니라, 그게 좋았다고 생각될 때가 옵니다. 어쩌면 그것이 깨달음일지도 모릅니다. 이건 방금 하시즈메 선생님이 비유적으로 이야기했던, 당첨 복권이 휴지 조각이 되는 순간과 같습니다.

다만 그 복권 때도 마찬가지였듯, 이 이솝 우화의 중요한 포인트는 처음부터 사실을, 그러니까 진실의 속임수를 형제들에게 가르쳐 주면 안 된다는 겁니다. 예를 들어 삼형제에게 "금과 은은 없지만, 뜰에 포도씨를 뿌려 놓았으니 포도를 키워 생계를 꾸려라"라고 사실대로 말했다면 형제들은 일하지 않았을 겁니다. 어쨌든 그들은 게으르고, 일 따위는 하고 싶지 않기 때문이죠.

불교 용어에 대응시켜 설명해 보자면, 제일의제(사실 보물은 공이라는 것)를 처음부터, 내막을 밝혀 가르쳤다면 어떤 일도 일어나지 않고 깨달음(그 공이야말로 대단하다)에는 이르지 못하겠죠. 우선 세속제(뜰 어딘가에 보물이 묻혀 있다)에 준거한 행동이 있습니다. 그 행동의 결과로서, 또 부산물로서 제일의제에 도달한다고 되어 있는 것이 아닐까요?

하지만 제가 불교에 대해서 생각해 보면, 처음부터 내막을 공개하고 나서 일을 시키는 것처럼 보인다는 겁니다. 지금 우화에 빗대어 말해 보면, 아버지가 "사실은 공이지만 보물처럼 대하면 잘될 거야"라는 걸 아들들에게 전하고 있는 느낌이에요. 불교는 "궁극적으로는(즉, 제일의제로는) 공이지만 일단 세속의 일을 해라"라고 말하는 것 같습니다.

하시즈메 음, 거기가 포인트네요.

보살이란 부처에 이르는 프로세스잖아요. 보살을 중시한다는 것은 '프로세스도 중요하다' 혹은 '프로세스가 중요하다'라고 말하는 셈입니다.

프로세스가 왜 중요하냐고 묻는다면, 결승점이 중요하기 때문입니다. 결승점이 없으면 프로세스도 될 수 없잖아요. 그래서 '보살이 중요하다'라고 말할 때도 '부처가 중요하다'라고 반드시 말하거든요.

하지만 지금 이야기에서 알 수 있듯이 잘 생각해 보면, 프로세스가 중요하다면 결승점은 사실 제로여도 됩니다. 그리고 아까 수렴점열의 생각을 가져와 보면, 프로세스가 중요하다면 결승점은 자동적으로 완성되는 거죠.

'공'이라는 것은 결승점보다 프로세스가 중요하다는 것과 거의 같은 것으로, 그래서 부처가 중요한지 어떤지는 사실 잘 모르게 됩니다.

그런 의미에서 『반야경』이라는 것은 보살의 생각과 연결되어 있고, 모든 대승교의 근본 경전이 되는 논리를 간직하고 있습니다. 나가르주나가 그것을 알고 하는 말이라면 아주 훌륭하다고 할 수 있죠.

오사와 그렇군요. 생각해 보면 부처에 이르고자 선을 쌓아 간다면, 요컨대 그것으로 충분한 셈이죠. 딱히 부처는 안 돼도 됩니다(웃음). 다만 그러기 위해서는 '부처'라는 훌륭한 경지, 엄청난 보물과 같은 상태가 있다는 것을 환영으로라도 놓지 않으면 안 되겠지만요. 그렇게 되면 보살로서 선행을 쌓는다는 '수렴점열'이 만들어져 갑니다.

이 경우 선인선과善因善果, 혹은 적어도 선인락과善因樂果라고 할까, 즉 좋은 일을 하면 반드시 좋은 결과가 나온다는 것을 보장해 두지 않으면 안 되겠지만요. 당장 좋은 결과가 나오지 않더라도, 내세까지 계산에 넣으면 좋은 결과가 된다든가, 좋은 일을 했으면 즐거울 것이다, 행복한 기분이 들 것이다 같은 것을 보장해 두지 않으면 부처로 향하는 수렴점열은 생기지 않습니다.

베버가 썼던 것과 관련지어 보면 이것은 '행복의 변신론辯神論'이죠. 아무리 올바른 사람이라 하더라도 불행할 수도 있는 이유는 무엇인가 하는 문제에 답하는 것이 '고통의 변신론'입니다.[5] 그러나 불교의 이 논리가 성립되기 위해서는 일단 좋은

---

5 [역주] 변신론(辯神論) 내지 신의론(神義論), 신정론(神正論)은 모두 theodicy의 번역어로 사용된다. 변신론이란 전지전능하고 자비로운 신과 악의 존재가 서로 공존함으로써 나타나는 문제를 설명하는 데 사용되는 신학적인 개념이다. 베버에게 행복의 변신론이란 긍정적 특권층이 행복을 정당화하고 싶어서, 고통의 변신론이란 고통에 빠진 이들이 미래와 그에 대한 기대를 바탕으로 위로와 위안을 제공받고자 하는 목적에서, 신의 존재를 통해 행복이나 고통을 정당화한다.

유쾌한 불교

일을 하면 궁극적으로 좋은 일이 될 거라는 강한 확신이 없으면 안 되겠죠. 즉 불교는 행복의 신의론神義論을 전제로 합니다. 그러면 실제로 어떤 결과가 되든, 니르바나라는 곳에 도달하든 못하든 '선업'의 수렴점열이 생기는 것이기 때문에 매우 훌륭한 것이 됩니다.

하시즈메 그러기 위해서는 시간을 연장하고, 자기 인생의 종점 이후에도 아직 붓다로 이어지는 프로세스가 연속되지 않으면 안 되기 때문에, 아무래도 힌두교에 있던 윤회의 사고방식을 불교도 받아들여서 설명하게 됩니다. 뭐 좋기도 하고 나쁘기도 하죠.

다만 프로세스가 중요하다는 점에서는 처음 고타마 붓다의 생각과 어긋나는 것 같기도 합니다.

칸트의 초월론

오사와 제가 나가르주나의 논의에서 꽤 재미있다고 생각한 것은, 다소 학술적인 이야기입니다만, 칸트 논의와의 병행성입니다.

칸트의 『순수이성비판』의 '초월론적 변증론'이라는 정말 어려울 것 같은 챕터에 순수이성의 이율배반이라는 유명한 논의가 있습니다. 이것이 나가르주나의 팔불 논의와 비슷하죠. 그렇다기보다, 나가르주나의 팔불은 칸트의 이율배반 그 자체입니다…. 여기까지는 칸트와 나가르주나를 둘 다 알고 있으면 누구나 알아차릴 수 있는 건데요, 제가 재미있다고 생각한 부분은 조금 전 팔불은 부정신학과 외견만 비슷하고 목표지점은 정반대라는 이야기가 나왔는데, 이 두 가지가 어떻게 다른지를 칸트의 이율배반을 사용하면 비교적 잘 설명할 수 있다는 것입니다.

이율배반은 이런 것입니다. 보통은 'P는 Q다'라는 긍정판단이나 'P는 Q가 아니다'라는 부정판단 중 어느 하나가 참이 되고 어느 하나가 거짓이 됩니다. 당연한 거죠. 하지만 칸트에 따르면 긍정판단/부정판단이 모두 참이 되어 버리는 케이스라든가 혹은 양쪽 모두 거짓이 되는 케이스가 있습니다. 이런 걸 이율배반적이라고 하는 거죠.

그리고 양쪽 모두가 참이 되는 형태가 역학적 이율배반, 양쪽 모두가 거짓이 되는 형태가 수학적 이율배반입니다. 이 '역학적', '수학적'이라는 형용사에 얽매일 필요는 없습니다만, 두 가지 타입의 이율배반이 있다는 것은 중요합니다.

칸트가 들고 있는 예를 간략하게 소개하자면 '세계에는 자유의지가 있다'(긍정판단)와 '세계에는 자유의지가 없다(세계는 기계적인 인과관계로 가득 차 있다)'(부정판단)로 이루어진 짝은 역학적 이율배반입니다. 칸트의 논증에 따르면 양쪽 모두 참이 되고 맙니다. 수학적 이율배반의 예는 '세계는 유한하다'(긍정

유쾌한 불교

판단)와 '세계는 유한하지 않다(무한하다)'(부정판단)로 이루어진 짝이죠. 칸트 생각에 세계는 유한하다고도, 무한하다고도 확실하게 단정 지을 수 없어, 긍정판단도 부정판단도 함께 거짓이 되고 맙니다.

우선 역학적 이율배반 쪽인데요, 어째서 배타적인 두 개의 판단이 모두 성립되는 걸까요? 먼저 부정판단부터 들어가 보면, 이것은 세계 전체에 걸쳐 성립되는 보편적인 법칙 같은 것에 대해서 말하는 셈입니다. 예를 들어 세계 전체에서는 보편적인 인과율이 성립한다든가 하는 것이죠. 그런데 그 보편적인 법칙이 성립하기 위해서는 그 법칙에서 벗어나는 예외적인 특이점이 필요합니다. 예를 들어 인과관계를 가동시키는 자유의 지가 그 특이점이죠. 이 특이점에 대해 말하고 있는 것이 긍정판단 쪽입니다. 이런 식으로 긍정판단과 부정판단 양쪽이 참이 됩니다.

제 생각에는 이 역학적 이율배반이야말로 부정신학의 구조입니다. 부정판단의 축적에 의해서 그것으로 포섭할 수 없는 예외적인 특이점으로서의 신의 존재를 부각시키는 구조로 되어 있기 때문입니다.

이에 반해 수학적 이율배반은 어떤 보편적인 영역을 전체화한다고나 할까, 통일화할 수 있는 예외적인 특이점이 없는 경우라고 볼 수 있죠. 어떤 단정도 즉, 긍정적인 단정도, 부정적인 단정도 배척됩니다. 이건 나가르주나의 팔불과 비슷합니다.

팔불은 서로 모순되는 두 명제가 모두 거짓이 되어 버리는 케이스를 네 쌍이나 추려 낸 것입니다.

칸트는 수학적 이율배반과의 관계에서 '무한판단'이라는 학술적인 용어도 도입하고 있습니다. 무한판단은 긍정판단과 부정판단 어느 쪽도 아닌 판단의 세번째 카테고리입니다. 예를 들어, '세계는 유한하다', '세계는 유한하지 않다'는 모두 거짓이 되어 버리기 때문에 어쩔 수 없이 '세계는 비-유한하다'고 말합니다. 이것이야말로 팔불 그 자체가 아닐까요? '동일'도 아니고 '차이'도 아니기에 '비-동일'이다. 그런 느낌입니다.

또 한 가지, 칸트와의 대응에서 재미있는 것은 '초월론적 가상'이라는 아이디어입니다. 초월론적 가상이란 가상, 즉 허구이며 일종의 환상인데요. 그러나 이성에 근거를 두고 있어 피할 수 없고, 게다가 인간이 살아가는 데 필요한 가상이죠. 칸트가 들고 있는 것은 예를 들면 영혼이라든가, 신이라든가, 자유의지가 있습니다. 이런 것들은 확실하게 존재를 순수이성으로 증명할 수 있는 게 아니죠. 그래서 실은 존재하지 않고, 말하자면 '공'인 셈입니다. 하지만 이것을 전제하지 않으면 우리는 살아갈 수 없죠. 예를 들어 자유의지가 있다는 가정 없이는 살아갈 수 없습니다. 사회생활을 영위하는 것도 불가능합니다. 그래서 필요한 환상입니다.

이것을 굳이 말하자면 불교의 제일의제와 세속제라는 구성과 비슷하지 않나라고 저는 생각합니다. 제일의제로는 '공'이라 하더라도 세속제적으로는 실체를 인정하지 않으면 안 되죠. 궁극적으로는 부처조차도 '공'이지만, 그렇게 단념해 버리면 아무것도 할 수 없으니, 부처라는 초월론적 가상을 전제로 하여 행동하는 거죠. 어떻습니까?

하시즈메 서로 비슷하지 않을까요? 굳이 말하자면요.

오사와 다만 칸트가 겨냥하는 곳은 역시 아까 말했던 '부정신학'이 그랬던 것처럼, 어딘가 '존재'로 향하고 있긴 하지만요. 초월론적 가상은 가상이니까 결국 존재하지 않는다는 것이 강조되는 게 아니라 그러한 가상의 필요성 쪽이 중시됩니다. 반면 나가르주나에게는 역시 제일의제로서 '공' 쪽을 향해 간다는 벡터가 강하죠.

불성에 대하여

오사와 방금 잠시 화제가 되었던 모든 인간, 일체중생의 살아 있는 모든 것은 반드시 불성을 지닌다는 사상에 대하여 검토해 보고 싶습니다. 모든 중생, 살아 있는 모든 것이 지닌 불성을 '여래장'如来蔵[6]이라고도 합니다. 쉽게 말하면 깨달음의 잠재

---

6   여래장(tathāgata-garbha[s]) : tathāgata(여래=부처)와 garbha(태, 태아)의 복합어로 '여래를

적 가능성 같은 거죠. 불성은 모든 사람이 갖추고 있다는 사상 역시 대승불교의 중요한 특징입니다.

우선 평범하게 생각했을 때 우리의 지극히 소박한 실감으로 는, 인간 중에는 여러 사람이 있어 멋진 사람도 있고, 쓸모없는 녀석도 있습니다. 아무리 못난 녀석이라도 불성을 갖는다는 것이 불성론이죠. 이건 일단 표면상의 논리이기는 해도, 그건 좀 무리이지 않을까 하는 실감도 우리는 갖고 있는 거죠.

예를 들어 자신이 소년 야구의 지도자라고 할 때, 누구라도 열심히 하면 이치로가 될 수 있다라며 소년들을 고무시키지만 내심 '이치로-화化'할 잠재적 가능성, 즉 '이치로-성性'은 아무 나 가질 수 없다고 알고 있잖아요? 따지고 보면 니르바나 대학 교에 합격하는 것은 메이저리그에 들어와 3천 개의 안타를 치 기보다 더 어렵습니다.

중생은 반드시 불성을 갖는다는 것에 논리적 근거가 있나 요? 아니면 이것은 단순히 이론적인 공리와 같은 것으로 전제 할 수밖에 없는 건가요?

하시즈메 먼저 부처가 될 수 없는 것에 대해 말해 보지요.

인도 사람의 생각으로 애초에 불가능한 것은 식물과 광물

태에 내장한다'라는 의미. 일체중생이 부처가 될 수 있음을 주장하는 표현. 출처는 『여래장 경』의 '일체중생은 여래를 태에 내장한다'(sarvasattvās tathāgatagarbhāḥ)라는 문구.

유쾌한 불교

(무생물)입니다. 식물을 유정有情에서 배제하고 있는 것은 차별인 것 같기도 하지만 우선 식물에는 신경조직이 없죠. 그러니까 생각할 수 없습니다. 게다가 식물에 불성이 있다고 생각하게 되면 인간이 먹을 것은 없어져 버립니다. 동물을 먹으면 살생이 되기 때문에 살생계가 있어서 채식주의자가 될 수는 있지만, 식물도 불성을 가지고 있거나 한다면 정말 먹을 것이 없어져 죽을 수도 있는 거죠. 따라서 동물의 조건을 유지하면서 하나의 삶의 방식을 만든다는 의미에서는 식물은 본래 깨달을 수 없다고 생각해야 합니다.

그럼 무엇이 깨달을 수 있을까? 석가모니는 곰곰이 생각했습니다. 잘 생각해 본 뒤 절대로 양보할 수 없는 것은 카스트와는 관계가 없다는 거였죠. 이는 브라만이 아닌데도 깨달음을 얻은 석가모니 입장에서는 당연한 주장으로, 절대 양보할 수 없었습니다.

만약 윤회가 없다면 깨달을 수 있는 것은 인간뿐입니다. 붓다가 되는 것은 인간의 특권입니다. 모든 인간은 카스트나 인종, 사회적 지위와 무관하게 깨달을 수 있습니다.[7] 이것이 불교

---

7   모든 인간은 깨달을 수 있다: 성불이 불가능한 자를 가리키는 '일천제'(一闡提, icchantika[s])라는 말이 있다. 이 말의 의미는 '욕구하는 사람'으로 불교의 바른 법을 믿지 않고, 깨달음을 추구하지 않고, 성불의 소질과 인연이 없는 자를 말한다. 『열반경』에서는 일천제를 성불할 수 없는 자로 규정하면서도 최종적으로는 불성을 가지기 때문에 성불한다고 하였다. 일천제의 존재를 인정하는 법상종(法相宗)과, 인정하지 않는 천태종(天台宗), 화엄종(華嚴宗), 그 외 대승의 여러 종파 사이에서 불성론과 관련해 큰 문제가 된 해석이다.

의 대원칙입니다.

윤회가 들어가면 이것이 다른 생물에게도 연장되고, 여러 동물 그리고 천인天人 및 기타 등등도 인간으로 다시 태어나 깨달을 수 있다는 것이 되지만, 이건 논리를 만들기 위한 것으로 그다지 중요하지 않고요.

오사와 선생님의 질문은 인간 중에는 상당한 별종도 있는데, 그들이 과연 깨달을 수 있을까 하는 것이었죠. 부처님은 반드시 깨달을 수 있다고 생각합니다. 이것은 공리입니다. 공리이므로 증명할 수 없습니다.

오사와 중생이기 때문에 육도 안에 있으면 원리적으로는 그렇지만….

하시즈메 윤회하여 인간으로 태어난다면 가능합니다.

오사와 어느 단계에서는 그렇다는 거네요.

하시즈메 어느 단계에서는 그렇습니다.

인간 중에는 지능은커녕 뇌가 없이 태어나는 사람도 있으니까 그런 상태에서 깨달음이 가능한가 하는 문제도 있는데요. 그걸 포함해서 모두가 깨달을 수 있다고 봐야 하지 않을까요?

유쾌한 불교

오사와 그렇군요. 부처님의 기본적인 노림수로는 반드시 그런 식으로 생각할 수밖에 없었을 겁니다. 그렇지 않으면 불교의 급진성은 사라지고 맙니다. 인도 사회라는 것을 생각해 보면 카스트제도가 있죠. 그것에 대한 강력한 안티테제로서 불교가 있습니다. 불교는 카스트라는 것이 완전히 무화되는 평등주의를 주창했다는 데 절대적인 의의가 있습니다.

다만 아마도 부처님 이후 불교도 중에서는 역시 여러 가지 딜레마에 부딪혔던 경우도 있었을 것 같습니다. 도무지 '이 녀석은 나아질 것 같지 않다'고 여겨지는 사람을 만날 수 있죠. 그걸 어떻게든 해야 합니다. 이런 경우 '너는 어떻게 설명할 거야?' 같은 질문들이 불교도들 사이에서도 제기됐을 겁니다. 이론상의 원칙만을 말해서 해결될 리 없는 곤란한 경우도 꽤 있었겠죠.

예를 들어 히틀러와 같은 사람이 나왔다고 했을 때, 히틀러에게도 불성이 있다고 해보죠. 이론상 그렇게 될 수 있을지는 모르겠습니다만, 간단하게 그런 식으로 단언하는 것에는 저항이 생긴다고 할까, 그렇게 말해 버리면 오히려 교의의 설득력을 잃어버릴 수 있지 않을까요….

하시즈메 히틀러에게는 불성이 없나요?

오사와 아니요, 이론상으로는 있습니다.

하시즈메 경전 중에 앙굴리말라[8]라는 사람이 나오는데, 살인마입니다. 살인 충동이 있죠. 그때까지 999명을 죽이고 오늘이 천번째다라는 상태로 석가모니 부처님과 만납니다. 그리고 개심하여 불제자가 되죠.

반면 히틀러는 직접 살인을 하지는 않았습니다. 충동이 아닌 기괴한 사상의 소유자예요. 생각에 따라 다르겠지만 앙굴리말라는 그보다 죄가 깊다고 생각합니다. 그런 그가 승가에 들어가 부처님의 길을 걷기도 하니 누구라도 가능하지 않을까요?

오사와 과연 그렇군요. 뭐, 그런 것 같습니다. 저도 그렇게 생각하지만요.

다만 불교 안에는 모순은 없지만 대립하는 두 벡터가 서로 옥신각신하고 있는 것은 아닐까 합니다. 한편으로는 '일체중생 실유불성'一切衆生 悉有佛性, 즉 모든 사람에게 불성이 있다, 불성은 중생에게 보편적으로 갖추어져 있다는 걸 강하게 말해야겠죠. 아무리 불성에서 벗어 보이는 지리도 붙성이 있다고 말해야 합니다. 이것은 이미 불교의 본질, 불교가 불교답기 위해서는 양보할 수 없는 명제입니다.

---

8 앙굴리말라(Aṅgulimālya[s], Aṅgulimāla[p]): 중부경전(中部經典) 3권 「앙굴마경」(鴦掘摩經) 86. 「앙굴마라경」(央掘魔羅經)이라고도 쓴다. 사람을 죽이고 그 손가락을 모아 머리를 장식했다고 전해져 '지만외도'(指鬘外道)라고도 불린다.

유쾌한 불교

하지만 다른 한편으로 불교는 깨달았다는 상태가 얼마나 대단한 일이고 초인적인 일인가 하는 것도 강조합니다. 이것도 불교에서는 매우 중요한 포인트입니다. 니르바나 대학의 합격자는 수십억 년에 한 명 정도의 비율로만 나오죠.

이 두 가지는 논리적으로는 양립하지만, 한쪽을 강조하면 다른 쪽이 경시되는 상충관계입니다. 그런 긴장이 불교 안에 있다고 생각합니다.

하시즈메 그것을 양립시키는 길이 프로세스 중시, 보살이라는 생각이 아닐까요?

아무리 부처가 멀리 있어도 머지않아 그곳에 간다는 수렴조건이 충족된다면 지금은 지금의 과제가 있는 셈이니 '불제자로서 부처의 길을 살아가는 훌륭한 나'라는 이미지와 자부심을 가질 수 있습니다. 사회생활을 하는 이상 그것은 대부분 사람에게 가능한 일입니다. 직업적인 범죄자였다고 해도 그들의 업계가 있고 비즈니스를 하는 것이기 때문에 역시 가능합니다. 이러한 의미에서 여기서 예외인 사람은 없지 않을까요.

토마호크 순항미사일이라는 게 있죠. GPS 같은 유도장치가 달려 있어 어떻게든 목표물에 명중합니다. 수렴조건이 충족되어 있는 것이죠. 그렇다면 도중에 엉뚱한 방향을 향해 날아가도 아무 문제 없습니다. '저 녀석은 불성이 없을 것 같다'는 식의 생각을 해서는 안 됩니다.

오사와 그렇군요. 불교의 경우, 윤회라는 것을 전제로 생각할 수 있기 때문에 아까 말씀드린 두 벡터의 긴장은 조금 누그러지겠네요. 이번 생의 범위에서는 도저히 성불할 수 없을 것 같은 사람이라도 윤회의 전체를 생각하면 '언젠가는'이라고 생각할 수 있으니까요. 즉, 마감이 없는 상태이니까요.

그렇다고 해도 역시 상당한 긴장이 있었던 것이 아닐까 하는 생각이 드는 것은 일부 경전에 '오성각별'五性各別이라는 것도 적혀 있기 때문입니다. 앞서 언급한 '일체중생 실유불성'이라는 것은 대승불교의 공통 인식으로 지금까지 이야기한 바와 같이 주류의 아이디어입니다. 그 아이디어에 저촉될 수 있는 것이 '오성각별'이죠. 이것은 종성種性의 등급인데요. 그중 세 가지는 성문, 독각, 보살이므로, 불교적으로는 불성이 있는 게 당연합니다. 그 외에 부정종성不定種性과 무종성無種性이 오성각별에 들어가 있는 점이 다소 미묘하죠. 부정종성이라는 것은 '깨달음의 소질이 있는지 없는지 확실하지 않은 것 같은데'라는 느낌입니다. 나아가 무종성까지 오면 그런 소질은 없을지도 모른다는 말로 들리기도 합니다.

오성각별은 카스트 유형이 불교 속에 투영된 결과처럼 보입니다. 카스트도 네 개의 바르나에 불가촉천민을 더하면 다섯 개의 등급이 됩니다. 카스트 시스템을 부정했음에도 그것이 불교 안에 재도입된 느낌이죠.

그렇다곤 해도 이런 논의는 불교적으로 보면 일탈이라고 생

유쾌한 불교

각합니다. 기본은 불성의 보편성을 설파하는 것이 불교입니다.

하시즈메 그렇네요. 오성각별 같은 건 힌두교의 사고방식이 스며든 것 정도로 생각합시다.

자리自利와 이타利他

오사와 잠깐 관점을 바꿔 의문점을 제시해 볼까 합니다. 아까 이솝 우화와도 관련 있는 이야기입니다.

예를 들어 누군가 이런 식으로 생각하고 있다고 해보죠. '붓다'라든가 '니르바나' 같은 건 잘 모르겠지만, 그것이 굉장히 행복한 상태, 굉장히 좋은 것 같다고요. 선행을 쌓고 포인트를 벌면 그곳에 도달한다고 생각해 열심히 선행을 합니다.

이런 건 '내신 성적에 좋으니까 봉사를 하자'와 비슷해서 별로 대단하게 여겨지지 않잖아요. 이 사람은 사실 붓다나 니르바나라는 것을 실체화해서 마치 보물을 얻듯 붓다를 지향하고, 천국으로 가기 위한 것처럼 니르바나를 동경하고 있죠. 이 사람의 선행은 아까 이솝 우화 삼형제의 보물찾기 차원에서 밭을 갈고 있는 상태와 같습니다.

그러나 깨닫게 되면 붓다 또한 역시 공하다는 걸 알 수 있습니다. 니르바나라고 하는, 어딘가 유토피아 같은 나라가 있을 리 없다는 걸 알게 되죠. 이솝 우화와 대응시켜 보면 뜰에는 사실 금은보화 같은 것은 묻혀 있지 않다는 것을 알게 된 겁니다. 혹은 조금 전 복권의 예에 입각해 말하면 육십억 원도, 천 원도, 휴지 조각도 큰 차이가 없다는 경지에 이릅니다.

이렇게 됐을 때 사람은 사실 프로세스만이 중요했다는 것을 안 셈입니다. 무언가를 위해 선행을 쌓고, 포인트를 쌓으려고 하는 동안은 아직 깨달음에 도달하지 못한 것이고, 깨달았을 땐 선행 그 자체에 의미가 있다는 것을 알 수 있습니다. 예를 들어 앞의 이솝의 예라면 게으르던 형제는 깨닫기 전엔 '보물'과 같은 미끼가 없으면 일을 하지 않았겠죠. 하지만 보물 같은 것은 사실 없다는 것을 알고 포도가 자라는 것을 보았을 때 뜰의 흙을 파내는 것 자체에 가치가 있었다는 것을 알게 됩니다. 그리고 그 이후로는 보물 같은 환상이랄까 거짓말 없이도 일하게 되죠.

대체로 이런 줄거리를 그리는 거죠. 하지만 이게 사기 같은 느낌도 듭니다. 이솝 우화에서 실제로 죽어 가는 아버지는 아들들에게 거짓말을 하고 있습니다. 무언가를 위해 포인트를 버는 선행을 시킨 것이지만, 그 '무언가'란 바로 공이었다는 것을 마지막에 알게 되는 식의 장치로 되어 있습니다. 이런 사기적인 수법이 좋은 것일까요?

하시즈메 그건 어느 쪽이든 괜찮지 않나요?

대승의 표어로 '자리이타원만'自利利他圓滿이라는 게 있습니다. '자리'라는 것은 자신의 포인트가 되는 것입니다. '이타'라는 것은 상대가 행복해지는 것이고요. '원만'이라는 것은 그것이 모순 없이 양립하고 있다는 겁니다. 대승은 그런 것까지 생각해서 결론을 내고, 자리와 이타는 모순되지 않는다, 양립한다고 말하고 있는 겁니다.

포인트를 위해 뭔가 좋은 일을 하는 것일까요? 아니면 그것과 상관없는 자비라고 해야 할지, 상대를 위해 좋은 일을 하는 것일까요? 이에 대해

① 모순이 없다.

② 어느 쪽으로도 해석할 수 있다.

③ 어느 쪽이든 있다.

④ 본인도 어느 쪽인지 잘 모르겠다.

⑤ 어느 쪽이든 좋다.

이러한 답들이 '자리이타원만' 아닐까요? 그러니까 확정할 수 없는 거죠. 확정할 수 없고 확정하지 않아도 됩니다. 그래서 '공'이죠.

오사와 그렇네요. '자리이타원만'이라는 건 '자리=이타'라는 등식을 공리적인 전제로 만들어 버린다는 것이겠죠. 세계나 사회나 인간의 심리가 그런 식으로 잘 부합되어 있는지가 의문입니다만, 공리 같은 것이라면 어쩔 수 없겠죠.

딱히 불교뿐만이 아니라 기독교나 이슬람교도 비슷한 문

제가 발생합니다. 예를 들어 최후의 심판에 좋은 점수를 받아서 신의 나라라든가, 천국이라든가, 낙원에 들어가기 위해 좋은 일을 거듭하고 있는 사람이 있다 칩시다. 예를 들어 이웃을 사랑하면 천국에 들어갈 수 있다고 하니, 이웃을 '사랑하는' 체하는 행동을 취합니다.

그런데 여러 가지 의문이 생깁니다. 천국에 가기 위해 이웃을 사랑하는 것은 정말 사랑하는 것일까요? 애초에 신은 최후의 심판에 좋은 점수를 받고 싶어서 이웃을 사랑하는 사람보다, 그와 상관없이 이웃을 사랑하는 사람을 찾고 있던 게 아닌가 하는 거죠.

하시즈메 그건 조금 다르다고 생각합니다.

이웃사랑이라고 했을 때, 왜 이웃을 사랑하느냐 하면 God이 명령했기 때문입니다. God을 사랑하는 것이 첫째고, God을 사랑하기 때문에 이웃을 사랑하는 겁니다. God과 무관하게 이웃을 그저 사랑하는 사람은….

오사와 안 되는 건가요?

하시즈메 God에게는 전혀 의미가 없습니다. 그것은 안 됩니다.

오사와 확실히 그리스도는 신을 사랑하는 것과 이웃을 사랑하

유쾌한 불교

는 것, 두 가지 사랑을 말하고 있으니까요. 그렇게 되면 다소 신의 마음이 조금 좁은 듯한 느낌이 듭니다. 뭐, 그 점은 좋다고 칩시다. 그쪽은 다른 종교 얘기니까요.

유식에 대하여

오사와 대승의 철학적 논의에서 또 하나 중요한 것 중에 '유식'唯識이라는 게 있습니다. 유식은 굉장히 유명하지만, 그렇다고 그 내용이 잘 알려진 것도 아니라서 그것이 무엇인가, 또 그 내용은 그 이전에 있었던 불교의 이념과 어떻게 관계하고 있는가, 그런 것들을 생각해 보도록 하죠.

유식의 내용에 대해서 자세하게 논하기 전에 외적인 사실을 먼저 확인해 보겠습니다. 이 설을 체계화하는 데 가장 공헌했던 이는 아상가(Asaṅga)와 바수반두(Vasubandhu)입니다. 이 두 사람은 형제로, 아상가가 형이죠. 불교사에서는 흔히 있는 일이지만, 정확한 생몰년은 모릅니다. 4세기나 5세기에 살았던 사람입니다. 아상가는 미륵의 가르침을 받았다는 이야기가 있습니다만, 아마 그냥 전설일 거예요. 바수반두는 처음에는 부파불교계의 유부-경량부有部·經量部에 있었다고 하는데요, 형의 권유로 대승으로 전향했습니다. 바수반두는 방대한 저작을 남기고 있으며, 워낙 많기 때문에 두 사람이 아닌가 하는 설이 제기되기도 하는 것 같습니다.

자, 그럼 먼저 하시즈메 선생님의 언어로 '유식'을 설명해 주셨으면 좋겠습니다만, 설명에 앞서 유식론에 대한 저의 인상을 말해 보면, 확실히 매우 매우 귀찮고 복잡한 체계입니다. 하지만 사고방식의 토대는 꽤나 스트레이트한 것으로, 석존이 직감적으로 혹은 소박하게 생각하려 했던 일을 상당히 시스템화해 논리적으로 체계화한 것이 아닌가, 그렇게도 이해됩니다.

어쨌든 유식이라는 것은 어떻게 이해하면 좋을지, 하시즈메 선생님의 생각을 먼저 듣고 나서 이런저런 질문을 해보고 싶습니다.

하시즈메 첫째로, 간단하게 말하면 이런 겁니다.

우선, 인간의 정신활동(감각이나 지각이나 의식)은 내부질서를 가지고 있고, 층(레이어)으로 되어 있습니다. 레이어가 여러 개 있고, 그 바닥 쪽에는 '아뢰야식'과 '말나식'이 있죠. 바닥 쪽은 거의 의식할 수 없습니다. 의식을 지탱하고 있는 밑바닥이기 때문입니다. 위층은 의식으로 되어 있기 때문에 말로 하거나, 욕망으로 느끼거나, 감성으로 인정할 수 있습니다.

자, 그렇다면 인간이 죽으면 어떻게 될까요. 이러한 의식들은 해체되고 맙니다. 인간의 몸에 이러한 의식들이 지탱되고 있었지만, 그 몸이 뿔뿔이 흩어지기 때문이죠. 그곳에서 의식이 사라집니다. 하지만 윤회합니다. 윤회한다는 것은 육체에서 벗어난 영혼이 윤회한다는 게 아닙니다. 영혼이라는 것을 불교는 인정하지 않죠. 의식은 실재하는 물리적 프로세스에서 파생되는 것으로, 뭔가 영혼 같은 실체가 우연히 육체 안에서 활동한다는 식으로 생각해서는 안 됩니다. 그렇게 되면 육체가 파괴되었는데 윤회할 것이 어디에 남아 있는가 하는 이야기가 되어 버립니다.

유일한 가능성은, 육체가 파괴되어도 정신활동의 모든 것까지 파괴되는 것이 아니라, 의식적인 부분은 확실하게 파괴되지만 무의식적인 부분은 보존되어 있어 거기서 또다시 의식적인 부분이 그다음 생에서 재생된다고 생각하면 되지 않을까요. 그런 식으로 유식론은 구성되어 있습니다.

오사와 유식론은 정신을 여러 레이어로 나눈다는 특징을 갖는군요. 잠깐 독자를 위한 해설의 의미도 담아서 정리하며 가 보겠습니다. 그 정신 레이어의 가장 표면적인 레벨에는, 우선 오식이 있습니다. 이것은 안식眼識, 이식耳識, 비식鼻識, 설식舌識, 신식身識 등 다섯 가지로, 이들은 보통의 지각이기 때문에 알기 쉽습니다. 거기에 의식意識을 더해 안·이·비·설·신·의, 이렇게 육식으로 여기까지는 별다른 게 없습니다.

어려워지는 곳은 그보다 깊은 층입니다. 칠식이 말나식末那識, 그리고 가장 기초적인 레벨의 팔식이 아뢰야식阿賴耶識입니다. 지금 이야기로 하자면, 무의식적으로 남아 있는 정신활동에 해당하는 것이 '아뢰야식'이라고 생각해도 좋을까요.

하시즈메 아마도요.

오사와 아마도군요. 유식론 해설을 조금 더 해보자면, 말나식이라는 것은 자아의식 같은 것입니다. '이런 나'라는 의식으로, 아집은 여기에서 나옵니다.

유식론의 가장 독창적인 부분은 아뢰야식에 있습니다. 이건 좀처럼 설명할 수가 없는 부분인데요, 방금 하시즈메 선생님이 시사했듯, 무한한 과거로부터 현재까지 윤회를 통해서 계속되고 있는 무의식적이고 비인칭적인(나라는 의식보다 앞서는) 생명적·정신적 활동 같은 겁니다.

지금 정신의 표층에서부터 내려가는 식으로 아뢰야식까지 왔지만, 논리적인 순서는 반대로 아뢰야식이 먼저 있고 거기서 말나식이 파생됩니다. 말나식은 아뢰야식을 '아트만'(자아)으로 착각하기도 합니다. 거기에 안·이·비·설·신·의의 육식은 나중에 파생됩니다.

'아뢰야식'은 의식은 하고 있지 않지만, 프로이트가 말하는 무의식과는 다르고, 분명히 말하면 윤회 전체를 통해 축적되어 온 것이 전부 거기에 보존된 정신의 레벨이라는 느낌입니다.

하시즈메 그것이 무엇일까 계속 생각해 보려고 해도 거의 소용없고, 생각하는 것조차 불가능한 장소인 건 아닐까요? 그런데 사실 그곳에 포인트가 쌓여 있죠.

오사와 그렇군요. 하시즈메 선생님이 말씀하신 것이 유식설의 용어로는 어떤 식으로 이야기되는가를 독자분들을 위해 해설해 두겠습니다. 인간의 행위 즉 '현행'現行은 반드시 그 흔적을 남기게 되어 있어서 그 흔적을 '종자'種子라고 부릅니다. 종자가 축적되는 장소가 아뢰야식이고요. 즉 '씨앗'이라는 형태로 포인트가 아뢰야식에 쌓이는 것이죠. 이 축적을 '훈습'薰習이라고 합니다. 훈습이라는 것은 향과 같은 냄새가 물건에 부착되는 것을 말합니다. 그와 비슷한 이미지로 행위 내지 현행은 아뢰야식에 종자라는 흔적을 남기죠. '현행 종자는 아뢰야식에 훈습된다'라고 말할 수 있겠네요.

종자는 다음 현행을 낳습니다. 좋은 종자에서는 좋은 현행이 생겨나죠. 그리고 그다음 현행이 또 종자를 남깁니다. 그러한 형태로 무한한 과거로부터 현재까지의 모든 행위(카르마)가 남긴 포인트(여력餘力·여습餘習 등으로 불리는)가 축적되어 있는 창고가 '아뢰야식'으로, 그 찰나 찰나마다 그 포인트에 대응하는 새로운 카르마가 아뢰야식으로부터 생깁니다. 대체로 이런 구도로 생각하는 것 같습니다.

걸리는 점은 아뢰야식은 완전한 무의식으로 결코 의식의 표면에 올라오지 않는다는 겁니다. 그래서 자신에게 어느 정도의 포인트가 적립되어 있는지 모른다는 점이 어렵죠.

하시즈메 전혀 모릅니다.

그것은 윤회라는 생각하기 어려운 것을 생각할 때 필요한 이론적 장치이기에, 어떤 실증적 근거가 있는 것도 아닙니다. 그래서 믿는 도리밖에 없습니다.

윤회의 특징은 윤회하고 있다는 실감이 나지 않는다는 겁니다. 전생의 의식도 없죠. 그러니까 윤회하고 있다는 증거는 전혀 없습니다. 윤회하고 있다는 증거가 전혀 없는데도 윤회하고 있다면 무엇이 윤회하고 있는가 하는 게 문제가 됩니다. 하지만 윤회하고 있는 실체는 없습니다. 포인트가 윤회하고 있는 것이죠.

서구철학에서는 의식하지 못하는 것은 존재의 근거가 모호하다고 생각하지만, 굳이 그렇게 생각할 필요는 없습니다. 항공사 마일리지가 있어서 카드로 쇼핑할 때마다 포인트가 쌓이기도 하겠지만 별로 의식하지는 않겠죠. 그와 같이 수행의 포인트는 윤회해도 이월됩니다.

오사와 그렇군요. 가장 중요한 지점에 증명 불가능한 것이 있다는 것은 딱히 불교만이 아니라 일신교 또한 마찬가지입니다. 그러니까 특별히 이상하다고 할 것도 없을 것 같습니다만.

다만 기독교의 경우 어떤 이유에서인지 '신의 존재증명'을 해 보고자 하는 면이 있습니다. 존재하고 있음이 증명되지 않으면 곤란할 텐데도 존재증명을 하죠. 하지만 윤회의 존재증명이라는 것은 잘 하지 않습니다.

유쾌한 불교

하시즈메 그것은 행위의 전제이기 때문입니다. 윤회가 존재하지 않으면 보살행을 할 수 없게 됩니다. 해도 좋지만, 보살행의 결과는 아득하고 머나먼 장래에 붓다가 되는 것이기 때문에 보통의 보살행은 헛수고가 됩니다.

그래서 어떻게든 포인트를 이월하지 않으면 안 되므로 훌륭한 선생이 나타나 의식에 대한 이론을 생각해 냈습니다. '아뢰야식' 같은 것을 생각해 냈기 때문에 이제 그걸로 가는 수밖에 없지 않을까요?

오사와 '아뢰야식'이라는 개념은 어느 단계 정도부터 있는 겁니까?

하시즈메 바수반두라는 사람이 정리했는데, 그가 전부를 처음부터 생각한 것은 아니고, 그 이전의 아이디어를 정리한 것 같습니다. 바수반두는 그렇게 오래전 사람이 아닙니다.

오사와 바수반두가 나가르주나보다 한참 뒤니까요. 나가르주나는 150~250년경, 바수반두는 400~480년경[9]이죠.

하시즈메 윤회적 사고는 훨씬 오래되었으니, 그 근원이 되는 아

---

9 [역주] 일반적으로 바수반두의 생몰연도는 316~396년경으로 알려져 있다.

이디어는 그보다 오래전에 있었을 겁니다.

오사와 윤회는 압도적으로 오래됐죠. 언제 시작했는지 알 수 없을 만큼 오래됐으니까요.

하시즈메 불교에서 온 게 아니니까요.

오사와 그렇죠. 불교보다도 훨씬 오래된 게 분명하니까요.
　'아뢰야식'이나 '말나식'이라고 하면 무척 번잡한 이론으로 되어 있고, 평범하게 살아가는 사람이 평소에 사용하는 와중에 알 수 있는 것도 아니므로, 불교 이론가들이 이것도 아니고 저것도 아니라는 식으로 생각하는 중에 생겨났을 가능성이 높은 거죠. 이론화에 있어서 가장 중요한 공헌을 한 것이 바수반두라는 것은 사실이지만 앞서 잠깐 암시했듯이 '바수반두'라는 고유명사로 포괄되어 있는 저작이 한 사람에 의한 것이 아닐 가능성도 있죠.

유식론은 현대적이다

오사와 조금 더 유식에 대해 다뤄 보고 싶은데요.
　유식론의 독창성은 특히 '말라식'과 '아뢰야식'에 있죠. 특히 후자에요. 그 설은 현대 우리의 심리나 정신, 혹은 뇌에 대한

　　　　　　　　　　　　　　　　　유쾌한 불교

사고방식, 인간관과 일치하는 부분도 약간 있죠. 하지만 '전부 일치한다고 보기에는 어렵다'라고 여겨지는 부분도 있습니다.

가령 우리가 어딘가에 자아의 통일성에 대한 감각을 지니고 있다거나 하는 것을 생각하면 '말나식'적인 것이 확실히 있는 것 같습니다.

그리고 윤회 여부를 떠나 유전 정보 수준을 떠올려 보면, 세대교체나 진화를 통해 축적되어 온 것이 있다는 것도 확실합니다. 아뢰야식에 축적되는 '종자'를 '이기적 유전자'와 같은 것으로 생각하면, 세세한 부분과는 별개로 사고방식의 기본 뼈대는 오늘날 우리의 생명에 대한 지식과 비슷한 면도 있습니다.

하시즈메 그런 점에서 신경생리학과 정합적이지 않나요? 대뇌의 신피질 외에 구피질이 있고, 중뇌가 있고, 소뇌가 있고, 연수延髓가 있어, 인간의 정신은 이처럼 중층적으로 되어 있습니다. 인간이 되기 이전의 여러 생명활동을 전부 포괄하는 형태로 신경계는 되어 있으니까요. 단순한 명상에서 도출된 이론으로 여기까지 신경생리학적인 사실과 대응하는 것은 훌륭한 지점이라고 생각합니다.

오사와 말씀하신 대로입니다.

제가 생각하는 건 이렇습니다. 어쨌든 천 년보다도 훨씬 전의 이론이고, 우리가 가진 것과 같은 지식이 없으면 실험을 할 수 없기 때문에 각각의 부분을 문제 삼아 현재의 과학적 지식과 일치한다든지 맞지 않는다든지 해도 어쩔 수 없습니다.

그보다도 기본적인 착상이 중요합니다. 그것이 어느 정도 현대의 우리에게도 의미가 있는지를 생각할 필요가 있습니다. 유식론의 가장 중요한 특징은 역시 철저한 반反실재론이죠. 인식하는 마음으로부터 독립된 실재라는 것을 인정하지 않습니다. 우리가 객관적인 실재로 보는 것은 각자의 마음이 만든 것이고, 마음이 다르면 대상이 다르게 보입니다. 2장에서도 인용한 『화엄경』의 "삼계는 허망하며, 다만 이 마음이 지은 바이다" 三界虛妄, 但是一心作라는 것이 유식론의 기본적인 입장을 요약하고 있습니다.

유식론의 입장을 잘 보여 주는 비유로서 '일수사견'一水四見이라는 말이 자주 언급됩니다. 같은 물(강)이라도 인간에게, 천인에게, 물고기에게 그리고 아귀에게 있어서는 전혀 다릅니다. 인간에게는 보통의 물이지만 천인에게는 그 위를 걸을 수 있는 수면(아마 그리스도에게도 그럴 테죠), 물고기에게는 거처, 아귀에게는 활활 타오르는 피고름이겠죠.

이런 인식론에 통하는 것은 현대의 철학적 인식론은 물론이고, 자연과학이나 사회과학에서도 많이 찾아볼 수 있습니다. 교과서적으로 정리하면 대체로 인식론에 대해서는 외계 객체를 주체가 반영한다는 이미지로 인식을 파악하는 모사설과 외계 객체는 주체의 구성의 산물이라는 구성설이 있습니다만, 유

유쾌한 불교

식론에 친화적인 것은 물론 후자입니다. 철학 역사상 가장 유명한 구성설 논자는 아마 칸트일 겁니다.

일수사건의 비유는 윅스퀼[10]의 환경세계론을 방불케 하죠. 윅스퀼은 19세기 후반에서 20세기 전반의 생물학자로, 동물 종마다 다른 환경세계를 가지고 있다고 논했습니다. 이 사람은 하이데거라든가 메를로-퐁티라든가 하는 철학자에게 인기가 있어서 자주 인용되고 있습니다.

혹은 면역계라든가 신경계를 철저한 자기준거적 시스템, 오토포이에시스 시스템이라고 한 마투라나와 바렐라의 이론(『오토포이에시스オートポイエーシス』, 河本英夫 訳, 國文社, 1991)[11]도 유식론과 잘 맞습니다. 신경계가 오토포이에시스 시스템이라는 것, 생물 개체가 인식하는 대상이라는 것은 그 신경계의 구성물이라는 것을 보여 주는 것이니까요.

사회과학으로 말하면 사회구성주의가 유식론적이라고 할 수 있습니다. 사회구성주의는 사람들이 경험하는 사실이나 존재는 상호작용하는 사람들의 의식과 감정에 의해 구성된 것임

---

10   [역주] 야코프 폰 윅스퀼(Jakob von Uexküll, 1864~1944)은 독일의 생물학자, 비교심리학자. 동물과 환경의 관계에서 각 동물마다의 주관적으로 성립되는 '환경세계'라는 개념을 제창하였다. 한국어 번역본으로는 『같은 공간, 다른 환경 이야기: 동물과 인간의 주관적 세계론』(김재헌 옮김, 올리브그린, 2023)이 있다.

11   [역주] 오토포이에시스(autopoiesis)는 자신이 스스로 자신을 제조하거나 재생산한다는 의미. 칠레의 생물학자 움베르토 마투라나(Humberto Maturana, 1928~2021)와 프란시스코 바렐라(Francisco Varela, 1946~2001)가 고안한 개념이다. 한국어 번역본으로는 『자기생성과 인지: 살아 있음의 실현』(정현주 옮김, 갈무리, 2023) 등을 참조.

을 강조했습니다. 20세기 후반 사회학의 유행이라고 해도 좋겠죠.

이런 식으로 하자면 끝이 없습니다. 요컨대 유식론적인 착상은 현대 학문에도 많이 있다는 겁니다. 불교 쪽으로 돌아와서 보자면, 외계의 대상이 되는 것은, 실은 마음이 만든 허망한 것이기 때문에 그것들은 그 자체로는 실재하지 않고 오히려 '공'이라는 것입니다. 따라서 불교의 기본적인 입장과도 정합성이 높은 것이죠.

발심의 효력

하시즈메 소승의 경우 출가자는 계를 받지요. 계를 받는다는 것은 수행을 계속한다는 조건인 겁니다. 계를 받았으니까 좋은 일을 할 확률이 높아지고, 나쁜 일을 할 확률이 낮아집니다. 즉, 랜덤하게 행위를 하고 있는 경우보다 더 수행이 되는 셈입니다. 그런데 계의 특징은 죽게 되면 효력이 없어진다는 겁니다. 이번 생에 한한 것이죠.

대승교는 이러한 소승의 계의 효력을 평가하지 않습니다. 대신에 보살로서의 수행의 지속성을 중시합니다.

보살은 계를 지니고 있는 걸까요?

보살은 재가자이기 때문에 재가의 오계는 지니고 있을 겁니다. 하지만 누구나 가지고 있는 계이므로 별게 아니죠.

소승은 율장이 있어 수행의 계율이 엄격하게 정해져 있습니다. 대승에는 율장이 없고요. 이는 '대승 수행자'라는 것을 애초에 염두에 두지 않았음을 의미합니다. 이대로는 곤란하다며 대승 경전 중에도 보살의 수행법을 정한 계 같은 것을 말하는 책이 만들어졌지만, 이것이 계인지 아닌지는 근거가 박약합니다.

뭐 어쨌든 대승의 수행은 그렇게 포인트가 쌓일 만한 구조로 되어 있지 않습니다. 이런 상태임에도 불구하고 윤회를 반복하면서 전생→금생→후생과 같이 지속적으로 수행을 이어갈 수 없다면 대승의 논리 전체가 성립되지 않습니다.

그렇기 때문에 여러 구조가 있는데요.

우선 포인트를 이월하는 구조가 필요하기에, 이를 '유식'으로서 일단 이론화하고 있습니다.

다음으로, 수렴점이 있을지는 잘 모르겠지만, 수행을 계속하는 프로세스가 중요합니다. 이것이 '공'으로서 이야기되고 있습니다.

『대승기신론』大乘起信論이라는 경전이 있는데, 그 책에서 이야기하고 있듯 석존의 전생에 '초발심'이라는 것이 있습니다. 성불하겠다고 결의하는 거죠. 그 결의의 효력이 그 인생만이 아니라 다음 인생이나 다다음 인생이나… 오래 뒤까지 윤회해가면서 지속되고 있는 셈입니다. 보살의 수행에는 지속성이 있습니다.

하지만 대승교도에게 이런 식으로 말해도 '그래, 아주 먼 옛날에 발심했었지' 같은 기억은 없을 겁니다. 기억은 없지만, 부처님의 인생이 통제되고 있고 성불하는 극한 상태로 수렴해가듯이, 보통의 보살인 그의 길고 긴 인생도 통제되고 있다고 생각하는 것입니다. 발심에는 그러한 조건을 갖추는 효과가 있어 그것은 계의 효과와 비슷하지만, 계의 효과보다 오래갑니다. 계는 그 일생 동안에만 효과가 있습니다. 반면 발심의 효과는 윤회를 지속하는 장기간의 효과가 있고, 그래서 계 이상인 거죠.

대승은 발심의 수행 지속 효과를 생각해야 합니다. 포인트를 쌓는 메커니즘은 물론이거니와 발심의 효과와 공관空觀이라는 3종 구성 세트로 인해 대승 수행을 할 수 있게 됩니다. 하지만 그런 건 어디에도 증명되어 있지 않습니다. 어디에도 증명되어 있지 않지만, 소승이 말해 온 석가의 전생담 속에 그 사고방식이 있습니다. 그것을 원용하면 됩니다.

오사와 즉, 기억은 없지만 아득한 예전의 발심이 자신의 인생을 지배하고 있는 것이군요.

하시즈메 맞습니다.

오사와 그 '윤회를 통한 포인트 이월 제도'는 꽤 잘 만들어진, 정합성 높은 아이디어라고 생각합니다.

유쾌한 불교

다만 그 안에서 살기에는 좀 힘든 점이 있지 않을까 싶기도 합니다. 즉, 지금의 자신이라고 하는 것은 지금까지 쌓은 포인트의 결과인 거죠. 자신이 잘되든 안되든 그 포인트의 결과입니다.

가령 누군가가 나름 좋은 일을 할 마음으로 노력도 하고 있지만 여러 가지 불행한 일만 일어난다고 칩시다. 욥과 같은 경우처럼요. 그런 경우에 대해서 우리는 보통 착한 사람이지만 운이 나빴다고 할 겁니다. 즉, 운이 나쁘더라도 그 사람의 도덕적 올바름은 구원받습니다.

하지만 포인트 이월제로 사람의 운명이 모두 그동안 모은 포인트에 따라 인과적으로 결정된다고 하면, 언뜻 보면 착한데 운이 나쁜 사람에 대해서도 결국 너는 전생이라든지 전전생에 나쁜 일을 해서 좋은 포인트가 적립되지 않았기 때문이라고 치부할 수밖에 없습니다. 포인트 이월제는 자아를 윤회의 전체로 확장한 후에 얻어지는 궁극의 자업자득이 됩니다. 그렇다면 이번 생에 불행한 사람에게는 '구원이 너무 적은 것 아닌가' 싶어지는 거죠.

하시즈메 어째서입니까?

오사 완벽한 자업자득 시스템이 아니라면 설령 불행한 인생이었다고 해도 자기 자신을 전면적으로 부정하지 않아도 되겠지요. 그 사람의 도덕적 올바름이라든가 인격적인 선함과 같은 것은 행불행과는 별개로 구원받을 수 있으니까요. 그러나 선한 원인은 반드시 선한 결과로, 악한 원인은 반드시 악한 결과로 이어진다고 한다면 그러한 구제의 여지가 없어집니다.

하시즈메 오히려 합리적이고 괜찮지 않나요?

예를 들어 어제 축구 경기를 생각해 보니 우리 편이 굉장히 좋은 경기를 하고 있었습니다. 즉, 선행을 쌓아 왔었던 거죠. 하지만 상대의 포인트와 합산해 보니 지고 말았습니다. 이건 그 경기 안에서만 설명하려고 하면 꽤 어렵습니다만, 윤회의 사고로 생각했을 때 왜 포인트가 합산되냐 하면 지난 경기에서 상대팀이 굉장히 좋은 플레이를 하고 있었기 때문입니다. 지난 경기에서 점수를 얻지는 못했지만, 이번 경기에서는 점수를 얻었습니다. 그러면 우리 팀은 이 경기에서 굉장히 좋은 퍼포먼스를 보였기에, 다음 경기에서는 점수가 높을 수밖에 없습니다. 즉 합리적이죠.

결론적으로는 점수를 얻든 못 얻든 끙끙 앓지 않고 좋은 플레이를 계속하는 거죠. 이는 용기를 가지고 인생을 살아가는 것이므로 전혀 문제가 없습니다.

오사와 그렇군요.

한편으로는 논리가 매우 일관된다는 것을 잘 알 수 있습니다. 다른 한편으로는 거듭 말씀드리지만, 불행한 사람에게는 너무 구원이 적은 게 아닌가 싶습니다.

예를 들어 이번 생에서 상당히 훌륭한 사람이라도 불행하거나 하면 그 사람은 윤회를 통한 종합 포인트에서는 나쁜 사람이었다는 말이 되겠죠. 물론 반대도 있기 때문에 우리는 상당히 사악한 사람이지만 제법 부유하거나 권력이 있어서 축복받는 것을 자주 보게 되는데요. 그 사람은 이번 생에서는 별로 포인트를 가산하지 않은 것같이 보여도 지금까지 윤회 속에서 축적해 온 종합 포인트는 상당히 높은 듯하니 윤회 전체로 확대한 자아로 평가하면 '뭐, 선한 사람이다'라고 판단하지 않을 수 없습니다. 하지만 그것은 그것대로 약간 납득하기 어렵기도 합니다.

물론 이 포인트 이월제에는 구원도 있습니다. 그것은 이번 생으로 끝이 아니라는 겁니다. 다음 생이 있고, 또 그다음도 있다는 것이 지금 불행한 사람에게 구원이기는 합니다. 그러나 적어도 이번 생의 범위 안에서는 불행한 사람에게 구원의 가능성은 별로 없겠지요.

예를 들어 장애를 가지고 태어난 경우라든가, 혹은 매우 불행한 장소나 낮은 카스트로 태어나는 경우 말입니다. 기독교라면 욥처럼 불행의 연속을 겪어도 선한 사람이라고 말할 수 있는데, 불교에서는 이런 태생적으로 불행한 사람을 도덕적으로 비판하고 있다는 식의 해석도 가능하지 않습니까?

하시즈메 '본인 탓이니 감수해라' 하는 식이죠. 간단히 말하자면요. 불합리하다고 말할 수 없는 것도 아니죠. 그러나 '그에 기죽지 말고 열심히 하세요'라는 측면이 있으니 그 나름대로 괜찮다고 할 수도 있습니다.

얼마 전 전철 안에서 광고를 보고 있었는데요. 도라에몽 이야기였어요. 도라에몽이 진구에게 "안타깝지만 너에게 할 말이 있어"라며 말을 거는 겁니다. 진구가 "혹시 내가 내일 사고로 죽는 거야? 아님 가난뱅이라도 돼?"라고 묻자, "아니, 그게 아니야. 너의 인생은 마지막까지 평범하고, 무엇 하나 특별한 것이 없어"라고 합니다. 그러자 진구는 이젠 어쩔 수 없으니까 도라에몽에게 부탁하여, '어디로든 갈 수 있는 문' 같은 도구를 빌려서 해결한다는 식으로 이야기가 전개되죠.

여기서 말할 수 있는 건 진구는 태어나서 죽을 때까지가 진구로, 그것으로 완결되어 있으며, 전생도 내생도 없다는 생각이라는 겁니다. 전생, 내생이 있는 경우에는 "네 인생은 변변치 않다"라는 말을 들으면 그것은 전생 탓이 됩니다. 그럼에도 너는 이 인생에서 여러 가지 좋은 일, 훌륭한 일을 해야 하고, 그것은 다음 생에 보답을 받을 것이다, 라는 식이 되죠. 하지만 진구는 자신의 일생을 예언받더라도 당황하지 않을 겁니다.

일본인은 윤회를 믿지 않기 때문이죠.

오사와 그것은 예를 들어 예정설 같은 것과는 정반대의 작전이죠. 즉 네가 열심히 하면 최후 심판의 순간에 구원받을 수 있다는 식으로 되어 있지 않은 것이 예정설입니다. 구원받을지 구원받지 못할지는 이미 예정되어 있으니까요. 반면 이건 네가 계속 열심히 하면 몇 번 응시해야 할지도 모르지만, 백억 번 후쯤에는 어쩌면 니르바나 대학에 합격할 수도 있다는 포인트 이월제의 자업자득설입니다. 뭐, 어느 쪽이 이상한 아이디어냐고 하면 예정설이 더 이상하겠지만요. 오히려 열심히 하면 언젠가는 보상을 받는다고 하는 편이 훨씬 일반적이긴 합니다.

하시즈메 여기서 자아의 확대가 일어나고 있는데요. 태어나서부터 죽을 때까지가 내가 아니라, 적어도 시간적으로 내가 태어나기 전의 생명 세계라든지, 내가 이 세계에서 목숨을 마친 후의 나를 포함한 생명 세계를 나의 일부로 여기고 있는 거죠.
　그렇다는 것은 그 나름의 효과를 미치지 않겠어요?

진구의 유식론

오사와 '유식'의 기본적인 아이디어로 돌아가 보죠. 저는 이 아이디어에 사실 불교 자체에 내재한 난점이랄까 약점이 있는 것 같아서 그 점에 대해 지적해 보려 합니다.
　먼저 조금 전에 말씀드렸듯이 유식론과 통하는 철학이나 사상이나 학문은 서양에도 많이 있었다는 걸 다시 한번 강조해 두고 싶습니다. 예를 들어 칸트가 자신의 인식론이 획기적이라 하여 그것을 '코페르니쿠스적 전회'에 비유한 것은 유명하죠. 객관적인 실재라고 우리가 생각하는 것은 주관적인 쪽에 갖춰져 있는 형식이라든가 범주가 투영된 것이라는 거죠. 이것이 코페르니쿠스적 전회라면 '유식론적 전회'라고 해도 무방합니다.

혹은 서양 철학자가 말한 것 중에 유식론에 가장 가깝게 느껴지는 것은 역시 조지 버클리[12]입니다. 그의 '존재란 지각되는 것이다'(Esse est Percipi)라는 테제는 너무나 유명합니다. 이 지각을 말나식이나 아뢰야식 수준의 지각으로까지 확장하면 유식론이 됩니다.

이처럼 서양에도 비슷한 설이 있으니 유식론은 결코 기발한 설이 아닙니다. 이 점을 다시 한번 강조해 두고 싶습니다.

그러나 칸트나 버클리는 불교도가 아니기 때문에 그다지 곤란하지 않지만, 불교의 관점에서는 유식론에 난점이 있는 것 같습니다. 다만 그 난점을 설명하기 위해서는 불교적으로 볼 때 어느 것이 유식론의 '장점'인가 하는 것을 재확인해 볼 필요가 있습니다.

---

12 [역주] 조지 버클리(George Berkeley, 1685~1753)는 17~18세기 영국 고전경험론을 대표하는 철학자.

유쾌한 불교

유식론적으로 보면 결국 모든 '실재'는 마음이 만든 허망일 뿐이라는 게 됩니다. 즉, 그것은 객관적으로, 그 자체로 존재하는 실체가 아닙니다. 실재하고 있는 것처럼 여긴 모든 객체는 사실 허망이자 공입니다. 그렇게 결론지을 수 있으니 불교의 '공'이라는 아이디어와 유식론은 매우 잘 들어맞습니다.

하지만 유식론을 채택했을 때 한 가지, 아무래도 '공'으로도 해소할 수 없는 실체가 남아 버린다고 저는 생각합니다. 그것은 다름 아닌 인식하고 있는 주체 자체, 인식하는 마음입니다. 모든 '실재' 같은 것은 그 마음이 만든 것이며, 그 마음 안에 발생한 것일 뿐이라고 말할 때 그 '마음'만은 그들 '실재'의 외부에 단일한 실체로서 존재하지 않으면 안 됩니다. 그 '마음'이라는 것의 핵심적인 부분은 윤회를 통해서 계속되는 아뢰야식일지 모릅니다. 어쨌든 유식론을 채택했을 때는 아무래도 '공'으로 환원할 수 없는 실체를 남길 수밖에 없는 거죠.

이것은 불교적으로 보면 거북한 게 아닌가요. 모든 '실체'를 마음이 만든 허망으로, '공'으로 해소하려다 보면 인식하는 주체만이 '공'으로 절대 환원되지 않는 실체로 남게 되는 것 같습니다. 이는 모든 것이 공이고, 공마저 공이라고 하는 불교로서는 곤란하지 않을까요. 이 점에 대해 어떻게 생각하시나요?

하시즈메 유식과 서구철학에 비슷한 점이 있다고 해도 우선 양자는 매우 다르죠. 유식은 윤회의 사고방식과 깨달음을 결합하기 위한 궁리로 힌두교와 불교의 타협의 산물이라고 생각합니다. 윤회를 아우르는 점이 기본이기 때문에 윤회 같은 건 생각하지 않는 서구철학의 '무의식'과는 상당히 의미가 다릅니다.

다음으로 세계가 '공'이라고 해서 공으로 환원되지 않는 '마음' 같은 실체가 남는다고 말할 수 있을까요? 불교는 처음부터 마음 같은 건 생각하지 않고 그저 모든 것이 상호연관처럼 현상되고 있다고 생각하지 않았을까요? '현상이 마음에 환영처럼 나타나고 있'는 것은 아니라고 생각합니다. 의식이 없으면 마음은 없습니다. 아뢰야식이나 말나식은 의식이 아닙니다. 무의식도 아닙니다. 윤회 속에서 다른 생명체를 향해 삐져나오고 있는 것입니다. 이들의 존재를 인정하더라도 마음은 다른 것입니다.

아뢰야식이나 말나식은 자아의 층위의 바닥에 있는 것으로, 자아의 일부 같은 것으로 생각되지만, 자아에서 삐져나온 것입니다. 어떻게든 그것을 자아(혹은 확대된 자아)로 생각하고 싶다면 그래도 좋을지 모르지만, 그것은 더 이상 인간이라고는 말할 수 없고, 실체이지만 실체가 아닌 우주 같은 것이 됩니다.

『반야경』이나 『화엄경』은 어느 쪽이냐 하면 이런 사고방식인 것 같아요. 보통은 이 세계가 있고, 이 세계의 진리를 탐구하는 깨달음이 있고, 부처가 있고, 그리고 그 부처를 목표로 수행하는 순서로 되어 있습니다. 즉, '깨달음이 있기 때문에 수행'

유쾌한 불교

합니다. 그러나 과정과 목적은 호환적이기 때문에 이 순서를 바꾸어 '수행을 하기 때문에 깨달음이 있다'(수행을 하기 때문에 부처가 있다)고 말해도 어떤 의미에서 틀린 것은 아닙니다.

오사와 아, 그렇군요.

하시즈메 자, 이 세계에는 많은 인간이 있습니다. 동시에 많은 인간이 있다면, 그 사람들은 동일하지 않겠죠. 진구는 전생의 진구와 내생의 진구가 있지만, 현생의 진구는 한 사람밖에 없습니다. 그런데 진구가 있으면 퉁퉁이도 있고 비실이도 있고… 이런 식으로 많은 인간이 있습니다. 그 사람 수만큼 다른 누구나가 각자 깨닫지 않으면 안 되는 것입니다. 그러면 이 세계는 '복수의 인간이 깨닫기 위해 수행을 하는 도량'이 됩니다. 그리고 이 도량인 세계 속에 붓다가 적어도 한 명 있습니다.

그렇게 모두가 수행하고 있다면 각자의 수행의 종착점에 각각의 붓다가 있게 될 것입니다. 그러면 각각의 붓다에 대응하여 각각의 불국토가 있고, 그 불국토는 이 세계와 완전히 동형이어야 합니다. 진구가 성불한다면 진구에게 주어질 불국토에는 인도의 신들과 같은 신들이 있고, 천인이 있고, 출가자의 승가가 있고, 대보살이 있고, 중생이 있고, 아귀가 있고, 축생이 있고…라는 식으로 진구 붓다의 설법에 의해 구원받으려는 중생이 그 세계에는 많이 있는 거죠.

그렇다면 제 생각으로는 진구가 성불하여 구원받은 것은 좋지만, 그 결과 진구의 불국토가 생겨 더 많은 중생이 생겨나고 말았습니다. 그 중생 역시 구원을 받아야 하는 거죠. 그 중생이 또 각자 불도 수행을 해서 성불하면 다시 그 수만큼 불국토가 생겨 버려서 똑같은 일이 반복됩니다. 성불한다는 게 오히려 민폐 아닐까요? (웃음)

오사와 엄청난 수의 불국토가 생기네요….

하시즈메 그래서 엄청난 수의 중생이 재생산됩니다.

오사와 인구 증가네요. 기하급수적으로 인구가 증가하고, 게다가 그 대부분이 깨닫지 못하는 중생입니다. 해탈할 수 없는 중생. 사람이 성불하면 할수록 그보다 훨씬 대단한 기세로 헤매는 사람이 늘어난다는 이야기가 되는군요.

하시즈메 이 전체는 어떻게 되어 있을까요?

전체가 실은 하나의 붓다와 동등한 Σ붓다로 되어 있는데, 이것이 마하비로자나불摩訶毘盧遮那佛, 혹은 대일여래입니다. 어디까지 가더라도 이 우주는 불법 세계에서 나올 수 없죠. 어느 불국토도 모두 마하비로자나불의 부분집합이라고 여겨지는

유쾌한 불교

것 같습니다.

붓다의 자비로 이러한 수행이 가능해졌습니다. 붓다의 자비란 모든 중생에게 성불로 가는 프로세스를 제공하는 겁니다. 마하비로자나불은 도량의 다른 이름이라는 것이 『화엄경』의 사고방식 아닐까요?

오사와 잠시 한 가지, 의문을 제기해도 괜찮을까요?

그렇게 생각한다면 우리는 석존의 불국토에 있을 가능성이 높을 것 같습니다만, 불행하게도 한 사람의 붓다도 없는(그렇게 되면 불국토라고는 말할 수 없지만) 그런 세계가 있을 가능성은 없나요? 요컨대, 한 명의 붓다도 없는 무불국토가 존재할 가능성은 없는 겁니까?

하시즈메 그렇습니다.

오사와 그건 있을 수 없는 건가요? 논리적으로 말이 안 되나요?

하시즈메 없습니다. 대략 『화엄경』에 따르면 모든 존재는 붓다의 깨달음이 출현시킨 것입니다.

오사와 그렇군요. 그건 '유식'다운 면이네요.

하시즈메 붓다의 인식에 의해 존재는 가능하게 되었습니다.

오사와 그렇다면 우리도 붓다의 인식에 의해 존재하고 있는 거군요. 붓다의 꿈속에서 사는 것과 같네요.

하시즈메 바로 그렇습니다.

오사와 그렇게 생각하면 논리적으로는 일단 이치에 맞는 걸까요? 하지만 붓다 없는 세계가 있어도 되지 않나요? 우리가 '누군가'의 꿈속에 살고 있다고 할 때 그 '누군가'가 깨달았다고 할 수는 없는 게 아닐까, 그런 의문이 생깁니다.

하시즈메 중생의 문제점이란 자신을 부처가 아니라 진구라든가 오사와 마사치라든가 하시즈메 다이사부로라고 여기는 것입니다. 그런 식으로 생각하는 것이 애초에 깨닫지 못했다는 증거입니다. 감정과 욕망에 지배되어 단순한 인간으로서의 일생을 보내고 있는 셈이죠. 그것이 잘못입니다.

그것이 종착점의 붓다가 되었을 경우에는 자신은 진구가 아니었다, 오사와 마사치가 아니었다, 하시즈메 다이사부로가 아니었다는 것을 알 수 있습니다. 지금까지 중요하게 생각했던 것들은 사실 전부 중요한 게 아니었습니다. 사실 모처럼 모은 포인트도 중요한 것이 아니었던 걸지도 모릅니다. 그렇게 되어 진실의 세계가 열리면 이 세계에서 워프(warp)하여 새로운 불국토의 한가운데 앉아 있는 것을 알게 됩니다.

오사와 그 꿈속에 또 중생이 있고요.

하시즈메 그렇죠.

오사와 사실은 모두 구원받지 못하는 거네요.

하시즈메 맞습니다. 구원받지 못했다는 것이 미몽인 셈이지만, 구원받지 못했다는 것 자체가 착각일지 모릅니다.

오사와 깨달은 사람의 착각 속에서 구원받지 못하거나 구원받고 있는 셈이네요. 뭔가 대단한 일이 되어 버렸습니다(웃음). 그렇군요. 그래도 재미있냐고 묻는다면 재미있네요.

하시즈메 이렇게 생각하면 모든 존재는 꿈이고 환영인 겁니다. 그것은 어떤 의미에서 맞습니다. 왜냐하면 인간이 죽으면 자신이 알고 있는 존재는, 전부 존재를 확인할 수 없게 되므로, 존재는 자신의 의식의 상관자일 뿐입니다.

오사와 말씀하신 대로입니다.

비트겐슈타인의 『논리철학논고』 중에 『내가 본 세계』라는 책을 쓰면 어떻게 될까 하는 사고실험이 있습니다. '내가 본 세계'는 나에게 있어 세계 그 자체죠. 말하자면 우리는 중생으로서 『붓다가 본 세계』라는 책 속에 쓰여져 있는 셈이네요.

하시즈메 그렇습니다.

오사와 그런 구도로 생각해 가 보죠. 비트겐슈타인은 '내가 본 세계' 속에는 절대 등장하지 않는 것이 있다고 말합니다. 그것은 바로 '나'입니다. 나는 '내가 본 세계'라는 책 자체이기 때문에 책 속에는 나오지 않는 것입니다.

이 논리를 연장하면 '붓다가 본 세계'에는 붓다가 등장하지 않습니다. 이것은 조금 전 하시즈메 선생님이 말씀하신 것처럼 깨달았을 때는 자신은 더 이상 석존도, 오사와 마사치도, 하시즈메 다이사부로도, 진구도 아니라는 것을 깨닫는다는 이야기로 이어질지도 모릅니다. '석존', '오사와 마사치', '하시즈메 다이사부로', '진구' 등은 '붓다가 본 세계'라는 책 속의 등장인물이죠. 붓다 그 자체는 그 어느 것도 아닙니다.

불교는 독아론인가?

오사와 솔직히 말해 아직 완전히 납득할 수 없는 부분도 있습니다. '불국토'의 구조를 이론적으로는 이해했다고 생각합니다. 우리는 붓다의 꿈속에 살고 있다는 것. 하지만 이것과 '깨달음'이라는 상태와의 관계를 잘 모르겠습니다.

어쨌든 유식 이야기를 마지막으로 조금 더 정리하고 다음 주제로 넘어가 보려 합니다.

세계는 불국토로, 정의상 그 세계 속엔 한 사람(뿐)의 붓다가 있습니다. 이것에는 이론이라기보다는 실천상의 중요성이 있다고 생각합니다.

깨달은 상태라는 것은 깨달아 보지 않으면 모르기 때문에, 깨달음을 목표로 하는 실천으로 사람들을 끌어들이는 것은 매우 어렵습니다.

사전에 어떤 상태인지, 어떤 장소인지를 정의할 수 있거나 묘사할 수 있다면, 혹은 그 상태나 장소에 대한 정보를 사전에 얻을 수 있다면, 그 상태나 장소를 목표로 하는 게임에 사람을 끌어들일 수 있습니다. 예를 들어 아무도 미국에 가본 적이 없어도 미국은 이런 곳이고, 이런 것들을 할 수 있다는 것을 알면 미국에 가고 싶다고 생각할 수 있는 거죠.

하지만 깨달음은 다릅니다. 깨달아 보지 않으면 모르기 때문에 '깨달음'은 이런 상태라는 것을 아직 깨닫지 못한 사람에게 설명할 수 없죠. 그럴 때 어떻게 하면 깨달음을 둘러싼 게임에 사람들을 끌어들일 수 있을까요?

적어도 한 사람의 깨달은 사람이 존재한다는 것이 결정적이라고 생각합니다. 그때 비로소 우리는 깨달음의 존재 가능성에 확증을 가질 수 있습니다. 깨달음에서 매력을 느낄 수도 있죠.

붓다가 한 사람이라도 있으면 사람들은 깨달음을 목표로 하는 실천을 할 수 있습니다. 경우에 따라서는 세계사를 움직일 정도로 많은 사람을 끌어들일 수도 있죠. 불교는 실제로 그렇게 되었고요.

그런 의미에서 불국토에 한 사람의 붓다의 존재가 보증된다는 것은 매우 중요하다고 생각했습니다. 이것이 첫번째입니다.

또 한 가지 말하고 싶은 것은 우리들이 붓다의 꿈속에서 살고 있다는 것은, 이 세계가 붓다의 독아론獨我論적인 세계라는 것입니다. 보통 서양철학에서 독아론은 매우 기피되었고, 어떻게 하면 거기서 벗어날 수 있을지 철학자들은 절치부심했습니다. 그렇다는 것은 일관된 철학적 세계관이 독아론으로 기울기 쉽다는 것이기도 한데요. 어쨌든 그렇게 빠지기 쉬운 독아론으로부터 어떻게든 벗어나야 한다는 방향으로 생각하는 것이 서양철학에서는 보통이었습니다.

하지만 하시즈메 선생님이 해석한 불교에서는 모종의 독아론이 필연적으로 생겨납니다. 그렇게 이해해도 괜찮을까요?

하시즈메 네, 괜찮다고 생각합니다.

조금 부연을 해보자면 이것이 독아론과 같은 것인지 아닌지는 『화엄경』에서 생각하는 것처럼 Σ붓다가 붓다인가 아닌가

유쾌한 불교

라는 것과 같은 것입니다.

집합론을 떠올려 보면, 집합론에서는 여러 가지 집합을 생각합니다. 하지만 '모든 집합의 집합'을 생각하면 안 되는 것으로 되어 있죠. 그런 집합을 생각하면 순식간에 패러독스로 빠지니까, 이건 집합론의 공리 같은 것입니다.

모든 불국토나 붓다를 부분집합으로 포함하는 Σ붓다를 생각하는 것은 '모든 집합의 집합'을 생각하는 것과 같습니다. 이런 Σ붓다를 마하비로자나불이라고 이름 지어 다른 붓다와 동렬로 생각해 버리면 아마 패러독스가 일어날 겁니다. 거기서 Σ붓다는 붓다가 아니라고(어디까지나 Σ붓다라고) 생각하는 편이 좋지 않을까요. 그렇다면 마하비로자나라는 이름이 있을 뿐이지 다른 붓다와 같은 실체를 갖지는 않습니다. 이 우주 전체는 어느 붓다의 '붓다가 본 세계'가 아니다라고 생각하는 것이 불교적으로 옳은 것인지도 모르겠습니다.

오사와 그렇군요. '마하비로자나라는 붓다가 존재하는가?'라는 문제는 "'모든 집합의 집합'을 생각해도 되는가"라는 러셀의 역설과 같은 문제인 거군요. 러셀의 역설은 '모든 집합의 집합'이라는 것을 금지함으로써 회피되는 것인데, 이 금지는 편의주의라고 할까, 수학적 필연성이 부족하다고 해서 별로 평판이 좋지 않죠. 마하비로자나가 붓다인가 아닌가 하는 문제도 이와 유사한 고민이 있을 것 같네요. 붓다 중 한 명이라고 하면 패러독스가 생기지만 그렇다고 붓다가 아니라고 하는 것도 부자연스럽다는 거죠.

『대승기신론』을 둘러싸고

오사와 이 문제는 불신론佛身論과 관계가 있을 것 같습니다만, 불신론에 들어가기 전에 지금까지의 이야기를 정리한다는 의미를 포함해 잠시 생각해 보고 싶은 문제가 있습니다.

불교에 대해서는 궁극의 깨달음과 미혹, 혹은 진리와 허망, 이런 양극이 때로 단락적短絡的으로 연결되어 버리는 순간이 있지 않나요. 니시다[13]의 철학적인 표현을 사용하면 '절대모순의 자기동일' 같은 것이 일어납니다.

그 점을 이야기하기 위해 여기서 하시즈메 선생님이 좀 전에 '초발심'과 관련하여 제목을 언급하셨던 『대승기신론』大乘起信論이라고 하는 텍스트에 대해 논의해 보고 싶습니다. 지금 맥락에서 『대승기신론』을 논하는 데는 의도가 있습니다. 이 텍스트는 마침 지금까지 이야기해 온 두 가지 주제, 즉 여래장 사상과 유식론을 종합한 듯한 텍스트입니다.

---

13 [역주] 니시다 기타로(西田幾多郎, 1870~1945)는 일본의 독자적인 철학을 형성한 대표적 사상가로, '교토학파의 개조'다. 서양철학을 동양사상에 동화시키려 노력했다. 니시다에 의해 소개된 서양철학이 많으며, '니시다 철학'으로 불리는 그의 사상은 일본 사상계에 큰 영향을 주었다. 대표작으로는 『선(善)의 연구』가 있다.

유쾌한 불교

이는 나가르주나의 『중론』과 함께 상당히 철학적으로 읽히
는 텍스트라고 생각합니다. 이 텍스트를 대승사상의 도달점이
라고 말하는 사람이 있을 정도로 중요한 텍스트죠. 그럼 누가
썼느냐는 것인데, 2세기 불교 시인 아슈바고샤(Aśvaghoṣa)馬鳴
의 작품인 것으로 되어 있습니다. 하지만 아마도 이것은 내려
오는 이야기로, 실은 5~6세기의 것입니다. 따라서 저자를 알
수 없는 텍스트입니다.

　『대승기신론』에 대해서는 이즈쓰 도시히코 씨[14]의 짧지만 매
우 명쾌한 책이 있습니다. 이즈쓰 씨는 아시다시피 이슬람 사
상 연구의 대가입니다만, 이슬람뿐만 아니라 동서고금의 사상
이나 철학에 통달했습니다. 이즈쓰 씨의 말년 작업은 그의 말
을 사용하면 '공시적'(synchronic), 동양철학의 공시적 구조화라
는 것이었습니다. 무슨 말이냐면 철학을 역사적으로 서술하는
것이 아니라 역사를 일단 괄호 친 뒤 동양철학의 논리적인 배
치 관계만을 주제로 하는 겁니다. 이슬람의 수피즘(신비주의),
바수반두, 나가르주나, 선종, 공자, 노장 등이 어디서 어떤 순서
로 누구의 영향을 받으며 나타났는가 하는 것을 일단 잊어버

14　[역주] 이즈쓰 도시히코(井筒俊彦, 1914~1993)는 문학박사, 언어학자, 동양사상 연구
자, 신비주의 철학자, 선수행자. 희랍어, 라틴어, 아랍어, 산스크리트어 등의 고전 언어를 비
롯 동서양 20개국의 언어를 습득했다. 주 전공은 이슬람 철학으로 일본 최초로 『코란』을 번
역했다. 어릴 때부터 체득한 선수행의 경험을 바탕으로 그리스 신비주의 · 이슬람 신비주
의 · 유대교 신비주의 등을 연구했으며 후기에는 동서양의 종교사상을 관통하는 독자적인
학문체계를 구상했다.

리고, 논리의 수준만으로 어떻게 연관되어 있는지를 보자는 것이죠. 이것이 이즈쓰 도시히코 씨의 말년 작업으로 구상이 거대하여 그 대단한 이즈쓰 씨도 뜻을 다 이루지 못하고 중도에 돌아가셨습니다. 이즈쓰 씨가 한 일이 '아뢰야식'에 '종자'로서 축적되어 있어, 후생의 이즈쓰 씨가 이 일을 계속해 주면 좋겠다는 생각도 듭니다.

그 이즈쓰 씨의 마지막 책이 「대승기신론」의 철학'이라는 부제를 가진 『의식의 형이상학』(意識の形而上学, 中公文庫, 2001)이라는 작은 책입니다. 약 20년 전에 이 책을 읽고 너무 인상 깊었기 때문에 이 텍스트에 의거하여 『대승기신론』으로 들어가 보고 싶습니다.

이즈쓰 씨가 『대승기신론』을 독해하면서 강조한 것은 진여(진리)와 무명(미망)이 표리일체로, 아슬아슬한 지점에서 거의 일체화되어 버린다는 것입니다. 한편에는 바로 '공'이라는 진여를 보는 마음, 대상 사이, 자타 사이의 분절이 사라져 버리는 마음의 상태가 있습니다. 다른 한편에는 대상을 분절화한 후 실체화하는 마음, 즉 생멸을 반복하는 허망을 실재로 보는 마음의 상태가 있습니다. 전자가 '심진여'心眞如, 후자가 '심생멸'心生滅로 불립니다. 하지만 잘 생각해 보면 두 가지는 다른 것이 아닌 셈입니다. 아뢰야식을 중심에 두는 동일한 마음의 양면이죠. 즉, 심진여와 심생멸은 '일심'一心입니다. 요컨대 아뢰야식은 '진망화합식'眞妄和合識이라는 뜻이 됩니다.

그렇다는 것은 불심과 중생심도 일체라는 것이죠. 심진여가 불심과 통하고, 심생멸이 중생심에 연결되어 있기 때문입니다. 혹은 깨달음의 상태, 즉 본각本覺의 상태와 불각不覺의 상태가 표리일체라 해도 좋습니다.

생각해 보면 '색즉시공, 공즉시색'이라는 문구가 '공'과 '색'의 불가분리성을 말해 주는 셈이므로, 진여와 무명의 일체성이라는 것은 그로부터 끌어낼 수 있는 결론 중 하나인 거죠.

혹은 이 논의는 여래장과도 관계가 있습니다. 어떤 미혹 속에 빠진 중생이라 해도 불성을 지니고 있습니다. 그 말을 따져 보면 중생심과 불심은 연결된 표리일체라는 뜻이 되기 때문입니다.

그리고 제 생각에 이것은 지금 하시즈메 선생님이 말씀하신 것과 직접적으로 관련이 있습니다. 불국토라는 건 깨달은 붓다의 마음속이라고 합니다. 하지만 그 안에는 무엇이 있는가, 누가 있는가 생각해 보면 깨닫지 못한 중생이 있는 것입니다. 번뇌에 지배당한 중생 말이죠. 그 말은 바로 본각즉불각本覺即不覺이라는 뜻입니다. 이런 식으로 여러 가지 화제를 연관 지을 수 있을 것 같습니다.

하시즈메 부처라는 것에 대해 이야기해 보자면, 인간이 깨달은 거죠. 깨닫고 부처가 되는 것입니다.

그렇다면 깨달은 후에도 인간일까요? 석가모니 부처님의

경우는 35세에 깨달아 그 후에도 '깨달은 아저씨'로서 그 언저리에 있었습니다. 깨달은 뒤에도 인간의 모습을 하고 있었죠.

이 해석은 여러 가지가 있어 '겉모습은 인간이지만, 이미 인간은 아닐 수도 있다'라는 것도 있습니다. 그 밖에도 '깨달은 뒤에는 그저 환영이었을지도 모른다'라는 것도 있고요. '다른 사람의 눈에는 깨달은 아저씨의 환영이 보였다. 그렇지만 본인은 이미 거기에 없었다'는 등의 여러 가지 설이 있습니다.

부처는 인간이지만 인간이라는 측면과 인간이 아니라는 측면이 있는 셈입니다. 인간이 아니라는 측면이 없으면 약간 곤란합니다. 세계는 살아 있는 것이 아니기 때문에 전체를 생각할 수 있습니다. 인간은 살아 있는 것이기 때문에 전체와 합치될 수 없습니다. 살아 있는 것이 전체와 합치될 수 없으니까요. 윤곽이 있고, 내부가 있고, 외부가 있기 때문입니다. 따라서 반드시 '부분'인 겁니다. 하지만 부처는 부분일 수 없으니 인간이면서도, 전체와 합치되어야 합니다. 그러니 어떤 의미로 인간이어서는 안 되는 거죠.

그러면 부처가 되었을 경우, 이 세계 밖으로 나가 다른 불국토를 얻었다고 해봅시다. 겉모습으로 보면 깨달은 아저씨가 부처로서 그 세계 한가운데 있는 셈이지만 그는 없다고 해도 좋습니다. 그는 그 불국토 자체(세계의 전체)라고도 말해야 하니까요. 하지만 그 세계 전체는 이 세계와 동형이므로 거기에는 부분일 수밖에 없는 존재(즉 많은 생명, 많은 중생)가 있고, 그것

356   유쾌한 불교

은 부처와는 다른 것으로서 실재하고 있는 셈입니다. 그것은 깨달은 아저씨의 입장에서 보면 타자겠죠. 하지만 깨달은 아저씨는 실재하지 않고 대신에 세계가 실재한다고 생각하면 그것들은 부처의 부분인 겁니다. 결과적으로 보면 중생은 부처의 부분입니다.

거기서 중생의 과제는 자신이 부처의 부분이며 부처와 실체로서 구별이 없다는 것을 깨달을 수 있는가입니다. 그러한 레벨로 갈 수 있는가 하는 것이 과제가 됩니다.

오사와 그렇군요. 말씀하신 대로입니다.

따라서 만약 우리가 있는 곳은 불국토이고 말하자면 석가모니의 꿈속 세계 같은 곳에 있는 것이라면 그때는 석가모니를 보통 의미에서의 인간으로 생각할 필요는 없는 거죠. '부처'가 된다는 것은 '석존'이라든가 '진구'와 같은 이름으로 불리기는 해도 이제 그 주변의 인간과는 다른 것이 되어 있을 것입니다.

하시즈메 그렇습니다. 그래서 불상 같은 것을 만들어서는 안 됩니다. 상냥하고 훌륭한 아저씨가 있다는 의미는 될 수 있겠으나, 그것은 반쪽에 지나지 않으므로 그런 것은 없다고 생각하는 편이 오히려 좋습니다.

붓다가 인간이라는 것

오사와 마침 붓다의 신체라는 것이 화제가 되었으니, 다음은 불신론佛身論으로 들어가 보죠. 불신론은 붓다의 신체를 둘이라든가 셋으로 나누어 그들의 관계를 논합니다. 이런 식의 이론이 나오게 되는 필연성을 이해하는 것이 중요하다고 생각합니다.

그것은 지금 말씀하신 것처럼 눈에 보이는 부처의 신체, 즉 '깨달은 아저씨'는 진짜 부처의 신체는 아니라고 여겨지기 때문입니다. 진짜 부처의 신체는 우주 자체와 일체여야 하는 우주의 '법' 그 자체여야 합니다. 그 법과 일체인 부처의 신체가 법신法身이라고 불립니다. 반면 살아 있는 육체의 부처, 즉 '깨달은 아저씨'는 나중에 삼신론三身論이 되면 좀 더 복잡해지지만 일단 초기불교·부파불교에서는 색신色身이라고 불렸습니다. 사실 불신론으로는 대승불교의 삼신설이 잘 알려져 있기 때문에 그에 대해서는 곧 뒤에서 해설하겠지만, 일단 중요한 것은 법신이라는 것이 내세워진 필연성입니다. 그 점에 대해서 말씀해 주십시오.

하시즈메 우선 깨달을 대상이 있어야 하니 법이라든가 다르마 같은 것이 먼저 근본이 됩니다. 이 다르마를 규준으로 하여 부처라는 상태가 정의되고, 누가 깨달았는가 하는 것이 판정되

유쾌한 불교

죠. 깨달은 내실은 다르마인데, 잘 생각해 보면 다르마 말고는 다른 것이 없습니다. 깨달은 내실은 고타마의 경우라면 고타마가 '내가 생명체다, 우주의 부분으로서의 인간이다라는 것은 착각일지도 모른다. 나는 우주와 완전히 똑같은 것이다'라는 식으로 존재를 변용했을 때 드러납니다. 존재 변용을 했다면 고타마는 다르마 그 자체입니다. 그러니까 그것을 '법신'이라고 하면, 법신이란 본래 붓다라는 그 실체가 '법'이라는 것입니다. 이것이 최초의 생각일 것입니다.

오사와 이해를 돕기 위해, 약간 보조선을 긋고 싶은데요.

예컨대 비교 대조를 위해 다시 이슬람교의 경우를 살펴보죠. 알라는 천사 가브리엘을 매개로 무함마드에게 말을 전하지만, 알라 자신이 그 주변의 아저씨가 되는 것은 아니므로 괜찮습니다. 무함마드는 그야말로 '주변의 아저씨'이지만 실제로도 그렇기 때문에, 논리상의 문제는 절대로 일어나지 않습니다.

상당히 독특한 것은 기독교의 경우입니다. 신은 천지를 창조하고, 우주 그 자체의 주재자로 있습니다. 그런데 그 신 자체가 어떤 의미에서는 우리 주변으로 오는 것이죠. 이것이 기독교입니다. 그는 신이자 나사렛 예수라는 인간이기도 합니다. 50%가 신이고 50%가 인간이라는 것이 아니라, 신도 인간도 동시에 100% 들어 있죠. 그는 주변의 형님으로서, 팔레스타인 부근을 돌아다녔습니다. 그러나 동시에 신이기도 합니다. 이렇게 생각하면 매우 번거롭기 때문에 기독교도의 골칫거리가 되어 여러 가지 논의가 이루어지게 됩니다. 하지만 태도를 바꾸어 그리스도를 단순한 인간으로 만들어 버리면 역시 기독교의 임팩트는 크게 떨어집니다. 그러므로 그리스도는 어떻게 해서든 신이기도 해야 합니다.

하지만 그럼에도 그리스도는 근처 형님, 『세인트 영맨』[15] 같은 겁니다. 붓다도 근처에 있는 형님으로 같이 살고 있죠. 여기에 알라가 동료가 되는 일은 있을 수 없습니다.

그리스도가 가진 신이자 인간이라는 이중성과 붓다가 가진 다르마인 동시에 경우에 따라서 근처 사는 아저씨일 수도 있다는 이중성. 이 두 종류의 이중성을 비교했을 때 어떤 말을 할 수 있을까요? 어떤 부분에서 가장 중요한 차이가 있을까요?

하시즈메 예수 그리스도가 왜 인간인지 말해 보죠. 그는 애초에 인간이 되기 전 신의 아들 예수 그리스도였습니다. '니케아 신조'에 분명히 적혀 있는데 '보이는 것과 보이지 않는 것, 모든 것을 창조한 아버지인 유일신을 믿는다'에 이어, 창조에 앞서 '주 예수 그리스도는 창조된 것이 아니라 출생'한 것으로 되어 있습니다. 이 단계에서 예수 그리스도는 아무리 생각해도 인간

---

15 [역주] 『세인트 영맨』은 일본의 만화로 나카무라 히카루(中村光)의 작품이다. 원제는 『聖☆おにいさん』으로, 직역하면 '성인☆형님'이 된다. 두 성인인 예수와 부처가 휴가차 지상으로 내려와 어느 일본 마을의 작은 원룸에서 지내며 여러 사건을 겪는 내용이다.

유쾌한 불교

이 아니었다고 생각합니다.

아버지 신과 아들 신은 세계 창조에 앞서 별개였습니다. 그리고 천지가 창조된 후에는 하늘에 둘이서 나란히 앉아 있었습니다(아마도요). 성령도 있었을 겁니다. 성령도 아버지와 아들에게서 나오죠. '삼위일체'라는 상태였다고 생각합니다. 그런데 여러 가지 일이 생겨 이대로라면 인간은 구원받지 못하게 되니 '아들아, 네가 가 봐라'라는 식으로 예수 그리스도가 인간으로 태어났고, '성령에 의해 동정녀 마리아에 깃들어 육체를 얻고 사람이 된다'는 흐름입니다. 인간이 된 것은 이 단계지요. 그것은 아버지인 신의 명령에 의한 것입니다.

이처럼 성령이 먼저 매개하고, 신의 명령으로 예수 그리스도는 육체를 얻습니다. 다른 인간과 마찬가지로 수정란에서부터 제대로 발생하고 있죠. 그리고 자라나 예수 그리스도라는 인격이 되도록 짜여져 있습니다. 뭔가 종이꽃 같습니다만, 처음에는 꾸깃꾸깃 구겨져 있던 것이 펼쳐지니 예정대로 예수 그리스도였던 것입니다. 즉 하고 싶은 말은, 처음에는 예수 그리스도(신)이고 나중에 인간이 되었다는 것입니다.

오사와 그렇군요. 그것은 중요하죠.

하시즈메 고타마는 다릅니다. 처음엔 인간이고 나중에 붓다가 된 겁니다.

오사와 아마 그 점이 굉장히 중요한 포인트겠죠. 붓다도 그리스도도 어떤 모종의 세계 그 자체인 듯한 초월성과 세계의 부분인 인간성이라는 이중성을 100% 체현하고 있습니다. 그런 점에서 붓다와 그리스도는 비슷합니다만, 거기에 있는 이중성이 어떤 방향성으로 주로 작용하고 있는가 하는 점을 생각하면 양자는 정반대죠.

예수 그리스도의 경우엔 신이 인간이 됐다는 것이 중요하겠네요. 그리스도는 부활해서 하나님이 된 것이 아닙니다. 그래서 벡터는 신에서 인간으로 가는 데 압도적인 힘이 있습니다.

붓다의 경우는 보통의 인간이었던 사람이 붓다가 되어 가죠. 붓다라고 불리는 인간이지만 높은 경지에 도달한다는 방향성이 포인트고요.

하시즈메 석존의 경우 왜 이 세계에 태어나 붓다가 되었는가 하면, 이 세계는 고타마가 붓다가 되기 위한 도량이기 때문입니다. 그것을 위해 붓다도 있지만 다른 중생도 있는 것이고요. 말하자면 붓다가 붓다가 되기 위해 이 세계가 있다면 다른 중생들은 그것을 지켜보고 붓다가 되지 않기 위해 이 세계에 있습니다. 손님인 거죠. 주인공은 붓다거든요.

그런데 붓다는 깨달은 뒤 니르바나에 들어가 사라집니다. 육체가 없어지는 거죠. 붓다로서는 없어진 것이 아니라 이 세계와 합일해 이 세계 구석구석에 편재하고 있습니다. 인격성이 없어지고 법칙성이 된 셈이죠. 법칙성으로 되어 있다는 것은 인간에게 작용할 수 있는 것이 1mm도 없다는 것으로 무능력해진 것입니다.

그곳에 남겨진 중생이 깨닫기 위해선 자기노력밖에 없습니다. 붓다가 남긴 이야기(경전)를 들을 수밖에 없는 겁니다. 그리고 불제자(승가)가 남아 있겠네요. 이런 상태입니다.

그런데도 중생의 한 사람인 오사와 선생님이 깨닫는다면 어떻게 될까요. 이 세계에서 밀려나 오사와 불국토라는 것을 부여받고, 그 중심에서 깨달은 아저씨로 앉아 있는 상태가 되는 것입니다. 이렇듯 나간다는 점이 중요하기 때문에, 깨닫는다면 부처님과 마찬가지로 오사와 붓다도 이 세계로 돌아올 수 없습니다. 그런 점에서는 부처님과 동일하죠. 부처님은 이 세계 밖에 나가 있지 않지만 무능력합니다. 오사와 선생님은 본원이든 뭔가를 걸고, 중생을 구원으로 인도할 것을 약속한다고 해도 이 세계에서는 실행할 수 없고, 아미타가 극락정토에서 하는 것처럼 어딘가 멀리 떨어진 오사와 불국토에서 그것을 할 수밖에 없습니다. 아미타불이라고 해도 이 세계에서는 마음대로 구제활동을 할 수 없는 거죠.

이 점이 예수와 근본적으로 다릅니다. 예수는 죽은 후 하늘로 올라갑니다. 부활하여 한 번 잃어버린 육체를 되찾았고, 그로 인해 하늘로 올라간 거죠. 자유의지로 하늘에 승천했습니다. 즉 하늘에 올라가지 않을 수도 있었던 거죠. 그리고 자유의지로 재림합니다. 재림하는 것은 약속했기 때문에 재림하는 것이지, 재림하지 않는 것도 가능합니다. 예수 그리스도의 의지로 재림하여 사람들을 심판하고, 이 세상을 끝내고, 신의 나라를 실현하는 겁니다. 모두 예수 그리스도의 의지입니다. 우리는 그것을 따르고 복종하고 인정하는 수밖에 없습니다. 이 세계에서 나갈 수 없죠. 이 세계가 없어지면 신의 나라에 들어갈수밖에 없습니다. 선택의 여지 없이 인류는 하나의 숙명 안에 살고 있는 셈이겠네요.

불교의 경우 오사와 선생님은 오사와 선생님의 불국토에 가고, 만약 제가 운 좋게 깨닫게 된다면 저의 불국토로 가서 "잘 있어" 하고 더 이상 함께할 수 없게 될 뿐입니다.

오사와 그런데 붓다라는 것은 궁극적으로 말하자면 이 우주의 원리 그 자체잖아요.

하시즈메 그렇습니다.

오사와 생각하기에 따라서는 불교는 미묘하게 감사함이 부족합니다. 아니, 미묘하기는커녕 어떤 의미에서 붓다는 그런 고마워하거나 하는 대상이 아니잖아요. 예수는 인간에게 고마운 존재죠. 예수 덕분에 우리 인간이 속죄되기도 하고, 구제되기도 하니까요. 그러나 붓다의 경우에는 그렇지 않습니다. 우리

유쾌한 불교

는 붓다 자신의 자기구제극의 조연이라고 할까, 주인공 붓다의 들러리일 뿐입니다. 심하게 말하면 붓다에게 우리 중생은 필요한 조연이기 때문에 고마울지도 모르지만, 우리에게 붓다는 그다지 고맙지 않다는 것이 되겠네요.

아직 붓다가 완전히 깨닫지 않은 단계라면, 즉 우수한 보살의 단계라면, 붓다도 이 세계 자체가 자기 자신이라는 것을 깨닫기까지의 경지에 이르지 못했기 때문에, 근처 아저씨의 역할을 하고 있을 겁니다. 그리고 그러한 아저씨에게 우리가 상담을 하러 가면 고민이 해결된다든지, "듣기 좋은 말 하는구먼, 이 아저씨!" 같이 조언을 받아서 우리로서도 약간은 구원을 받은 기분이 들 거라고 생각합니다.

그러나 붓다가 드디어 이 세계의 원리 그 자체의 별칭, 다르마 그 자체, 법신이 되었을 땐, 우리에게 붓다는 아무런 구원이 되지 않죠. 우리로서는 단지 어떤 법칙이 관철하는 세계에 살고 있을 뿐인 거니까요. 그렇다면 붓다에겐 고마워해야 할 마음이 전혀 들지 않을 것 같은 느낌이 드네요.

Σ붓다의 비밀

하시즈메 그건 일신교를 바탕으로 불교를 이해하기 때문에 그렇게 느끼는 겁니다. 고마움을 가지고 붓다를 보는 경우는 역시 붓다의 순위가 높아지고 자신의 순위는 낮아집니다. 그러니까 고맙다, 고맙지 않다고 생각해서는 안 됩니다.

불교의 목적은 나도 성불하고, 나도 부처가 되는 것이죠. 석가모니와 동등, 동렬이 되는 것입니다. 그렇게 되면 우선 고맙지는 않게 됩니다. 고맙다면 이상하죠. 고마운 아저씨 집단, 혹은 이상한 아저씨 집단이라는 대칭성이죠. 그러면 자신과 다르다는 감각은 사라지고 자신과 같아지게 되는 것입니다. 그래서 석존을 석존이라고 인식할 수 없게 되는 게 아닐까요? 또는 인식하지 못하게 되는 것이 아닐까요?

우리는 아주 많은 붓다가 있다고 생각하고 있기에, 이름을 붙이고 있는 겁니다. 아촉여래라든가, 약사여래라든가, 아미타여래라든가, 석가여래라든가. 하지만 붓다가 서로를 구별할 수 있을지를 생각해 보면 매우 의심스럽습니다. 우선 붓다의 실체라는 것은 깨달음이고, 깨달음의 실체는 다르마니까요. 다르마는 복수적으로 있지 않기 때문에 모두 같은 생각을 하고, 같은 법칙 속에서 유영하고, 우주와 일체화되어 있습니다. 그렇다면 붓다 A와 붓다 B를 구별할 이유는 본래 없는 거죠. 그러면 붓다 한 사람에 대해서 불국토가 또 하나 생긴다고 말했지만, 그것은 보살을 격려하기 위한 말장난이며, 포상을 미리 주는 공수표 같은 것으로, 불국토가 여기저기에 진짜 있는 것이 아니라 우주는 하나일 뿐인지도 모릅니다.

오사와 한 개여도 다수여도 구별은 할 수 없으니까요. 평행세계처럼 불국토가 다수 있다 하더라도 그것들을 비교하거나 셀 수 있는 메타 레벨의 시점은 존재하지 않으니까 한 사람의 붓다와 다수의 붓다, 한 개의 불국토와 다수의 불국토를 구별할 수 없습니다. 하나라고 해도, 다수라고 해도 마찬가지인 거군요.

하시즈메 맞습니다. 그래서 불국토가 무수히 많고 연이어 파생되고 있는 콜리플라워 같은 상태와 진정한 붓다가 한 사람 있어서 이 세계와 합치하고 있는 상태는 구별할 수 없습니다. 그리고 붓다가 무수히 많아, 저마다 세계를 지탱하고 있는 상태와 궁극의 붓다가 이 우주를 지탱하고 있는 상태를 구별할 필요는 없습니다. 붓다를 서로 구별한다는 논리는 없으니까요.

그러면 오사와 선생님이 깨달아 오사와 붓다가 되었을 때는 자신이 석존이라고 생각할지도 모릅니다. 실제 그럴지도 모르고요. 아미타여래라고 생각할지도 모르겠습니다. 실제로 그럴 수도 있고요. 그런 것이죠. 구별은 무효화됩니다. 그것이 고마운 것인지, 기쁜 상태인지조차 이제는 알 수 없는 거죠.

결국 이 우주의 중심에 우주 그 자체로 마하비로자나가 있는가, 아니면 그 밑에 다양한 부처가 있는가 하는 문제입니다. 그것은 둘 다이기도 하고, 둘 다가 아니기도 합니다. 그러니까 마하비로자나는 Σ붓다이면서도 다른 각도에서 보면 단독 붓다이기도 합니다. 단독적인 붓다로 있을 때는 다른 무수한 붓다는 사라지고, 무수한 붓다가 있을 때는 단독 붓다로서의 마하비로자나는 사라집니다. 이 중 어느 쪽이 진상인지를 결정하지 않는다는 것이 모든 인간이 평등하게 깨달음에 이를 것이라는 생각의 종착점이 아닐까요?

오사와 방금 전의 독아론 이야기로 돌아가 보면 결국, 완벽한 독아론과 타자가 많이 있는 세계는 논리적으로는 구별이 되지 않습니다. 완벽한 독아론의 세계 속에는 이런저런 '타자'라고 할까, 다수의 인간·중생이 등장인물로 포함되어 있을 겁니다. 그러나 독아론이라는 것의 정의상, 이런 독아론, 저런 독아론이라는 것을 포괄하는 세계는 없으니까 나밖에 없는 세상과 나 외에 다수의 타자가 있는 세계를 구별할 수 없어요.

　마찬가지로 다수의 붓다가 있고, 수없이 많은 불국토가 있을 가능성도 있지만 실은 그 전부가 같은 것에 불과할 수도 있습니다. 그 두 가지가 어느 쪽인지는 논리적으로 결정할 수 없다는 구조죠.

하시즈메 그렇습니다.

오사와 하지만 이번에는 반대 방향에서 의문이 생깁니다. 정말로 따져 보면 붓다라는 것은 이 세계의 원리 자체, 즉 '법신'法身이죠.

　그러면 다음으로 의문이 드는 게, 대체 왜 붓다가 근처의 아저씨로도 있냐는 거죠. "아저씨 같은 건 없어도 되잖아." 이런 말도 할 수 있지 않을까요? 우주의 원리가 옆집 아저씨에게도 있다는 게 더 이상하잖아요.

다시 한번 일신교와 비교하자면 우선 이슬람교의 경우, 우주의 주재자인 알라는 아저씨로 존재하지 않습니다. '아저씨' 역할은 예언자에게 맡깁니다. 반대로 기독교는 독자적인 사정이 있어서 이번에는 신이 근처에 사는 형으로 나와 주지 않으면 곤란합니다. 이쪽에는 강한 필연성이 있죠.

불교의 경우에는 법신이 가끔 아저씨 같은 모습을 취하는 일도 있지 않나요? 왜 아저씨로서의 붓다도 있을까요? 이건 어떻게 생각하시나요?

하시즈메 인간의 가능성으로서 부처가 되는 길이 열려 있는데도, 그것을 잘 모르는 중생들이 있기 때문에 중생을 위해 나오는 게 아닐까요?

오사와 법신 쪽의 선의善意인 건가요? 있어도 그만, 없어도 그만인 선의.

하시즈메 혹은 중생이 보는 환영이랄까.

예를 들어 J리그 같은 프로축구 리그에서 활약하고 있는 일류 선수들은 보통 유소년팀 쪽에는 지도하러 오지 않습니다.

그런데 몰래 가끔씩 와서 지도 같은 걸 하는 사람이 있죠. 그래서 '그렇구나. J리그 선수들은 이런 식으로 공을 차는구나. 모두 자극받아 열심히 해보자' 같은 식이 되는 거죠.

오사와 그렇군요. 이치로 같은 대단한 야구선수가 가끔씩 소년들을 격려하는…, 그런 느낌일까요?

하시즈메 붓다는 본래 그런 일을 할 필요성이 전혀 없고, 단적으로는 붓다이기 때문에 우주와 결합되어 있을 뿐입니다.

오사와 그래도 되는 거군요.

하시즈메 그걸로도 전혀 문제가 없지만, 아저씨가 되어서 하지 않아도 되는 일을 하는 거죠. 이것이 역시 자비가 아닐까요? 자비란 깨달은 사람과 깨닫지 못한 사람 사이에 작용하는 역학입니다.

오사와 그러나 그러한 경우 논리적으로는 붓다에게 자비는 있어도 그만, 없어도 그만인 요소가 되는 거죠? 자비가 있느냐 없느냐 하는 것, 혹은 선의가 있느냐 없느냐 하는 것은 붓다가 되는 조건과는 아무런 관련이 없습니다. 우연히 우리 세계의 붓다, 석가여래는 비교적 '좋은 사람'이어서, 우리 중생을 여러

유쾌한 불교

가지로 신경 써 준 것 같습니다. 2천 몇백 년 전의 일입니다만 일단 '붓다를 만났다'는 증언도 꽤 남아 있기 때문에, 이 세계에 틀림없이 있었던 거잖아요. 하지만 우리가 우연히 '좋은 사람' 붓다에 당첨된 거군요.

이치로도 소년 야구에 꼭 신경 쓰지 않고 계속 메이저리그에 있어도 됩니다. 현실의 이치로는 일본 야구의 발전을 위해 가끔 소년들에게 본을 보이기도 하죠. 하지만 그건 이치로를 이치로로 있게 하는 본질적인 조건은 아닙니다. 초일류 야구선수로서의 이치로의 평가는 메이저리그에서 그가 몇 개의 안타를 쳤느냐 등으로 결정되는 것이지, 그가 소년 야구를 위해 격려했는지 여부와는 무관합니다. 물론 야구선수라는 것을 떠나 이치로라는 사람에 대한 평가, '괜찮은 녀석인가 아닌가' 하는 평가에는 소년 야구 등이 관계가 있겠지만요.

하시즈메 하지만 이치로 역시 한때 소년이었다는 것을 잊으면 안 됩니다.

자비에는 기독교의 사랑과 매우 유사한 성질이 있습니다.

사랑은 신이 인간을 구하려는 의지인데, 그것이 정말 그런가는 잘 모르겠습니다. '심판'이라는 것이 있어, 심판을 받게 되면 사랑 따위는 없었던 셈이 되죠. 그런 의미에서 신은 인간을 구할 의무가 없습니다만, 인간에게 관심을 가지고 구하려 하고 구하기 위해 사랑으로 움직이고 있죠. 그러니까 인간도 사랑으로 실천하라, 라는 겁니다. 이런 위태로운 논리 위에서 '이 세계는 사랑으로 가득 차 있다'고 생각하는 게 기독교잖아요.

마찬가지로 부처도 사람들(중생)에게 자비를 베풀 의무 따윈 딱히 없다고 하면 없는 것이지만, 부처는 이 세계의 중생을 신경 쓴다는 본성을 가지고 있습니다. 그리고 부단히 압력을 가하고 있는 것이 대승이죠. 부처는 원래 보통 사람이었으니까요.

삼신론에 대하여

오사와 그렇군요. 부처도 본래는 보통 인간이었기 때문에 보통의 인간에게 공감하게 된다는 점이 포인트겠네요.

가장 유명한 불신론이라고 하는 것은 '법신'自性身과 '보신'受用身, '응신'變化身 세 가지가 있죠. 아까 초기의 불신론, 법신과 색신이라는 불신론에 대해 말씀드렸습니다만, 중기 대승불교의 성숙한 불신론에서는 불신을 세 가지로 세우는 것이 보통입니다. 세계 자체의 원리에 책임이 있는 초월자가 세계 속에 등장하는 한 명의 사람이기도 하는 이중성을 가질 경우, 종교는 어려운 문제에 직면합니다. 그 이중적 관계를 어떻게 생각해야 할까요. 그 관계를 정합적으로 설명하려고 할 때 불신, 붓다의 신체는 세 개가 되는 것이 아닐까 하고 저는 추측합니다.

다시 한번 정리하면 이런 귀찮은 문제가 없는 것이 이슬람교겠네요. 신은 우선 무함마드와 커뮤니케이션을 해야 한다는 문제는 있지만, 자기 자신이 예언자로서 출현하거나 하는 일은 없기 때문에 그런 논리적으로 어려운 문제를 감수하지 않아도 됩니다. 반면 기독교나 불교의 경우 신이나 붓다가 세계 그 자체인 상태와, 그중 일부분인 한 명의 인간이라는 상태의 이중성을 지니고 있기 때문에, 이때 그 두 관계를 어떻게 생각해야 하는지가 더욱 어려운 문제가 됩니다.

기독교의 경우 어쨌든 그리스도라는 자가 출현하여 십자가 위에서 못 박혀 죽었다가 부활했다는 이야기는 이제 뺄 수 없는 중요한 요소이기에 어떻게든 그리스도와 신의 관계를 제대로 설명하는 것에 필사적입니다. 그 산물이 예를 들면 삼위일체라는 어려운 논리죠.

사실 불교의 경우, 기독교만큼 고민하지 않아도 되는 느낌이 듭니다. 왜냐하면 앞서 말했듯 세계 그 자체인 붓다가 세계 속에 나타나야만 하는 필연성은 크게 없으니까요. 그러나 어쨌든 불교의 경우도 기원전 몇 세기쯤에 인도 북쪽에 있었던 아저씨와 우리 우주의 원리인 '법신' 사이에 뭔가 관계를 맺지 않으면 안 됩니다. 저의 이해로는, 붓다의 신체가 세 개가 되는 것은 그 때문이 아닐까 해요.

우선 불신론의 비교적 원시적인 형태는 '법신'과 '색신'의 두 가지, 요컨대 우주 자체의 원리인 붓다와 살아 있는 육체를 가진 붓다지요. 그러나 그렇게 되면 양측의 관계를 알 수 없게 됩니다. 극단적으로 말하면 무관해지는 거죠. 그래서 두 개를 연결하는 신체가 필요해집니다. 그 결과로 세 개가 된 거고요.

좀 더 설명하겠습니다. 법신은 이제 반복할 필요조차도 없이, 법 그 자체입니다. 살아 있는 육체를 가진 붓다, 이신론의 색신에 대응하는 것은 삼신론에서는 응신입니다. 붓다는 이 세계에 다양한 '이 근처 아저씨'의 모습을 취하고 나타나는데, 그것이 응신이죠.

하지만 '이 근처 아저씨'와 우주의 법은 정말 연결된 걸까요? 그 연결을 보증해 주는 것이 바로 보신입니다. 아저씨와 깨달은 붓다의 관계는 아저씨가 보살로서 수행을 거듭하여 공덕을 쌓고, 그 보답을 받아 성불했다는 연결고리죠. 보신이라는 것은 보살의 공덕을 보답받고 있다는 것을 고려했을 때의 불신이라는 뜻입니다. 예를 들어 아미타불은 법장보살의 보신입니다.

이렇게 생각하면 대승불교에서 삼신론이 정비되어 온 이유를 잘 알 수 있습니다.

하시즈메 음, 그런 느낌이겠네요. 삼신론은 처음부터 있었던 것이 아니고, 지금처럼 이치를 맞추기 위해 나중에 생각하게 됐다는 측면이 강하다고 봅니다.

오사와 어느 쪽이든 처음에 석존은 그렇게 귀찮은 것을 생각하고 있었던 것이 아니라, 각각의 사람이 괴로워하고 있는 그 고통이라는 것을 어떻게 제거해 나갈 것인가 하는 식으로 여러 가지 이야기를 해왔었던 것 같은데요. 그것을 더 따져 가다 보니 점점 복잡한 형이상학이 되어 갔고, 그래서 그 형이상학의 일관성을 유지하기 위해 여러 가지 장치가 만들어져서, 그중 하나로 붓다의 신체가 세 가지 층위를 가지고 있다는 이야기도 나오게 됐다는 느낌인 겁니다.

기독교의 경우 처음부터 '예수가 있었다가 부활해서…'라는 이야기가 있었기 때문에 그만큼 사정이 많이 다른 거죠.

하시즈메 말씀하신 대로입니다.

밀교와 그 배경

오사와 마지막으로 대승불교의 또 다른 파생형으로서 밀교에 대해서도 잠시 논의하고자 합니다. 밀교라고 해도 범위가 넓기 때문에 한마디로 말하기는 좀처럼 어렵습니다. 밀교에 대응하는 산스크리트어는 없어서 여기서부터 여기까지가 '밀교'라고 정확하게 정의하기는 어렵죠.

직감적으로 말하면 만트라(진언)와 다라니(주문) 등의 주술적인 요소가 들어온 것이 밀교입니다. 지금까지 말했듯 불교라는 것은 깨달음을 얻는 데 있어 성불하는 것이 목적이기 때문에, 주술적인 것에 의해 모종의 현세 이익을 목표로 한다는 것은 본래 불교로부터는 상당한 일탈이 아닐까 하는 생각이 듭니다. 물론 '일탈'하면 안 된다는 건 아니지만요. 이러한 주술적 요소는 3~4세기경부터 들어온 것 같습니다.

어떤 연구자는 이렇게 단지 주술적인 요소가 잡다하게 들어 있을 뿐인 밀교와 제대로 된 밀교를 나누는 경우도 있습니다. 전자가 잡밀, 후자가 순수 밀교(순밀) 등으로 불립니다.

순수 밀교의 가장 중요한 경전은 『대일경』大日經과 『금강정경』金剛頂經으로 전자가 7세기 전반, 후자가 7세기 후반에 성립됐습니다. 두 경전 모두 주역은 석가불이 아니라 마하비로자나불, 즉 대일여래입니다. 저희의 대담 중 'Σ붓다'라는 형태로 몇 번이나 언급된 붓다죠. 이 두 경전에 의거한 진언종이 구카이空海[16]에 의해 일본에 들어왔습니다.

밀교의 주요 특징을 꼽아 보겠습니다. 첫째, 비로자나불을 중심으로 여러 부처들을 모시고, 나아가 이전까지 불교에는 등장하지 않은 신적인 것을 많이 도입했다는 것입니다. 부동명왕을 비롯한 명왕이라든가, ○○천과 같은 신들, 귀신, 성자와 같은 것들이 많이 도입되죠. 이 지점에 밀교의 불교 본류로부터의 일탈상이 잘 나타나고 있는 것 같습니다. 밀교는 이러한 신들을 도입한 다신교, 판테온의 양상을 띠고 있는데, 이것이 이

---

16 [역주] 구카이(空海, 774~835)는 일본 진언종의 개조이다. 사누키국(讃岐國)의 명문가에서 태어났으나 한 사문을 통해 밀교 수행법을 접하고 사도승(私度僧)이 되었다. 후에 정식 출가하여 당나라에서 유학, 일본에 돌아와 밀교를 알렸다.

른바 만다라曼茶羅로 표현됩니다.

둘째로 여러 부처나 신들에게 염원하거나, 만트라나 다라니를 외우기도 하고, 불을 피우는 등의 비법이 이루어져 일종의 엑스터시에 잠기는 등 신비한 세계로의 몰입을 볼 수 있습니다. 이런 맥락에서 '즉신성불'卽身成佛을 외치게 되는 것도 밀교의 특징입니다. 혹은 지금까지의 불교에서는 생각할 수 없는 일이지만, 번뇌적인 것, 애욕적인 것도 때로 긍정되기도 하죠.

셋째로, 추상적인 철학보다는 만다라와 같은 표상을 사용하여 무언가를 상징적으로 보여 주는 것도 밀교의 특징이라고 해도 좋을 것 같습니다. 생각하기에 따라서는 예술적이죠.

일단 이 정도를 밀교의 특징으로서 잠정적으로 열거한 후에 밀교에 대해 여쭤보도록 하겠습니다. 밀교에 관해서 우선 무척 흥미로운 것은 교의의 새로운 전개라기보다는 이런 것들이 등장한 사회적 원인입니다. 철학적인 흥미보다도 사회학적인 흥미를 갖습니다. 밀교라는 새로운 조류가 등장한 원인, 사회학적인 원인에 대해 하시즈메 선생님은 어떻게 생각하십니까.

하시즈메 대승불교에 대해 고민되는 지점은 이렇게 길고 힘들고 끝없는 수행을 어떻게 계속할 수 있을까 하는 것입니다.

아이디어로서 세 가지 정도가 있습니다.

하나는 출발점의 결심입니다. 발심이라는 것이 역시 굉장히 중요한 것으로, 이게 일생뿐만 아니라 윤회를 통해 지속되는 거라는 사고방식이죠. 어떻게 해서 지속되는지 잘 모르겠지만, '아뢰야식' 같은 곳에 GPS 같은 형태로 넣어져 있을지도 모릅니다.

두번째는 불성론으로, 모든 인간은 깨달음으로 향할 가능성, 부처가 될 잠재력을 가지고 있다는 것이고, 그것이 있기 때문에 부처를 향해 계속 나아갈 수 있다고 생각하는 것입니다. 로켓에 비유하자면, 1단이 충분한 추진력을 가지고 있고, 나머지는 타성으로도 날아간다는 것이 발심입니다. 불성은 2단 로켓, 3단 로켓, 4단 로켓, 5단 로켓… 모든 로켓이 추진력을 가지고 있기 때문에 전진해 간다는 거죠.

'로켓인 이상, 추진력이 있다'라는 것이 불성론이라면, 세 번째는 목표인 부처가 전파를 내보내 유도하고 있어서 '애야 이리로 오렴', '깨달음은 이쪽이야. 깨달으면 좋은 일이 있어'라고 깨달음 쪽으로 끌어당기고 있다는 사고방식입니다. 아미타불에게 의지해 극락에 왕생하자는 건 이런 거죠.

이 세 가지의 조합 기술로, 사람들이 깨달음에 이른다는 논리를 갖추었다고 생각합니다.

밀교는 세번째에 가까운 점이 있다고 생각합니다. 깨닫기 전에, 깨닫는다면 어떻게 되는지, 얼마나 훌륭한지를 잠시 보여 줄 수 있다는 생각이죠. 구체적으로 어떻게 하느냐인데, 특별한 행법이 있어서 예고편 같은 것을 보여 줍니다. 예고편을 보면 본편이 보고 싶어지잖아요.

유쾌한 불교

오사와 영화 같은 것도 그렇죠.

하시즈메 그래서 수행이 활발하게 계속됩니다. 로켓에 빗댄다면 예고편이 붓다의 작용이라고 생각하는 것입니다.

오사와 그렇군요. 재미있네요. 밀교의 의례라든가 종교적인 도취라든가, 혹은 만다라 같은 표상이라든가 하는 것은 깨달음의 세계를 연상시키는 예고편 같은 것일 수 있다는 거군요.

밀교에는 비의 같은 부분이 있죠. 가르침을 명시할 수 없다, 처럼요. 이것은 밀교의 입장에서 보면 진실은 말해질 수 없다는 취지일지 모르지만, 저는 이런 종류의 애매함이랄까 비밀스러운 분위기라는 것은 원래 불교에는 없었던 것 같습니다.

석존의 유언에 '스승에게는 움켜쥔 주먹이 없다'라는 구절이 있습니다. 스승에게는 주먹에 감추고 있는 것 같은 가르침은 아무것도 없다는 뜻입니다. 투명하고 합리적이라는 것이 석존의 가르침의 특징이라고 생각합니다. 밀교의 비의적 분위기라는 것은 이와 사뭇 다르죠.

이처럼 밀교에는 원래 불교에는 없었던 요소나 특징이 상당히 더해져 있습니다. 그런 것들은 어디서 온 걸까요?

하시즈메 여러 가지 설이 있습니다만, 완전히 힌두교의 영향이죠. 인도의 재가 불교도란 인도 사람이잖아요. 인도 사람의 일상생활은 압도적 다수의 힌두교도와 함께 사는 것이고, 재가의 불교도는 거의 힌두교도인 셈이죠. 그래서 불교는 힌두교의 영향을 부단히 받습니다.

어떤 영향이 있었는가 하면 우선 재가주의입니다. 브라만 이외의 사람들 모두가 재가자이니까요. 그리고 윤회입니다. 윤회는 불교에 없어도 괜찮습니다. 하지만 힌두교에서 윤회는 없어서는 안 되죠. 힌두 사회는 반드시 윤회를 믿는데, 그 사람들이 바로 불교도이기에 윤회가 없어서는 안 되는 거죠.

그리고 제사입니다. 석가모니 부처님이 깨닫는다면 어떻게 될지 잘은 모르지만 분명 대단할 거라 생각해서, 눈에 보이는 형태의 여러 가지 제사를 지냅니다. 연꽃을 뿌리고, 향을 피우고, 화려하고 현란한 색의 상이나 수레를 만들어 행렬을 지어 걸으며 야단법석을 떠는 식으로요. 이런 방식은 대체로 힌두교의 것입니다. 제사라면 눈으로 보고, 귀로 듣고, 냄새를 맡으며, 감각적으로 이해할 수 있죠.

힌두교에는 감성적 확신을 원하는, 실감 나게 맛보고 싶어 하는 강한 욕구가 있습니다. 실감으로서 맛볼 수 없는 것은 실재하지 않는다는 사고방식도 있고요. 여기서 깨달음의 예고편이라는 사고방식이 나온 것은 아닐까요. 깨달음의 훌륭함을 감성적으로 선취하고 수행을 계속하는 수행법은 힌두교의 수행법이라고 생각합니다.

유쾌한 불교

탄트리즘이란

오사와 그렇네요. 아마 객관적으로 보자면, 힌두교의 영향을 받는다든가, 적극적으로 관여한다든가, 그런 일을 하는 중에 밀교라는 것이 생긴 것이 아닐까 생각합니다. 여러 가지 신들이 생긴 것은, 힌두교적인 요소가 도입된 산물일 것입니다.

하지만 이렇게까지 개조해 버린다면, 더 이상 불교에 연연할 일이 없지 않나라고 생각되기도 합니다. 왜 불교의 일부처럼 자신들을 자리매김할 필요가 있을까라는 것이지요. 여기까지 간다면, 불교가 아니어도 되지 않나요?

예를 들어 지금 말씀드린 것처럼 생각해 보면, 눈에 보이거나 느끼게 한다거나 해서, 깨달음의 궁극의 경지를 한순간에 지각시키는 것은 애초에 불교의 이념에 반하지요. 그렇게 본다든지, 만질 수 있다든지 하는 것으로서의 깨달음의 경지가 있는 것은 아닐 테니까요.

그래서 굳이 과장해서 말하자면 불교의 부정 그 자체에 의해서 불교를 표방한다는 느낌마저 듭니다.

여러 가지 불교의 타입이 있고, 있어도 된다고 생각합니다. 그러나 밀교 가운데는 그야말로 불교적으로는 금지라고 할 만한 영역으로까지 들어가는 경우가 많습니다.

그 극단적인 일례가 탄트리즘입니다. 탄트리즘이라는 것

은 탄트라[17]라고 불리는 인도의 옛 성전을 받드는 종파죠. 탄트리즘은 신비주의적 성격이 강하며 때로는 성적인 의미를 가진 의식을 행하기도 합니다.

불교라는 틀에서 벗어나, 제 개인적인 생각으로는, 성적인 실천이 인간에게 해방적인 의미를 가질 가능성이 충분히 있다고 생각합니다. 그러나 불교적으로 보면, 그건 애욕이나 번뇌의 영역에 속하는 것이겠지요.

탄트리즘이 거기까지 갈 생각이라면, 더 이상 불교라는 전제를 고집할 필요는 없다고 생각합니다. 사실, 자신을 더 이상 불교도라고는 전혀 생각하지 않는 탄트리즘 수행가도 있을 거라고 생각합니다. 그러나 불교의 일부로서 탄트리즘에 집착하는 사람도 많습니다. 그건 왜 그럴까라는 생각이 듭니다.

하시즈메 참고할 수 있는 예로서, 사회주의 시장경제라는 게 있습니다. 이는 마르크스주의의 발전형입니다.

마르크스주의는 자본주의를 타도하고 궁극적으로는 공산주의 사회의 실현을 목표로 합니다. 그곳에서는 노동자들이 즐겁게 생활할 수 있습니다. 여러 가지 상품이 있고, 필요에 따라 얻을 수 있는 멋진 세계인 것이지요. 이를 위해 공산당이 여러

---

17 탄트라(tantra[s]): 통상적인 경전을 수트라(sutra, 經), 밀교 경전을 탄트라라고 한다. 수트라가 씨실을 의미한다면, 탄트라는 날실을 의미. 경전에 명확하게 설명되지 않는 비밀의 뜻을 해명하는 문헌.

활동을 하지만 그것들은 수단이며, 목적은 노동자의 행복한 생활입니다.

그럼 사회주의 시장경제라는 것을 채용해 노동자가 행복하게 생활할 수 있음이 보증된다면, 공산당이 이걸 채택해도 되잖아요.

오사와 방편으로서는요.

하시즈메 예, 방편으로요. 이러니 저러니 말하지 않아도 이게 맞지요.

그럼 "자본주의가 부활하더라도, 그렇게 해서 노동자들이 행복해졌으면 좋겠다"라는 마르크스주의가 있을까요? 보통은 없지요. 하지만 실제로 존재합니다.

오사와 그게 밀교 같은 것이네요.

하시즈메 밀교가 불교일까요, 아닐까요? 우선 수단이 어떠한가는 묻지 않습니다. 최종적으로 사람들이 부처가 되는 것이 목표이고, 밀교의 가르침이 수행을 촉진한다면 그것은 불교의 일종이라는 것이지요. 겉모습이 아무리 힌두교라고 해도요.

오사와 그렇군요. '힌두식 불교주의' 혹은 '붓다주의의 미혹 버전', '번뇌 버전 붓다가 있어도 되잖아' 같은 것이군요. 넓은 의미로 말하자면 '시장경제를 하고 있는 사회주의' 같은 것이겠네요? 엄청나게 번뇌의 세계에 살고 있는 것 같지만, 좀 더 대국적인 견지에서 보면 '이것이야말로 불교다' 같은 것이군요.

하시즈메 번뇌 즉 보리煩惱卽菩提라는 생각도 있습니다.

번뇌가 없으면 깨달음은 없습니다. 번뇌를 극복하고자 하니 무슨 일이 있어도 깨닫고자 하는 것이지요. 그렇다는 것은 번뇌에 가득 찬 사람 쪽이 깨닫고자 하는 동기가 강할지도요. 이렇게 생각하면 안 되려나요?

오사와 아니, 괜찮을 수도 있겠네요.

그렇다면 어쩌면 밀교적 일탈이라는 것은 불교 속에 있을 수 있었던 하나의 옵션이랄까요.

하시즈메 그렇습니다.

오사와 즉 파고 들어가 보면, 앞에서 『대승기신론』에서 이야기한 바와 같이 진즉망眞卽妄, 각즉불각覺卽不覺, 각자즉범부覺者卽凡夫 같은 모순적 자기동일성이 확실히 불교의 핵심부에 속해 있지요. '번뇌 즉 보리'라는 것은 번뇌야말로 깨달음의 출발점이 된다고 하는 것이기 때문에, 밀교적 일탈은 그 이중성을 번뇌 쪽으로 확실히 끌고 가서 깨달음에 대한 포텐셜을 크게 한다는 식으로 해석 가능한 것이군요.

불교의 끝

하시즈메 불교의 특징은 도그마가 없다는 것입니다.

도그마가 있다면, 그것을 벗어났을 때 그 종교가 아니게 됩니다. 예를 들어 기독교라면 삼위일체가 있고, 이슬람교라면 우상숭배 금지나, '알라는 위대하고 무함마드는 마지막이자 최대의 선지자다'와 같은 도그마가 있죠.

불교에는 이에 해당하는 도그마가 없고 깨닫는 것이 목적입니다. 깨닫기 위해서라면 무엇을 해도 좋다고는 하진 않지만, 실질적으로 그것에 가깝죠. 도그마가 없으면 깨달음이라는 궁극적 목표 이외의 것은 치환 가능해집니다. 치환 가능하다면 오리지널한 원래 형태와 외견상 점점 달라져 갈 가능성을 내포하고 있는 것이죠.

치환이 가능하면 어떻게 되는가 하는 예로서, 제가 떠올리는 것은 요리인데요. 본고장의 이탈리안 파스타가 있습니다. 올리브 오일이나 치즈를 사용하죠. 그런데 일본에는 일본풍 파스타라는 게 있어서, 간장 맛으로, 명란젓을 버무리거나, 조미김을 뿌리거나, 여러 가지 궁리를 하고 있습니다. 일본풍 파스타가 맛있다고 하니 어디까지 가게 되었냐면 스파게티면 말고

우동면으로 만들어 볼까까지 가게 되었습니다. 실제로 그런 가게도 있는 것 같지만, 이런 식으로 점점 치환돼 가면 도대체 어디가 이탈리안 파스타인 걸까요. 재료도 제조법도 맛도 전부 다 치환되어 버렸는데요. 그렇게 되면, 그래도 아직 이탈리안이라고 할 수 있는 것은 이름뿐입니다. '이탈리안을 먹을 생각'이라는 신념만이 대체 불가능한 것이죠.

밀교도 원래 불교의 상당 부분이 치환되어 있지만, 남아 있는 것은 '이것이 불교'라는 신념입니다.

오사와 그렇군요. 재미있네요. 재미있다고 할까, 불교의 역사는 정말 그렇게 되어 있다고 생각합니다.

불교라는 것이 방편이라는 것을 중시하여, 어떤 방편이라도 좋다는 방향성으로 가는 것은 지금 말씀하신 것처럼 도그마가 없기 때문이죠. 깨달음을 목표로 한다는 것만 있고, 게다가 그 깨달음이 무엇인지도 미지수인 채로 열려 있습니다. 불교 쪽이 파스타보다 더 자유도가 크다고 생각해요. 파스타라면 아무리 그래도 햄버그스테이크를 내면서 파스타라고 할 수는 없겠지만, 불교는 괜찮죠.

깨달음을 목표로 한다. 그렇다면 그 깨달음은 무엇인가? 알지 못한다. 깨닫지 않은 상태에서는…이라고 되어 있기 때문입니다.

석존의 깨달음이 계기가 된 '깨달음을 둘러싼 언어 게임'이

유쾌한 불교

라는 것이 있습니다. 그 게임은 게임의 정의가 되는 '깨달음'이 공백인 채여서, 그 윤곽을 그릴 수 없게 되어 있습니다. 그래서 이 게임은 어디까지나 확산되고 확장되는 것이 가능합니다. 이 게임에 조금이라도 인과적으로 관여한다면, 그것은 불교 운동의 일부가 되는 것이죠.

불교는 중심에 깨달음이라는 커다란 '공백'쪽이 있는 운동인 겁니다.

하시즈메 그렇습니다.

깨달음이 골(목표)이고 수행이 거기로 향하는 과정이라면 '깨달음 같은 건 실재하지 않아도 된다'라는 생각도 가능합니다. 수행하고 있는 것, 전진하고 있는 것이 오히려 중요하다고 말이죠.

그렇다면 왜 수행을 할 수 있는가. 그건 '불성이 있기 때문에'라든가 '부처가 될 소질을 갖추고 있기 때문에'라든가 하는 논란이 있잖아요. 과정이 중요하고, 전진하는 것이 중요하며, 불성을 갖춘 인간이 노력하는 것에 가치가 있다면, '인간은 그대로 부처다'라고 이해하는 것도 가능합니다. 몇몇 종파는 그런 식으로 되어 있다고 생각하는데요.

먼저 정토진종이라면 극락왕생을 하는 것이지만, 왕생을 할지 안 할지는 왕생해 보지 않으면 알 수 없습니다. 왕생하지 않는 한은 단순한 중생입니다만, 여러 논의가 있습니다. 결정왕

生決定往生이라는 생각에서는 '왕생한다'고 확신합니다. 왕생하고 싶어서 염불[18]하는 것이 아니라 '왕생했다'고 확신하고 감사의 염불을 해야 한다는 것이죠. 그러면 그 사람은 이미 그 사람의 신념에서는 왕생한 셈입니다.

왕생한다는 것은 왕생한 후에 이미 붓다가 된 것이나 다름없는 것입니다. 붓다가 되기 일보 직전의 일생보처一生補處, 그러니까 리치[19] 상태로, 극락에 왕생하여 수행을 하니까요. 그러면 이번 생은 리치 직전의 이샨텐[20]인 거죠.

오사와 '장군!'을 부르기 직전 같은 상태가 이번 생인 거군요.

하시즈메 리치의 직전이라는 것으로, 리치는 확실하다고 생각하면 현세에 있는 그대로 붓다입니다. 따라서 서로를 붓다로 여겨 공경하고, 붓다끼리의 교류를 이 세계에서 하면 된다, 이렇게 되는 것이죠.

---

18 염불念佛(buddha-anusmṛti, buddha-manasikāra[s]): 여기서는 '나무아미타불'(南無阿彌陀佛)과 '아미타불'의 이름을 이르는 '칭명염불'(稱名念佛)을 가리킨다. 원래는 원어와 같이 부처를 마음에 새기는(念; smṛti) 것. 칭명염불 외에 진리로서의 보이지 않는 부처를 생각하는(念) '법신염불', 부처의 공덕이나 부처의 상을 마음에 떠올리는 '관념염불'이 있다.

19 [역주] 리치(立直): 마작에서 자기 패를 보이지 않고 '텐파이'(聽牌: 나기를 기다림)를 선언하는 것.

20 [역주] 이샨텐(一向聽): 마작에서 필요한 패가 한 장만 더 들어오면 '텐파이'가 되는 상태. '텐파이'는 이미 패의 조합을 완성했지만, 마지막 한 장의 패를 더 필요로 하는 상태를 뜻함.

유쾌한 불교

『법화경』에도 그런 생각이 있습니다. 『법화경』도 불성을 강조하여 보살로서 모두 수행하며 이 세계를 살아가지만, 보살이라는 것은 거의 부처입니다. 보살이 보살로 있는 것은 불성에 의한 것이기 때문입니다. 자비에 의해 서로 자애롭게 살아가는 그런 상태가 실현된다면 이 세계가 불국토입니다. 이 불국토에는 부처의 자비가 가득합니다. 인간관계의 이상理想은 부처와 부처의 관계(혹은 보살과 보살의 관계)니까요.

이는 밀교는 아니지만 밀교의 생각과 비슷할 겁니다.

오사와 그런 지점에서 밀교도 나왔다고 해석할 수 있겠네요.

한편으로, 깨달음이라는 것은 매우 심원하고, 수행해도 수행해도 쉽게 그 경지에 도달할 수 없다, 불국토는 훨씬 멀어서 언제까지나 도착할 수 없다는 것을 강조하는 측면이 있죠. '아직'이라는 측면㉀입니다.

다른 한편으로 누구나 불성을 가지고 있고, 깨달을 수 있다는 것이 확실하기 때문에 이미 깨달은 것이나 다름없다, 이제 불국토에 있는 것이나 다름없다는 것을 강조하는 측면도 있죠. '이미'라는 측면입니다.

하시즈메 선생님의 말씀을 들으며, 불교가 이 '아직'의 측면과 '이미'라는 측면의 긴장 속에서 전개되었구나 하는 생각이 들었습니다.

생각해 보면 기독교도 이 점에서 비슷한 면이 있습니다. 한편으로 최후의 심판은 아직 시작되지 않았고, 신의 나라는 아직 오지 않았습니다. 즉, '아직'입니다. 그러나 다른 한편으로 신의 나라는 가까워지고 있으며, 거의 다 와 있는 것처럼 말하기도 합니다. 애초에 이미 그리스도 자신은 승천해 버렸죠. 즉 '이미'입니다.

이렇게 불교와 기독교는 비슷한 시간의식을 공유하고 있습니다. 그러나 역시 그 후에 양자는 상당히 다른 효과를 이 사회에 가져왔습니다. 아마 거기에는 두 가지 원인이 있을 겁니다. 첫째로 불교의 경우는 아무래도 역시 '아직'라는 견해가 중심이 됩니다. 아직 성불하지 않았다고 말이죠. 그에 반해 기독교의 경우에는 이미 그리스도가 왔다는 것이 무시할 수 없는 임팩트를 남겼습니다.

둘째로, 불교에서 깨달음이라는 것은 인간이 인간 이상의 존재가 된다는 방향으로 작용하지만, 기독교에서는 역시 신이 인간으로 육화受肉했다는 것이 중요합니다. 즉, 결정적인 순간에 있어서 인간과 인간을 초월한 존재 사이에 작용하는 벡터가 불교와 기독교에서는 반대 방향으로 되어 있습니다.

유쾌한 불교

지금, 불교를 생각하다

오사와 저희는 지금까지 불교에 대해 대담을 했습니다. 저의 경우 어느 쪽이었냐 하면 밖에서 놀리고 있는 듯한 느낌으로, 불교를 놀이로 삼은 지점이 있을지 모르겠습니다.

마지막으로 불교의 현대적 의미에 대해서 논해 보고자 합니다. 이 책에서 보여 준 것과 같은 형태로 불교를 알아 가거나 생각하는 것에 어떤 의미가 있을까요? 사람에 따라서는 불교적으로 수행하는 사람도 있겠습니다만, 그것은 또 어떤 의미가 있는 것일까요? 이러한 것들을 끝으로 이야기해 보겠습니다.

이 책의 대담 바로 2년 전(2011년 5월)에, 하시즈메 선생님과 저는 『수상한 기독교』라는 책을 냈습니다. 근대화로 세속화가 진행되면서 현대사회는 종교의 강한 영향에서 벗어난 것처럼 이야기될 수도 있습니다. 하지만 기독교에 대해서는 그것에 대해 생각해 보거나, 알아 가는 것이 현재 우리에게도 보편적인

유쾌한 불교

의의가 있다는 것을 비교적 직설적으로 설명할 수 있었죠. 기독교도에게 있어서는 물론 기독교도가 아닌 사람에게도 기독교에 대한 이해를 깊게 해두는 것은 현재에도 의의가 있는 셈입니다.

왜냐하면 우리 사회에서 당연시되는 것, 사실상 표준(de facto standard)의 대부분이 무의식중에 기독교를 전제로 하고 있기 때문입니다. 근대사회를 이루고 있는 제도나 문화가 전제하고 있는 많은 것이 당사자는 의식하고 있지 않지만, 기독교적 감성이나 전제를 세속화해서 활용하고 있습니다. 예를 들어 자본주의가 그렇습니다. 아마도 근대 민주주의도 그러하고요. 아니면 주권이라는 개념이 그렇습니다. 또 인권사상도 관계가 있겠죠. 근대법의 존재 방식, 혹은 계약 사상과 같은 것들도 모두 기독교, 세속화된 기독교와 관련되어 있습니다.

그렇기 때문에 기독교에 대해 논의하거나 생각하는 것의 의의는 명백했던 셈입니다.

하지만 불교의 경우는 다소 사정이 다릅니다. 물론 지금도 불교라는 것이 계승되고 있기 때문에 이렇게 책도 만들어지고, 불교계 출판사도 있습니다. 일본어 속에는 불교의 언어가 많이 들어 있고요. 이런 것도 사실이죠.

그러나 근대사회에서는 개인적인 장면에서도, 그리고 한층 더 사회적·정치적인 장면에서도 불교의 논리나 개념을 그대로 사용하여 무언가를 정당화하거나 하지는 않습니다. 절도 있고,

승려도 있고, 불교 관련 출판물도 많이 있지만, 사회의 중심에 있는 문화나 제도는 불교와는 무관하게 조직되어 있는 것처럼 보입니다.

그런 가운데 불교에 대해 생각하거나 아는 것은 어떤 의미가 있을까요? 현대의 우리가 불교의 한 부분을 자각적으로 계승하는 것은 어떤 의미가 있을까요? 특히 저처럼 불교도도 아닌 사람이 그럼에도 굳이 불교에 대해 생각하거나 하는 것은 어떤 의미가 있을까요? 그런 것들을 마지막으로 논해 보도록 하겠습니다. 하시즈메 선생님은 어떻게 생각하십니까?

하시즈메 제 의견으로는 두 가지 정도 중요한 점이 있습니다.

하나는 세계 인류가 불교를 어떻게 계승할 것인가 하는 점입니다.

불교의 특징은 우리에게 매우 중요합니다. 그 특징은 대략 네 가지가 있습니다.

① 개인주의적: 불교는 개인주의적입니다. 한 사람 한 사람이 자신의 인생에 책임을 지고 자신의 목표를 추구하라고 합니다. 다른 사람이 말해서 하는 것이 아니라 당신 자신이 하지 않으면 안 된다고 되어 있습니다.

② 자유주의적: 불교는 자유주의적입니다. 도그마가 없습니다. 무엇을 어떻게 할 것인가, 무엇을 어떻게 생각할 것인가,

어떻게 행동할 것인가 하는 것은 자신의 창의성을 통해 발견하고 창조해 나가는 것이며, 그것은 어디까지나 자기 책임입니다. '자업자득'은 자기 책임을 말합니다.

③ 합리적: 불교는 합리적입니다. 왜 합리적이냐면 인과론으로 되어 있기 때문입니다. 어떤 결과나 어떤 사건은 원인 없이 일어나는 것이 아닙니다. 본인 사정으로 좌우할 수 있는 것도 아닙니다. 반드시 그것을 만들어 낸 원인이 있어서 추구해 나갔다면 이해할 수 있다는 사고방식입니다.

④ 이상주의적: 불교는 이상주의적입니다. 당신 자신은 지금의 곤란한 상태에서 점점 좋은 상태로 이동해 갈 수 있습니다. 한 사람 한 사람이 모두 이러한 루트를 더듬어 가면 사회 전체도, 세계도 점점 좋은 상태로 이행해 갈 수 있을지 모릅니다. 좋은/나쁜 벡터가 있고, 좋은 방향으로 가기 위한 수단이 있다고 생각한다는 점인 거죠.

그 밖에도 무언가 더 있을지 모르지만, 우선 이상의 ①부터 ④까지 네 가지로 좁혀 봐도 현대적이고 발전적이지 않나요?

이것은 고대사상이지만, 이렇게 현대적이고 발전적인 사상이 있다는 것을, 이슬람권이나 기독교권 등 불교를 이해하지 못하는 지역, 불교가 전해지지 않은 지역, 혹은 불교가 그다지 보이지 않게 되어 버린 중국 등의 다른 문화권에서 이들 불교의 중심 아이디어를 이해한다는 것은 인류 문화의 다양성과

평화를 위해서 매우 중요합니다. 이것이 첫번째 의미입니다.

두번째는 일본인의 자기 이해로서 중요합니다.

일본인의 정신사에 거대한 것이 세 가지 있다면 첫번째가 불교, 두번째가 유교, 세번째가 신도·국학·천황과 같은 일본 문화죠. 이 세 가지가 엮여서 일본 사회가 형성되어 있습니다. 한편 글로벌 스탠더드가 될 만한 사상은 별로 들어 있지 않습니다. 이걸로 2천 년에서 3천 년을 왔고요. 그리고 아주 표층에 메이지 이후 여러 가지 서양에서 기원한 아이디어가 들어왔죠. 서양에서 기원한 아이디어를 제대로 이해하는 것도 중요하겠지만, 그것 말고도 그것이 안 좋은 형태로 우리들의 무의식의 뿌리를 형성하고 있다는 점을 의식하는 것도 그에 못지않게 중요합니다. 그 자기 이해의 3분의 1은 불교를 이해함으로써 이루어집니다.

그러므로 일본인의 자기 이해에 빠뜨릴 수 없는 소양·교양으로서 불교가 있다고 생각됩니다.

오사와 그럼 하시즈메 선생님께서 제기해 주신 것과 관련지어 저도 세 가지 정도를 말씀드리고자 합니다.

첫째로 하시즈메 선생님께서 두번째로 말씀하신 일본인의 자기 이해와 관련한 것부터 먼저 말씀드리겠습니다. 이번에는 시간 사정상 그다지 일본 이야기는 하지 않았습니다. 마지막 부분에서 하시즈메 선생님이 잠시 일본과 관련이 되는 정토진종이나 밀교에 대한 이야기를 해주셨지만요.

말씀하신 것처럼 일본은 예로부터 불교와 분명히 관련이 있으며, 이 점에서는 기독교의 경우와 상당히 다릅니다. 기독교는 사실상 근대사회의 표준을 형성했다고 말했지만, 일본만은 줄곧, 그리고 이는 아마 현재도 그럴 텐데, 기독교와 관련해서는 압도적으로 주변에 머물러 온 것입니다. 일본인은 세계에서 가장 기독교를 모르는 국민이라고 해도 과언이 아닙니다.

하지만 불교는 다르죠. 천오백 년도 전에 불교는 일본 열도에 들어왔다가 그 후에도 사라지지 않고 오늘날까지 이어지고 있습니다. 대부분의 사람들이 불교에 대해 어떤 이미지를 가지고 있어서 사찰에 간 적도 있고, 승려라는 것도 알고 있습니다. 그런 의미에서 기독교의 경우와 달리 일본인들은 불교를 '알고 있습니다'.

그러나 이 책을 처음부터 끝까지 읽은 사람은 자신이 불교라고 생각한 것과 원래의 불교, 불교의 본뜻과는 상당히 다르다는 것을 알 수 있었을 겁니다. 예를 들어 대부분의 일본인에게 불교의 가장 큰 이미지는 장례식이나 무덤일 겁니다. 하지만 불교는 장례식을 위해 태어난 것이 아니죠. 오히려 불교 출가자는 장례를 치를 수 없고 해서도 안 됐습니다. 그들은 석가모니 부처님의 장례식조차 할 수 없었습니다. 일본의 불교, 일본 승려의 주된 일이 장례식이지만, 이러한 불교의 변질상은 눈앞이 아찔할 정도입니다.

그렇다면 일본에서는 왜 불교의 성질이 이 정도로 바뀌게 된 걸까요? 그렇게 따지고 들어가다 보면 불교도 이해되고, 일본인이라든가 일본 문화라는 것에 대한 이해로도 이어집니다.

이번 대담에서는 일본 불교 자체에 대해선 그다지 논할 수 없었습니다. 그건 또 앞으로 다른 기회에 하도록 하겠습니다.[1] 어쨌든 일본에게 있어 불교의 변질을 거울삼은 일본인의 자기 이해라는 것은 독자에게도 우리에게도 매우 좋은 숙제라고 생각합니다. 이 숙제를 제기한 것도 이번 대담의 의미입니다.

두번째로 들어가겠습니다. 보편종교라는 것이 있습니다. 불교도 그중 하나고요. 그 밖에 기독교, 이슬람교, 그리고 유교도 포함할 수 있습니다. 지금 고대에 태어나 현재까지 계속되고 있는 보편종교를 열거해 보았습니다만, 불교만은 다른 보편종교와 차이점이 있습니다.

불교를 제외한 보편종교는 모두 대제국이나 혹은 강대국들 사이에서 주요 종교로 채택되어 때로는 국교화되어 왔습니다. 그리고 현재에도 그러한 종교를 핵심에 둔 대국·강국이 있습니다. 기독교가 그런 것임은 이제 말할 것도 없죠. 이슬람교도 한때 굉장히 강한 제국의 종교였습니다. 현재에도 상당한 수의, 그리고 인구가 많은 나라들이 이슬람교를 중심에 두고 있

---

1 [역주] 저자 둘은 이후 이 대담집의 속편인 『속 유쾌한 불교』(サンガ新書, 2017)에서 일본의 불교에 대해서 논하고 있다.

습니다. 유교의 경우 오랫동안 중화 제국이라는 세계 문명의 선진국에 의해 계승되어 왔고요.

이처럼 여느 보편종교도 강력한 정치 권력과 일체화되어 계승되어 온 셈입니다. 그렇기 때문에 이런 보편종교는 사라지지 않고 남았다고도 말할 수 있습니다.

하지만 불교만은 다릅니다. 물론 불교국가라는 것은 있었으며 현재도 있습니다. 하지만 분명 그렇게 강한 나라는 아닙니다.

그러나 이는 놀라운 일입니다. 불교는 정치 권력에 의해 지켜지지 않았음에도 오늘날까지 계승되어 그러한 임팩트를 남기고 있는 것이기 때문입니다. 패권국이나 대제국의 권력과 완전히 일체화된 적이 거의 없는데도, 현재까지 불교는 지적으로 계승되고 또 그것을 동경하거나 수행하는 사람이 있습니다. 왜 그럴까요?

불교에는 역시 어떤 강한 합리성이 있기 때문이라고 생각합니다. 거부할 수 없는 합리성이 있고, 그것이 2천 년을 훨씬 넘는 기간 동안 사람들을 매료시켜 왔다는 거죠.

예를 들어, 기독교의 경우 나사렛 예수라는 사람이 나와서 죽었는데, 그 사람은 신(의 아들)이고…라는 이야기는 이해하기 어렵고 분명 비합리적입니다. 비합리적이지만 이것은 틀림없는 사건으로 일어난 것이기 때문에 사람들은 이것을 받아들이게 되었고, 임팩트를 남겼습니다.

하지만 불교는 다릅니다. 단순히 합리성이 있다는 것, 그 자체로 계승되었다는 게 기본입니다. 즉 불교는 시대와 장소를 초월한 합리적인 설득력이 있다는 것입니다. 그렇다면 현재의 우리에게도 그 합리성의 핵심을 끄집어내는 것에 가치가 있을 겁니다.

셋째, 하지만 이 세계에는 불교와 전혀 인연이 없는 사회라는 것도 있습니다. 불교가 파급된 것은 주로 유라시아 대륙의 동쪽 절반입니다. 일본도 그 말단에 들어가고요. 일신교가 번성한 지역, 유라시아 대륙의 서쪽 절반은 거의 불교가 침투하지 않았습니다. 그래서 그 지역 사람들은 불교를 피부로 느끼는 감각을 전혀 갖고 있지 않습니다. 일부 지식인만이 불교를 알고 있을 뿐입니다.

그런데 근대사회·현대사회의 기본적인 구조는 그 유라시아 대륙의 서쪽 절반의 문명에서 나온 아이디어나 제도를 주로 근거하고 있습니다. 이러한 아이디어나 제도가 굉장히 순조롭고 나무랄 데가 없다면 좋겠지만, 이것들이 현재 상당히 골치 아픈 문제를 안고 있어서 지속할 수 없다는 것을 지구상의 모든 사람이 자각하고 있죠.

그렇다면 유라시아 대륙의 서쪽 절반의 사람이 전혀 모르는 불교라는 발상을 검토해 보는 것은 가치가 있지 않을까요? 왜냐하면 그들은 모를지도 모르지만, 불교에는 합리적인 핵이 있기 때문입니다. 그 합리적인 핵은 현재의 막다른 교착 상태에

대해 시사하는 바가 있을지 모릅니다. 그렇게 기대할 충분한
근거가 있다고 저는 생각합니다.

후기

일본의 불교는 골동품 가게 앞에 놓인 낡은 가구처럼 됐다. 뭔가 거기에 있다는 것을 알고 있어도 누구나 빠른 걸음으로 지나간다.

그러한 불교도 옛날에는 눈부셨다. 그리고 조금만 닦으면 훌륭한 고급가구로 되살아난다. 그걸 내버려 두다니 얼마나 아까운 일인가.

그래서 불교에 대해 대담을 하기 위해 오사와 마사치 선생님과 합의를 보았다. '불교는 요즘 기운이 없구나, 힘내라'가 아니다. 그 반대로 '불교 씨, 당신은 무척 훌륭합니다. 조금은 우리에게 지혜와 기운을 나눠 주세요'인 것이다. 이 느낌을 전하기 위해 제목을 『유쾌한 불교』로 정했다. 불교를 어딘가 어둡다, 낡았다고 생각하면 벌받을지 모른다.

대담은 정말 스릴 있었다. 불교의 정신(그런 것이 만약 있다면)이 눈앞에서 터져 나오고 뛰어다니는 것 같았다. 우리 자신도 설레었다. 지금까지의 불교 책과는 전혀 다른 느낌을 주지 않았나 싶다. 독자 여러분은 어떻게 느끼실지.

*

오사와 선생과의 대담은 『수상한 기독교』(2011), 『놀라운 중국』(おどろきの中國, 2013, 미야다이 신지 씨와 함께한 3인 대담)에 이어 이번이 세번째다. 주제는 매번 달라도 매회 묵직한 반응이 있다.

우리 대담은 재즈의 잼 세션(jam session) 같았다고 생각한다.

스윙밴드 전성시대, 연일 댄스홀에서 정해져 있는 연주를 해오던 재즈맨들은 싫증이 나서 퇴근 후 즉흥 솜씨를 연마했다. 캔자스시티에서 온 찰리 파커는 알토 색소폰의 프레이즈가 자유롭게 날아다니듯이 연주했기 때문에 '버드'(bird)라고 불렸다. J. B. 길레스피(트럼펫)는 어지러울 만큼 과격한 연주로 '디지'(dizzy)로 불렸다. 이 두 사람이 의기투합하여 은밀하게 연습을 반복해 1954년 11월 26일에 뉴욕의 스튜디오에서 역사적인 녹음을 한다. 밥(bop)이 탄생한 순간이다.

우리의 대담에 사전 각본이 있었던 것은 아니다. 협의도 없었다. 버드와 디지에게 뒤지지 않겠다는 패기로 대담하는 중에 새로운 것을 창조해 나갔던 것이다.

잼 세션을 듣고 '악보대로 연주해라', '작곡자를 분명히 밝혀

줘야 하지 않나'라고 생각하는 사람이 있다. 우리 대담을 '되는 대로 말하고 있을 뿐', '틀린 것이 많다'고 말하는 사람이 있다. 잼 세션이나 대담이 어떤 것인지 모르는 것이다. 우리 두 사람의 도전이 성공했는지 아닌지는 독자 여러분의 판단에 맡긴다.

*

이 책을 정리하면서 많은 분들의 신세를 졌다.

이 책과 같은 야심찬 출판을 용기 있게 진행해 준 (주)상가의 여러분, 특히 시마카게 도오루島影透 대표와 사토 유키佐藤由樹 편집장에게 감사한다. 또 편집에 힘써 주신 후지타 가요코藤田加代子 씨(주식회사 앵데팡당), 녹취록을 담당한 사토 에미코佐藤惠美子 씨, 교열을 담당한 호시 휴마星飛雄馬 씨와 오기 쇼준大來尚順 씨에게도 감사하고 싶다. 이 책이 초보자도, 베테랑도 즐길 수 있도록 마무리되었다면 이들의 팀워크 덕분이다.

대담책은 마지막 단계의 마감이 중요하다. 담당 편집자 사토 유키 씨는 타이트한 스케줄의 줄타기 속에서 원고 정리나 주석 작성, 문구 최종 체크 등 일심전력으로 활약해 주었다. 특별히 감사드리고 싶다.

마지막으로 본서를 손에 넣은 독자 여러분께, 물론 가장 큰 감사를 드리고 싶다.

2013년 9월 하시즈메 다이사부로

유쾌한 불교

옮긴이 후기

이 책은 2년 전 세미나를 하며 번역한 책이다. 2주에 한 번씩 모여 번역 내용을 다듬고 토론도 하면서 1년 가까운 시간에 걸쳐 옮겼다. 중간 중간 저자의 다른 대담집을 읽는 것으로 시작해, 다른 번역서들을 읽기도 했다. 이를 인연으로 지금도 연구실에서 번역 세미나를 이어 오고 있다. 당시 번역을 할 때까지만 해도 책이 되어 나올 것이라고는 생각도 못했다. 그저 재미있게 번역했고, 개인적으로 공부가 많이 됐다. 그러다 처음 번역 공부를 제안하신 선생님의 도움으로 북드라망을 통해 이 책이 더 많은 사람에게 소개될 수 있게 됐다. 이 책이, 혹은 이 책에 담긴 사유가 한국에 전해지고 싶었던 게 아닐까 생각한다.

이 책은 일본의 사회학자 오사와 마사치와 하시즈메 다이사부로가 불교에 대해 대담한 책이다. 머리말에도 적혀 있듯, 오늘날 우리는 사회적으로든 개인적으로든 "종교적으로 생각하지 않고서는 결코 돌파할 수 없는 많은 문제에 직면"해 있다. 이때 '종교적'이라고 하는 것은 의심조차 해보지 않고 당연시해 온 삶의 방식이나 태도의 전제에 대해 질문하는 것을 말한다. 기독교에 이은 이번 책에서 두 저자는 불교로부터 그 지혜를 배우고자, 불교를 다른 종교 사이에 위치시켜 보기도 하고, 역사적인 맥락을 더듬기도 하면서 불교가 무엇인지를 탐구한다.

개인적으로 이 책은 놀라웠다. 나의 외할머니와 어머니는 독실한 불교도라 집에는 늘 독송 테이프가 틀어져 있었고, 초등학교에 가기 전까지 대부분의 시간을 절에서 보냈다. 그래서 나에게 불교는 익숙하지만, 한편으로는 굉장히 멀리 있는 것이기도 했다. 경건하고 엄숙했던 분위기만 기억에 남아 있기 때문이다. 『반야심경』 같은 것을 따라 외우기는 했지만, 그때는 당연히 무슨 뜻인지 몰랐다. 불상 앞에서 기도하고 절하는 어른들을 보면서 기복을 빌고 있다고 생각했고, 부처님은 신 같은 존재인 줄 알았다. 학교에 다니기 시작하면서 어머니를 따라 절에 가는 일은 없어졌고, 누가 종교를 물으면 '무교'라고 답하게 됐다. 종교는 미신처럼 느껴졌고, 있는지 없는지도 알 수 없는 신은 내게 필요 없었기 때문이다.

그러다 연구실에 와서 이번에는 공부로 불교를 다시 만났다. 부처님 말씀이 적힌 것이라면 그것이 쪽지라도 함부로 버리지 못하게 했던 할머니와 어머니 덕분에 처음에는 같이 공부하는 학인들이 책에 밑줄을 긋고 포스트잇을 붙이는 모습을 보고 놀랐던 기억이 있다. 여러 불교 경전과 해설서와 과학 공부를 같이 하면서, 불교야말로 이 세계를 이해하는 학문이자, 삶의 구체적인 윤리를 세울 수 있는 공부라는 걸 알게 됐다. 이제는 밑줄도 긋고 귀퉁이도 접게 됐는데, 할머니와 어머니가 어떻게 생각하실까 싶다.

이번 책을 번역하면서 또 한 번 불교에 대한 편견이 깨졌다. '승가'라든지, '자비', '보살' 등은 나에게 자명한 진리 같은 것이었다. 그래서 대승이 출현하게 된 맥락을 설명하는 부분이나, 자비는 필연적이지 않다고 말하는 부분에서 사실 좀 충격을 받았다. 너무 학문적으로 접근하는 건 아닌가 싶었고, '불경스럽다(?)'고 느끼기도 했다. 나도 모르게 불교를 절대화하고 있었던 것이다. 하지만 두 저자의 수다(?)를 따라 역사적으로 불교가 어떻게 생겨났으며, 2500년이 넘는 시간 동안 어떻게 변주되어 왔는지를 살펴보고, 질문도 하면서 불교를 더 잘 이해하게 됐다. 독자분들은 어떻게 이 책을 만나게 되셨고, 또 어떻게 읽으실지 기대가 된다.

함께 번역한 하늘, 이 책을 소개해 주시고, 번역을 지도해 주신 태진 선생님과 함께 맥락을 파악하고, 번역할 단어를 고르고, '이게 무슨 말인가' 하며 토론을 하는 과정은 재미있었고 많은 공부가 됐다. 번역세미나를 제안해 주신 신근영 선생님을 포함하여 이 책을 만나 번역을 하게 되기까지 내가 알지 못하

는 무수한 인연이 작용했을 거다. 이 책은 그 인연들이 만든 것
이라고 생각한다. 그리고 북드라망 출판사 선생님들, 무엇보다
편집자님께 감사하다.

옮긴이들을 대표하여

김보라 씀

찾아보기

유쾌한 불교